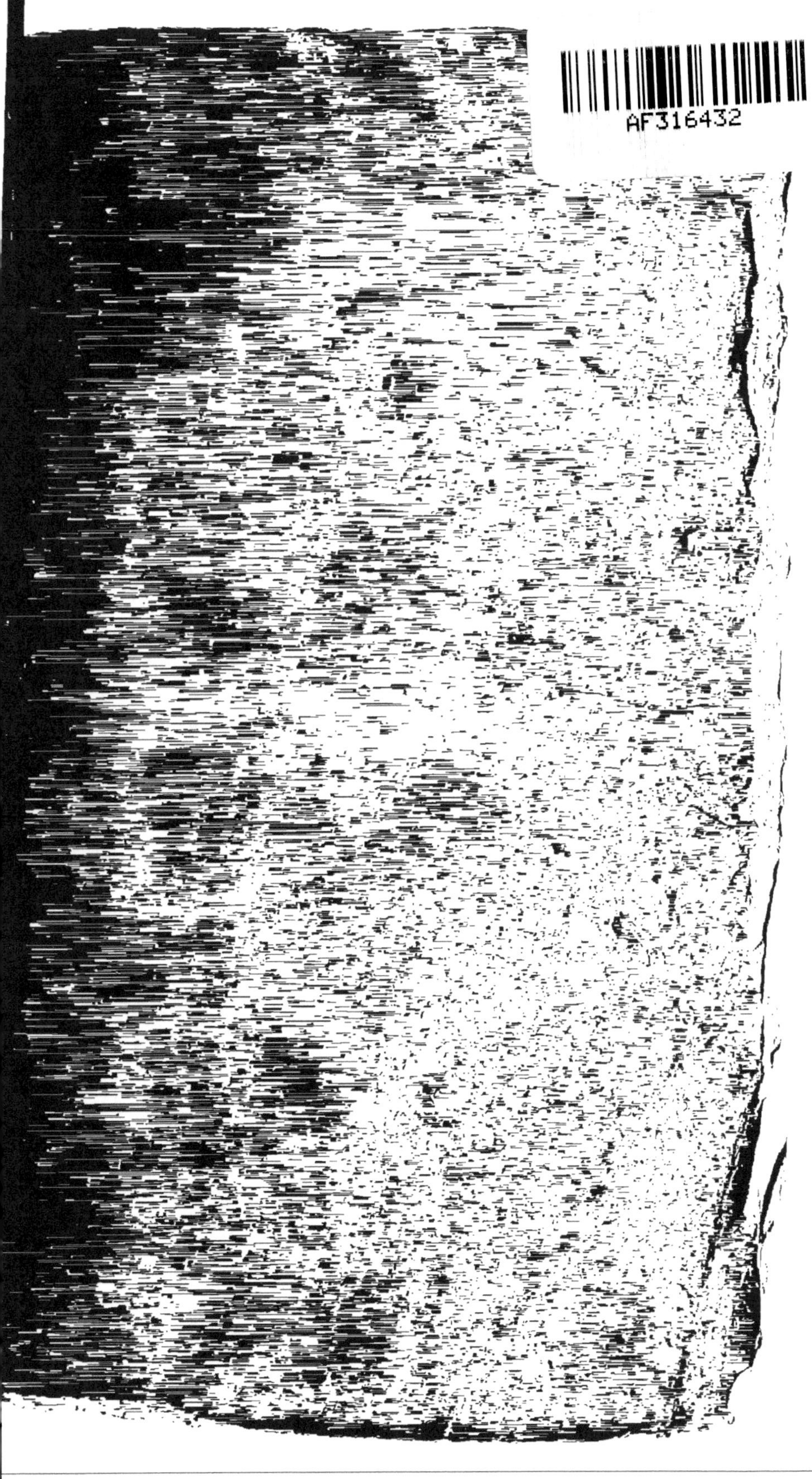
AF316432

SUPPLÉMENT

A L'ESPRIT

ENCYCLOPÉDIQUE.

TOME SEPTIEME.

L'ESPRIT

DE

L'ENCYCLOPÉDIE,

OU

CHOIX DES ARTICLES

Les plus curieux, les plus agréables, les plus piquants, les plus philofophiques de ce grand Dictionnaire.

On ne s'eft attaché qu'aux morceaux qui peuvent plaire univerfellement, & fournir à toutes fortes de Lecteurs, & fur-tout aux gens du monde, la matiere d'une lecture intéreffante.

***

TOME SEPTIEME.

***

A GENEVE,

Et fe trouve à Paris,

Chez { BRIASSON, Libraire, rue S. Jacques.
LE BRETON, premier Imprimeur ordinaire du Roi, rue de la Harpe.

M. DCC. LXXII.

SUPPLÉMENT
A L'ESPRIT
ENCYCLOPÉDIQUE.

DIEU.

IEU, *f. m. (Métaph. & Théol.)*
Tertullien rapporte que Thalès
étant à la Cour de Créfus, ce
Prince lui demanda une explica-
tion claire & nette de la Divi-
nité. Après plufieurs réponfes vagues, le Philofophe convint qu'il n'avoit rien à dire de
fatisfaifant. Ciceron avoit remarqué quelque
chofe de femblable du poëte Simonide : Hieron
lui demanda ce que c'eft que Dieu , & il
promit de répondre en peu de jours. Ce délai
paffé, il en demanda un autre, & puis un
autre encore : à la fin, le roi le preffant vivement, il dit pour toute réponfe : plus j'examine cette matiere , & plus je la trouve au
deffus dé mon intelligence. On peut conclure
de l'embarras de ces deux philofophes, qu'il
n'y a guere de fujet qui mérite plus de circonf-
pection dans nos jugements, que ce qui regarde

la Divinité : elle eſt inacceſſible à nos regards ;
on ne peut la dévoiler, quelque ſoin qu'on
prenne. « En effet, comme dit S. Auguſtin,
» Dieu eſt un être dont on parle ſans en pou-
» voir rien dire, & qui eſt ſupérieur à toutes
» les définitions. » Les Peres de l'Egliſe, ſur-
tout ceux qui ont vécu dans les quatre premiers ſiecles, ont tenu le même langage.
Mais quelque incompréhenſible que ſoit Dieu,
on ne doit pas cependant en inférer qu'il le
ſoit en tout. S'il en étoit ainſi, nous n'aurions
de lui nulle idée, & nous n'en aurions rien à
dire. Mais nous pouvons & nous devons affirmer de Dieu, qu'il exiſte, qu'il a de l'intelligence, de la ſageſſe, de la puiſſance, de la
force, puiſqu'il a donné ces prérogatives à ſes
ouvrages ; mais qu'il a ces qualités dans un degré qui paſſe ce que nous en pouvons concevoir, les ayant, 1°. par ſa nature & par la néceſſité de ſon être, non par communication
& par emprunt ; 2°. les ayant toutes enſemble, & réunies dans un ſeul être très-ſimple &
indiviſible, & non pas par parties & diſperſées, telles qu'elles ſont dans les créatures ;
3°. les ayant enfin comme dans leur ſource,
au lieu que nous ne les avons que comme des
émanations de l'Etre infini, éternel, ineffable.

Il n'y a rien de plus facile que de connoître
qu'il y a un Dieu ; que ce Dieu a éternelle-
ment exiſté, qu'il eſt impoſſible qu'il n'ait
pas éminemment l'intelligence, & toutes les
bonnes qualités qui ſe trouvent dans les créatures. L'homme le plus groſſier & le plus ſtu-
pide, pour peu qu'il déploie ſes idées & qu'il
exerce ſon eſprit, reconnoîtra aiſément cette
vérité. Tout lui parle hautement de la divinité ; il la trouve en lui & hors de lui : en lui,
1°. parce qu'il ſent bien qu'il n'eſt par l'auteur

de lui-même, & que, pour comprendre comment il exiſte, il faut de néceſſité recourir à
une main ſouveraine qui l'a tiré du néant;
2°. au dehors de lui, dans l'univers qui reſ-
ſemble à un champ de tableau où l'ouvrier parfait s'eſt peint lui-même dans ſon œuvre autant
qu'elle pouvoit en être l'image; il ne ſauroit
ouvrir les yeux qu'il ne découvre par tout autour de lui les traces d'une intelligence puiſſante & ſans bornes.

L'Eternel eſt ſon nom, le monde eſt ſon ouvrage.
Racine.

Voyez *Démonſtration*, *Création*, &c.

C'eſt donc en vain que M. Bayle s'efforce
de prouver que le peuple n'eſt pas juge dans
la queſtion de l'exiſtence de Dieu.

En effet, comment le prouve-t-il? C'eſt en
diſant que la nature de Dieu eſt un ſujet que
les plus grands philoſophes ont trouvé obſcur,
& ſur lequel ils ont été partagés. Cela lui
donne occaſion de s'ouvrir un vaſte champ de
réflexions aux dépens des anciens philoſophes,
dont il tourne en ridicule les ſentiments. Après
avoir fait toutes ces incurſions, il revient à
demander s'il eſt bien facile à l'homme de connoître clairement ce qui convient ou ce qui ne
convient pas à une nature infinie. Agit-elle
néceſſairement ou avec une ſouveraine liberté d'indifférence? connoit-elle, aime-t-el-
le, hait-elle, par un acte pur, ſimple, le préſent, le paſſé & l'avenir, le bien & le mal,
un même homme ſucceſſivement juſte & pé-
cheur? Eſt-elle infiniment bonne? Elle le doit
être; mais d'où vient donc le mal? Eſt-elle
immuable, ou change-t-elle ſes réſolutions,
fléchie par nos prieres? Eſt-elle étendue, ou

un point indivifible ? Si elle n'eſt point étendue, d'où vient donc l'étendue ? Si elle l'eſt,
comment eſt-elle donc immenſe ? Voyez l'article *Simonide*, dans le dictionnaire dont il
s'agit.

Parmi les Chrétiens même, ajoute-t-il,
combien ſe forment des notions baſſes & groſ-
ſieres de la Divinité ? Le ſujet en queſtion
n'eſt pas donc ſi aiſé, qu'il ne faille qu'ouvrir
les yeux pour le connoitre. De très grands philoſophes ont contemplé toute leur vie le ciel
& les aſtres, ſans ceſſer de croire que le Dieu
qu'ils reconnoiſſoient, n'avoit point créé le
monde, & ne le gouvernoit point.

Il eſt aiſé de voir que tout cela ne prouve
rien. Il y a une grande différence entre connoître qu'il y a un Dieu, & entre connoître
ſa nature. J'avoue que cette derniere connoiſſance eſt inacceſſible à nos foibles lumieres ;
mais je ne vois pas qu'on puiſſe toucher à l'autre. Il eſt vrai que l'éternité d'un premier être,
qui eſt l'infinité par rapport à la durée, ne
ſe peut comprendre dans tout ce qu'elle eſt ;
mais tous peuvent & doivent comprendre
qu'il a exiſté quelque être dans l'éternité ;
autrement un être auroit commencé ſans
avoir de principe d'exiſtence ni dans lui ni
hors de lui, & ce ſeroit un premier effet
ſans cauſe. C'eſt la nature de l'homme d'être
forcé par ſa raiſon d'admettre l'exiſtence de
quelque choſe qu'il ne comprend pas : il
comprend bien la néceſſité de cette exiſtence
éternelle, mais il ne comprend pas la nature
de ſon éternité, il comprend qu'elle eſt, & non
pas quelle elle eſt.

Je dis donc & je ſoutiens que l'exiſtence
de Dieu eſt une vérité que la nature a
miſe dans l'eſprit de tous les hommes,

qui ne se sont point étudiés à en démentir les sentiments. On peut bien dire ici que la voix du peuple est la voix de Dieu.

M. Bayle a attaqué de toutes ses forces ce consentement unanime des nations, & a voulu prouver qu'il n'étoit point une preuve démonstrative de l'existence de Dieu. Il réduit la question à ces trois principes : le premier, qu'il y a dans l'ame de tous les hommes une idée de la Divinité : le second, que c'est une idée préconnue, anticipée, & communiquée par la nature ; & non pas par l'éducation : le troisieme, que le consentement de toutes les nations est un caractere infaillible de la vérité. De ces trois principes, il n'y a que le dernier qui se rapporte aux questions de droit, les deux autres sont une matiere de fait : car puisque l'on prouve le second par le premier, il est visible que, pour être sûr que l'idée de l'Etre divin est innée, & ne vient pas de l'éducation, mais de la nature, il faut chercher dans l'histoire si tous les hommes sont imbus de l'opinion qu'il y a un Dieu : Or, ce sont ces trois principes que M. Bayle combat vivement dans ses pensées diverses sur la Comete. Voici un précis de ses raisonnements.

1°. Le consentement de tous les peuples à reconnoitre un Dieu, est un fait qu'il est impossible d'éclaircir. Montrez-moi une Mappemonde ; voyez-y combien il reste encore de pays à découvrir, & combien sont vastes les terres australes qui ne sont marquées que comme inconnues. Pendant que j'ignorerai ce que l'on pense en ces lieuxlà, je ne pourrai point être sûr que tous

les peuples de la terre aient donné le confentement dont vous parlez. Si je vous accorde
par grace qu'il doit vous fuffire de favoir l'opinion des peuples du monde connu, vous ferez
encore hors d'état de me donner une entiere
certitude ; car que me répondrez-vous, fi je
vous objecte les peuples athées dont Stra-
bon parle, & ceux que les voyageurs modernes ont découverts en Afrique & en Amérique ?

Voici un nouveau champ de recherches
très-pénibles & inépuifables. Il refteroit encore à examiner fi quelqu'un a nié cette
exiftence : il fe faudroit informer du nombre
de ces athées ; fi c'étoient des gens d'efprit,
& qui fe piquaffent de méditation. On fait que
la Grece, fertile en efprits forts, & comme dit
un de nos plus beaux efprits, berceau des arts
& des erreurs, a produit des athées, qu'elle
en a même puni quelques-uns ; ce qui a fait
dire que bien d'autres euffent déclaré leur
irréligion, s'ils euffent pu s'affurer de l'impunité.

2°. Il eft extrêmement difficile, pour
ne pas dire impoffible, de difcerner ce qui
vient de la nature d'avec ce qui vient de
l'éducation. Voudriez-vous bien répondre,
après y avoir bien penfé, qu'on découvriroit
des veftiges de religion dans des enfants
à qui l'on n'auroit jamais dit qu'il y a un
Dieu ? C'eft ordinairement par là qu'on
commence à les inftruire, dès qu'ils font
capables de former quelques fons, & de bé-
gayer. Cette coutume eft très-louable ; mais
elle empêche qu'on ne vérifie fi d'eux-mêmes, & par les feules impreffions de la
nature, ils fe porteroient à reconnoître un
Dieu.

3°. Le consentement des nations n'est point une marque caractéristique de la vérité : 1°. parce qu'il n'est point sûr que les impressions de la nature portent ce caractere de la vérité ; 2°. parce que le polythéisme se trouveroit par là autorisé. Rien ne nous dispense donc d'examiner si ce à quoi la nature de tous les hommes donne son consentement, est nécessairement vrai.

En effet, si le consentement des nations étoit de quelque force, il prouveroit plus pour l'existence de plusieurs fausses divinités , que pour celle du vrai Dieu. Il est clair que les païens considéroient la nature divine comme une espece qui a sous soi un grand nombre d'individus , dont les uns étoient mâles , & les autres femelles , & que les peuples étoient imbus de cette opinion ridicule. S'il falloit donc reconnoître le consentement général des nations pour une preuve de vérité , il faudroit rejetter l'unité de Dieu , & embrasser le polythéisme.

Pour répondre à la premiere objection de M. Bayle , (Voyez l'article *Athéisme.*) on y prouve qu'il n'y a jamais eu de nations athées. Les hommes , dès qu'ils sont hommes , c'est-à-dire , capables de société & de raisonnement , reconnoissent un Dieu. Quand même j'accorderois , ce que je ne crois pas vrai , que l'athéisme se feroit glissé parmi quelques peuples barbares & féroces , cela ne tireroit point à conséquence ; leur athéisme auroit été tout au plus négatif ; ils n'auroient ignoré Dieu , que parce qu'ils n'auroient pas exercé leur raison. Il faut donc les mettre au rang des enfants qui vivent sans réflexion , & qui ne paroissent capables que des actions ani-

males ; & comme on ne doit point conclure qu'il n'eſt pas naturel à l'homme de
ſe garantir des injures de l'air , parce qu'il
y a des ſauvages qui ne s'en mettent point
en peine , on ne doit point inférer auſſi que
parce qu'il y a des gens ſtupides & abru-
tis , qui ne tirent aucune conſéquence de ce
qu'ils voient , il n'eſt pas naturel à l'homme
de connoître la ſageſſe d'un Dieu qui agit
dans l'univers.

On peut renverſer avec une égale facilité la ſeconde objection de M. Bayle. Il
n'eſt pas ſi mal-aiſé qu'il le ſuppoſe , de
diſcerner ſi l'idée que nous avons de Dieu ,
vient ſeulement de l'éducation , & non pas
de la nature. Voici les marques à quoi l'on
peut les reconnoître. Les principes de l'éducation varient ſans ceſſe ; la ſucceſſion des
temps , la révolution des affaires , les divers intérêts des peuples , le mélange des
nations ; les différentes inclinations des
hommes changent l'éducation , donnent
cours à d'autres maximes , & établiſſent
d'autres regles d'honneur & de bienſéance.
Mais la nature eſt ſemblable dans tous les
hommes qui ſont & qui ont été ; ils ſentent le plaiſir , ils deſirent l'eſtime , ils s'aiment eux-mêmes aujourd'hui comme autrefois. Si donc nous trouvons que ce ſentiment , qu'il y a un Dieu , s'eſt conſervé
parmi tous les changements de la ſociété ,
qu'en pouvons nous conclure , ſinon que ce
ſentiment ne vient pas de la ſimple éducation , mais qu'il eſt fondé ſur quelque liai-
ſon naturelle qui eſt entre cette premiere
vérité & notre entendement ? Donc le principe
qu'il y a un Dieu , eſt une impreſſion de la
nature.

D'où je conclus que ce n'est point l'ouvrage de la politique, toujours changeante & mobile au gré des différentes passions des hommes. Il n'est point vrai, quoiqu'en dise M. Bayle, que le magistrat législateur soit le premier instituteur de la religion. Pour s'en convaincre, il ne faut que jetter les yeux sur l'antiquité grecque & romaine, & même barbare : on y verra que jamais aucun législateur n'a entrepris de policer une nation, quelque barbare ou féroce qu'elle fût, qu'il n'y ait trouvé une religion ; au contraire, l'on voit que tous les législateurs, depuis celui de Thrace jusqu'à ceux des Amériquains, s'adressent aux ordres sauvages qui composoient ces nations, comme leur parlant de la part des dieux qu'elles adoroient.

Nous voici enfin à la troisieme objection, qui paroît à M. Bayle la plus forte & la plus solide des trois. La premiere raison qu'il apporte pour ôter au consentement général des nations tout son poids en fait de preuve, est des plus subtiles. Son argument se réduit à cet enthymême. Le fonds de notre ame est gâté & corrompu : donc un sentiment que nous inspire la nature, doit pour le moins nous paroître suspect. Je n'aurois jamais cru que nous dussions nous prémunir contre l'illusion, quand il est question de croire qu'il y a un Dieu. Distinguons en nous deux sentiments, dont l'un nous trompe toujours, & l'autre ne nous trompe jamais. L'un est le sentiment de l'homme qui pense & qui suit la raison, & l'autre est le sentiment de l'homme de cupidité & de passions : celui-ci trompe la raison, parce qu'il précede toutes les réflexions de l'esprit ; mais l'autre ne la trompe jamais , puisque c'est des plus pures lumieres de la raison qu'il tire sa naissance. Cela posé , venons à l'argument du polythéisme , qui auroit été autorisé si le consentement des nations étoit toujours marqué au sceau de la vérité. Je n'en éluderai point la force, en disant que le polythéisme n'a jamais été universel , que le peuple Juif n'en a point été infecté , que tous les philosophes étoient persuadés de l'existence d'un seul Dieu , aussi-bien que ceux qui étoient initiés aux grands mystéres. J'accorde à M. Bayle que le polythéisme a dominé tous les esprits , à quelques philosophes près ; mais je soutiens que le sentiment que nous avons de l'existence de Dieu , n'est point une erreur universelle, & voici sur quoi je me fonde. Il y a deux sortes de causes dans nos erreurs ; les unes extérieures , & les autres intérieures. Je mets au premier rang l'exemple, l'éducation , les mauvais raisonnements & les sophismes du discours. Les causes intérieures de nos erreurs & de nos préjugés se réduisent à trois, qui sont les sens , l'imagination & les passions du cœur. Si nous examinons les causes extérieures de nos erreurs, nous trouverons qu'elles dépendent des circonstances, des temps , des lieux , & qu'ainsi elles varient perpétuellement. Qu'on considere toutes les erreurs qui regnent, & toutes celles qui ont regné parmi les peuples, l'on trouvera que l'exemple , l'éducation , les sophismes du discours , ou les fausses couleurs de l'éloquence ont produit des erreurs particulieres , mais non pas des erreurs générales. On peut tromper quelques hom-

mes ; on les trompe tous dans certains lieux
& en certains temps , mais non pas tous
les hommes dans tous les lieux & dans
tous les siecles : or , puisque l'existence de
Dieu a rempli tous les temps & tous les lieux,
elle n'a point sa source dans les causes extérieures de nos erreurs. Pour les causes intérieures de nos erreurs , comme elles se trouvent dans tous les hommes du monde , & que
chacun a des sens , une imagination & un cœur
qui sont capables de se tromper , quoique
cela n'arrive que par accident & par le mauvais usage que nous en faisons , elles peuvent faire naître des erreurs constantes &
universelles.

Ces observations conduisent au dénoue-
ment de la difficulté qu'on tire du polythéisme. On conçoit aisément que le polythéisme a pu devenir une erreur universelle , & que par conséquent ce consentement unanime des nations ne prouve rien
par rapport à lui ; il n'en faut chercher la
source que dans les trois causes intérieures
des nos erreurs. Pour contenter les sens ,
les hommes se firent des dieux visibles &
revêtus d'une forme humaine. Il falloit bien
que ces êtres-là fussent faits comme des
hommes , quelle autre figure eussent-ils pu
avoir ? Du moment qu'ils sont de figure
humaine , l'imagination leur attribue naturellement tout ce qui est humain: les voilà
hommes en toutes manieres , à cela près qu'ils
sont toujours un peu plus puissants que des
hommes. Lisez l'origine des fables de M. de
Fontenelle, vous y verrez comment l'imagination , de concert avec les passions , a en-
fanté les dieux & les déesses , & les a souillés
de toutes sortes de crimes.

A vij

L'exiſtence de Dieu étant une des premieres vérités qui s'emparent avec force de tout eſprit qui penſe & qui réfléchit, il ſemble que les gros volumes qu'on fait pour la prouver ſont inutiles, & en quelque ſorte injurieux aux hommes; du moins cela devroit être ainſi. Mais enfin, puiſque l'impiété produit tous les jours des ouvrages pour détruire cette vérité, ou du moins pour y répandre des nuages, ceux qui ſont bien intentionnés pour la religion, doivent employer toute la ſagacité de leur eſprit pour la ſoutenir contre toutes les attaques de l'irréligion.

Pour contenter tous les goûts, je joindrai ici des preuves métaphyſiques de l'exiſtence de Dieu. M. Clarke, par les mains de qui les matieres les plus obſcures, les plus abſtruſes, ne peuvent paſſer ſans acquérir de l'évidence & de l'ordre, nous fournira les preuves métaphyſiques. M. Jaquelot, l'homme du monde qui a réuni le plus de ſavoir & de raiſonnement, & qui a le mieux fondu enſemble la philoſophie & la critique, nous fournira les preuves hiſtoriques. Nous puiſerons dans l'ingénieux Fontenelle les preuves phyſiques, mais parées de tous les ornements que l'eſprit peut prêter à un fonds ſi ſec & ſi aride de lui-même.

Arguments métaphyſiques Les raiſonnements que met en œuvre M. Clarke, ſont un tiſſu ſerré, une chaîne ſuivie de propoſitions liées étroitement, & néceſſairement dépendantes les unes des autres, par leſquelles il démontre la certitude de l'exiſtence de Dieu, & dont il déduit enſuite l'un après l'autre les attributs eſſentiels de ſa nature, que notre raiſon bornée eſt capable de découvrir.

PREMIERE PROPOSITION. *Que quelque cho-
ſe a exiſté de toute éternité.* Cette propoſition eſt
évidente ; car puiſque quelque choſe exiſte aujourd'hui, il eſt clair que quelque choſe a toujours exiſté.

SECONDE PROPOSITION. *Qu'un être indépendant & immuable a exiſté de toute éternité.*
En effet, ſi quelque être a néceſſairement
exiſté de toute éternité, il faut, ou que cet
être ſoit immuable & indépendant, ou qu'il
y ait eu une ſucceſſion infinie d'êtres dépen-
dants & ſujets au changement, qui ſe ſoient
produits les uns les autres dans un progrès
à l'infini, ſans avoir eu aucune cauſe originale de leur exiſtence. Mais cette derniere
ſuppoſition eſt abſurde ; car cette gradation
à l'infini eſt impoſſible & viſiblement contradictoire. Si on enviſage ce progrès à l'infini comme une chaîne infinie d'êtres dé-
pendants qui tiennent les uns aux autres, il
eſt évident, d'un autre côté, qu'il ne peut
avoir aucune cauſe interne de ſon exiſtence,
parce que dans cette chaîne infinie d'êtres, il
n'y en a aucun qui ne dépende de celui qui
les précede. Or ſi aucune des parties n'exiſte
néceſſairement, il eſt clair que tout ne peut
exiſter néceſſairement, la néceſſité abſolue
d'exiſter n'étant pas une choſe extérieure, relative & accidentelle de l'être qui exiſte néceſſairement. Une ſucceſſion infinie d'êtres dé-
pendants, ſans cauſe originale & indépendante, eſt donc la choſe du monde la plus impoſſible.

TROISIEME PROPOSITION. *Que cet être immuable & indépendant, qui a exiſté de toute éternité, exiſte auſſi par lui-même ; car tout ce qui
exiſte, ou eſt ſorti du néant, ſans avoir été pro-*

duit par aucune cause que ce soit, ou il a été produit par quelque cause extérieure, ou il existe par lui-même. Or il y a une contradiction formelle à dire qu'une chose est sortie du néant sans avoir été produite par aucune cause. De plus, il n'est pas possible que tout ce qui existe ait été produit par des causes externes, comme nous venons de le prouver. Donc, &c.

De cette troisieme proposition, je conclus 1°. qu'on ne peut nier, sans une contradiction manifeste, l'existence d'un être qui existe nécessairement & par lui-même ; la nécessité, en vertu de laquelle il existe, étant absolue, essentielle & naturelle, on ne peut pas plus nier son existence, que la relation d'égalité entre ces deux nombres, deux fois deux est quatre, que la rondeur du cercle, que les trois côtés du triangle.

La seconde conséquence que je tire de ce principe, est que le monde matériel ne peut pas être cet être premier, original, incréé, indépendant & éternel par lui-même ; car il a été démontré que tout être qui a existé de toute éternité, qui est indépendant, & qui n'a point de cause externe, doit avoir existé par soi-même, doit necessairement exister en vertu d'une nécessité naturelle & essentielle. Or, de tout cela il suit évidemment que le monde matériel ne peut être indépendant & éternel par lui-même, à moins qu'il n'existe nécessairement, & d'une nécessité si absolue & si naturelle, que la supposition même qu'il n'existe pas soit une contradiction formelle : car la nécessité absolue d'exister, & la possibilité de n'exister pas, étant des idées contradictoires, il est évident que le monde matériel, n'existe pas nécessairement ; si je puis sans contradiction concevoir, ou qu'il pourroit ne pas être, ou qu'il pourroit être tout autre qu'il n'est aujourd'hui. Or, rien n'est plus facile à concevoir ; car soit que je considere la forme de l'univers avec la disposition & le mouvement de ses parties, soit que je fasse attention à la matiere dont il est composé, je n'y vois rien que d'arbitraire : j'y trouve, à la vérité, une nécessité de convenance ; je vois qu'il falloit que ses parties fussent arrangées ; mais je ne vois pas la moindre apparence à cette nécessité de nature & d'essence, pour laquelle les athées combattent. *Voy. Athéisme & Création.*

QUATRIEME PROPOSITION. *Que l'être qui existe par lui-même, doit être infini, & présent par-tout.* L'idée de l'infinité, ou de l'immensité, aussi-bien que celle de l'éternité, est si étroitement liée avec l'idée de l'existence par soi-même, que qui pose l'une, pose nécessairement l'autre. En effet, exister par soimême, c'est exister en vertu d'une nécessité absolue essentielle & naturelle. Or, cette nécessité étant à tous égards absolue, & ne dépendant d'aucune cause intérieure, il est évident qu'elle est, d'une maniere inaltérable, la même par-tout, aussi bien que toujours ; par conséquent tout ce qui existe en vertu d'une nécessité absolue en elle-même, doit nécessairement être infini aussi bien qu'éternel. C'est une contradiction manifeste que de supposer qu'un être infini puisse exister par lui-même. Si sans contradiction je puis concevoir un être absent d'un lieu, je puis sans contradiction le concevoir absent d'un autre lieu, & puis d'un autre lieu, & enfin de tout lieu : ainsi quelque nécessité d'exister qu'il ait ; il doit l'avoir reçue de quelque cause extérieure : il ne sauroit l'avoir tirée de son propre fond, & par conséquent il n'existe point par lui-même.

De ce principe avoué par la raison, je conclus que l'être existant par lui-même doit être un être simple, immuable & incorruptible, sans parties, sans figure, sans mouvement & sans divisibilité ; & pour tout dire en un mot, un être en qui ne se rencontre aucune des propriétés de la matiere : car toutes les propriétés de la matiere nous donnent nécessairement l'idée de quelque chose de fini.

CINQUIEME PROPOSITION. *Que l'être existant par lui-même, doit nécessairement être unique.* L'unité de l'Etre suprême est une conséquence naturelle de son existence nécessaire ; car la nécessité absolue est simple & uniforme : elle ne reconnoît ni différence ni variété, quelle qu'elle soit ; & toute différence ou variété d'existence procede nécessairement de quelque cause extérieure de qui elle dépend. Or, il y a une contradiction manifeste à supposer deux ou plusieurs natures différentes, existantes par elles-mêmes nécessairement & indépendamment : car chacune de ces natures étant indépendante de l'autre, on peut fort bien supposer que chacune d'elles existe toute seule, & il n'y aura point de contradiction à imaginer que l'autre n'existe pas ; d'où il s'ensuit que l'une ni l'autre n'existera nécessairement. Il n'y a donc que l'essence simple & unique de l'être existant par lui-même, qui existe nécessairement.

SIXIEME PROPOSITION. *Que l'être existant par lui-même, est un être intelligent.* C'est sur cette proposition que roule le fort de la dispute entre les athées & nous. J'avoue qu'il n'eſt pas poſſible de prouver d'une maniere directe *à priori*, que l'être exiſtant par lui-même eſt intelligent & réellement actif ; la raiſon en eſt que nous ignorons en quoi l'intelligence conſiſte, & que nous ne pouvons pas voir qu'il y ait entre l'exiſtence par ſoi-même & l'intelligence, la même connexion immédiate & néceſſaire qui ſe trouve entre cette même exiſtence & l'éternité, l'unité, l'infinité, &c. Mais, *à poſteriori*, il n'y a rien dans ce vaſte univers qui ne nous démontre cette grande vérité, & qui ne nous fourniſſe des arguments inconteſtables, qui prouvent que le monde & tout ce qu'il contient, eſt l'effet d'une cauſe ſouverainement intelligente & ſouverainement ſage.

1°. L'être exiſtant par lui-même étant la cauſe & l'original de toutes choſes, doit poſ-féder dans le plus haut dégré d'éminence toutes les perfections de tous les êtres. Il eſt impoſſible que l'effet ſoit revêtu d'aucune perfection qui ne ſe trouve auſſi dans la cauſe : s'il étoit poſſible que cela fût, il faudroit dire que cette perfection n'auroit été produite par rien ; ce qui eſt abſurde.

2°. La beauté, la variété, l'ordre & la ſymmétrie qui éclatent dans l'univers, & ſur-tout la juſteſſe merveilleuſe avec laquelle chaque choſe ſe rapporte à ſa fin, prouvent l'intelligence d'un premier être. Les moindres plantes, & les plus vils animaux ſont produits par leurs ſemblables ; il n'y a point en eux de génération équivoque. Ni le ſoleil, ni la terre, ni l'eau, ni toutes les puiſ-ſances de la nature unies enſemble ne ſont pas capables de produire un ſeul être vivant, non pas même d'une vie végétale ; & à l'occaſion de cette importante obſervation, je

remarquerai ici , en paſſant , qu'en matiere
même de religion , la philoſophie naturelle
& expérimentale eſt quelquefois d'un très-
grand avantage.

Or les choſes étant telles , il faut que l'athée
le plus opiniâtre demeure d'accord , malgré
qu'il en ait , ou que l'organiſation des plantes & des animaux eſt dans ſon origine l'ouvrage d'un être très-intelligent , qui les a
créés dans le temps ; ou qu'ayant été de toute
éternité conſtruits & arrangés comme nous
les voyons aujourd'hui , ils ſont une production éternelle d'une cauſe éternelle & intelligente , qui déploie ſans relâche ſa puiſſance
& ſa ſageſſe infinie ; ou enfin qu'ils naiſſent
les uns des autres de toute éternité , dans un
progrès à l'infini de cauſes dépendantes , ſans
cauſe originale exiſtante par elle-même. La
premiere de ces aſſertions eſt préciſément ce
que nous cherchons ; la ſeconde revient au
fond à la même choſe , & n'eſt d'aucune
reſſource pour l'athée ; & la troiſieme eſt abſurde , impoſſible , contradictoire , comme il a
été démontré dans la ſeconde propoſition générale. *V. Création.*

SEPTIEME PROPOSITION. *Que l'être exiſtant
par lui-même doit être un agent libre.* Car ſi
la cauſe ſuprême eſt ſans liberté & ſans choix,
il eſt impoſſible qu'aucune cauſe exiſte ; il n'y
aura pas juſqu'aux manieres d'être & aux circonſtances de l'exiſtence des choſes, qui n'aient
dû être à tous égards préciſément ce qu'elles
ſont aujourd'hui. Or, toutes ces conſéquences étant abſolument fauſſes & abſurdes , je
dis que la cauſe ſuprême , bien loin d'être un
agent néceſſaire , eſt un être libre , & qui agit
par choix.

D'ailleurs , ſi la cauſe ſuprême étoit un

agent purement nécessaire, il seroit impossible qu'aucun effet de cette cause fût une
chose finie ; car un être qui agit nécessairement , n'est pas maître de ses actions pour
gouverner ou les désigner comme il lui plaît :
il faut de toute nécessité qu'il fasse tout ce
que sa nature est capable de faire. Or , il est
clair que chaque production d'une cause infinie , toujours uniforme , & qui agit par une
impétuosité aveugle , doit de toute nécessité
être immense & infinie : une telle cause ne
peut suspendre son action ; il faut qu'elle agisse
dans toute son étendue. Il n'y auroit donc
point de créature dans l'univers, qui pût être
finie ; ce qui est de la derniere absurdité , &
contraire à l'expérience.

Enfin , le choix que la cause suprême a
fait parmi tous les mondes possibles , du
monde que nous voyons , est une preuve de
sa liberté, car ayant donné l'actualité à une
suite de choses qui ne contribuoit en rien
par sa propre force à son existence, il n'y a
point de raison qui dût l'empêcher de donner
l'existence aux autres suites possibles , qui
étoient toutes dans le même cas, quant à la possibilité. Elle a donc choisi la suite des choses
qui composent cet univers, pour la rendre
actuelle , parce qu'elle lui plaisoit le plus. L'ê-
tre nécessaire est donc un être libre ; car agir
suivant les loix de sa volonté, c'est être libre.
V. Liberté , Optimisme , &c.

HUITIEME PROPOSITION. *Que l'être existant
par lui-même, la cause suprême de toutes choses, possede une puissance infinie.* Cette proposition est évidente & incontestable ; car puisqu'il n'y a que Dieu seul qui existe par soi-
même, puisque tout ce qui existe dans l'univers a été fait par lui, & puis enfin que tout

ce qu'il y a de puiſſance dans le monde vient de lui, & lui eſt parfaitement ſoumiſe & ſubordonnée, qui ne voit qu'il n'y a rien qui puiſſe s'oppoſer à l'exécution de ſa volonté ?

NEUVIEME PROPOSITION. *Que la cauſe ſuprême & l'auteur de toutes choſes doit être infiniment ſage.* Cette propoſition eſt une ſuite naturelle & évidente des propoſitions précédentes ; car n'eſt-il pas de la derniere évidence qu'un être qui eſt infini, préſent partout, & ſouverainement intelligent, doit parfaitement connoître toutes choſes ? revêtu d'ailleurs d'une puiſſance infinie, qui eſt-ce qui peut s'oppoſer à ſa volonté, ou l'empêcher de faire ce qu'il connoît être le meilleur & le plus ſage ?

Il ſuit donc évidemment de ces principes, que l'être ſuprême doit toujours faire ce qu'il connoît être le meilleur, c'eſt-à-dire, qu'il doit toujours agir conformément aux regles les plus ſéveres de la bonté, de la vérité, de la juſtice, & des autres perfections morales. Cela n'entraîne point une néceſſité priſe dans le ſens des fataliſtes, une néceſſité aveugle & abſolue, mais une néceſſité morale, compatible avec la liberté la plus parfaite. V. les articles *Manichéiſme* & *Providence.*

Argument hiſtorique. Moïſe dit qu'au commencement Dieu créa le ciel & la terre ; il marque avec préciſion l'époque de la naiſſance de l'univers ; il nous apprend le nom du premier homme ; il parcourt les ſiecles depuis ce premier moment juſqu'au temps où il écrivoit, paſſant de génération en génération, & marquant le temps de la naiſſance & de la mort des hommes qui ſervent à ſa chronologie. Si on prouve que le monde ait existé avant le temps marqué dans cette chronologie, on a raison de rejetter cette histoire ; mais si on n'a point d'argument pour attribuer au monde une existence plus ancienne, c'est agir contre le bon sens que de ne la pas recevoir.

Quand on fait réflexion que Moïse ne donne au monde qu'environ 2410 ans, selon l'hébreu, ou 3943 ans, selon le grec, à compter du temps où il écrivoit, il y auroit sujet de s'étonner qu'il ait si peu étendu la durée du monde, s'il n'eût été persuadé de cette vérité par des monuments invincibles.

Ce n'est pas encore tout : Moïse nous marque un temps dans son histoire, auquel tous les hommes parloient un même langage. Si avant ce temps-là on trouve dans le monde des nations, des inscriptions de différentes langues, la supposition de Moïse tombe d'elle-même. Depuis Moïse, en remontant à la confusion des langues, il n'y a dans l'hébreu que six siecles ou environ, & onze, selon les grecs ; ce ne doit plus être une antiquité absolument inconnue. Il ne s'agit plus que de savoir si, en traversant douze siecles tout au plus, on peut trouver en quelque lieu de la terre un langage usité entre les hommes, différent de la langue primitive usitée, à ce qu'on prétend parmi les habitants de l'Asie. Examinons les histoires, les monuments, les archives du monde : renversent-elles le systême & la chronologie de Moïse, ou tout concourt-il à en affermir la vérité ? Dans le premier cas, Moïse est un imposteur également grossier & odieux : dans l'autre, son recit est incontestable, & par conséquent il y a un Dieu, puisqu'il y a un Etre créateur. Or, durant cette longue durée de siecles qui se sont écoulés avant nous, il y a eu des auteurs sans nombre qui ont traité des fondations des empires & des villes, qui ont écrit des histoires générales ou les histoires particulieres des peuples, celles même des Assyriens & des Egyptiens, les deux nations, comme l'on sait, les plus anciennes du monde ; cependant avec tous ces secours dépositaires de la plus longue tradition, avec mille autres que je ne rapporte point, jamais on n'a pu remonter au delà des guerres de Thebes & de Troye, jamais on n'a pu fermer la bouche aux philosophes qui soutenoient la nouveauté du monde.

Avant le législateur des Juifs, il ne paroît dans le monde aucun vestige des sciences, aucune ombre des arts. La sculpture & la peinture n'arriverent que par dégré à la perfection où elles monterent ; l'une au temps de Phidias, de Polyclete, de Lysippe, de Miron, de Praxitele & de Scopas ; l'autre par les travaux des Nicomachus, de Pratogene, d'Appelles, de Zeuxis & d'Aristide. La philosophie ne commença à faire des recherches qu'à la trente-cinquieme olympiade, où naquit Thalès ; ce grand changement, époque d'une révolution dans les esprits, n'a pas une date plus ancienne. L'astronomie n'a fait chez les peuples qui l'ont le plus cultivée, que de très-foibles progrès, & elle n'étoit pas même si ancienne parmi leurs savants, qu'ils osoient le dire ; la preuve en est évidente : quoiqu'en effet ils eussent découvert le Zodiaque, quoiqu'ils l'eussent divisé en douze parties & en 360 dégrés, ils ne s'étoient pas néanmoins apperçus du mouvement des étoiles d'occident en orient ; ils ne le soupçon-

noient pas même , & ils les croyoient im-
muablement fixes : auroient-ils pu le penser, s'ils eussent eu quelques observations antiques ? Ils ont mis la constellation du Belier
dans le Zodiaque , précisément au point de
l'équinoxe du printemps : autre erreur. S'ils
avoient eu des observations de 2102 ans seulement, n'auroient-ils pas dit que le Taureau
étoit au point de l'équinoxe ? Les lettres mêmes, je veux dire, l'art de l'écriture, quel
peuple en a connu l'usage avant Moïse ? Tout
ce que nous avons d'auteurs profanes s'accordent à dire que ce fut Cadmus qui apporta les
lettres de Phénicie en Grece : & les Phéni-
ciens, comme on le sait, étoient confondus
avec les Assyriens & les Syriens, parmi lesquels on comprenoit aussi les Hébreux. Quelle
apparence donc que le monde eût eu plus de
durée que Moïse ne lui en donne, & toutefois que la Grece fût demeurée dans une si
longue enfance, ne connoissant rien, ou ne
perfectionnant rien de ce qui étoit trouvé
déjà ? On voit les Grecs, en moins de quatre
cents ans, devenus habiles & profonds dans les
arts & dans les sciences. Est-ce donc que les
hommes de ces quatre heureux siecles avoient
un esprit d'une autre espece, & d'une trempe
plus heureuse que leurs aïeux ?

On pouvoit dire à M. Jaquelot, de qui cet
argument est tiré, qu'en se renfermant dans
les connoissances & dans les inventions de
la Grece, il prenoit la question du côté le
plus avantageux à sa cause, & lui opposer
l'ancienneté prodigieuse des empires d'Assy-
rie, d'Egypte, de la Chine même ; aussi
prend-t-il soin de rechercher, en habile critique, l'origine de ces nations, & de faire
voir qu'elles n'ont (au moins ces deux pre-

mieres) que l'antiquité que leur donne Moïse: ceux en effet qui accordent la plus longue durée à l'empire des Assyriens, ne l'étendent pas au delà de 17000 ans. Justin l'a renfermée dans l'espace de treize siecles. Cresias n'y ajoute que 60 ans de plus ; d'autres ne lui donnent que 1500 ans. Eusebe la resserre en des bornes encore plus étroites ; & George Symelle pense à peu près comme Cresias, c'est-à-dire, qu'a prendre le calcul le moins sévere, les Assyriens n'ont commencé que deux mille cinq ou six cents ans avant Jesus-Christ , & environ cinq ou six siecles avant la premiere connoissance que l'histoire nous donne de la Grece.

A l'égard de l'Egypte , qui croira dans la supposition, qu'elle fût aussi ancienne qu'elle se vantoit de l'être , que Moïse n'en eût pas accommodé l'histoire avec la chronologie du monde , & qu'il eût exposé la fausseté de ses dates à la dérision d'un peuple si connu de lui , si habile, si voisin ? Cependant il le fait descendre d'une race maudite de Dieu ; & en le disant, il ne craint point d'être repris. Il est constant d'ailleurs qu'il n'y a guere eu de peuple plus célebre que les Egyptiens dans les annales profanes. La seule ville d'Alexandrie, devenue comme le rendez-vous des grands talents , renfermoit dans ses murs, & sur-tout depuis l'établissement du christianisme , des savants de toutes les parties de l'univers, de toutes les religions & de toutes les sectes, des Juifs , des Chrétiens & des philosophes. On ne peut vraisemblablement douter qu'il n'y eût souvent des disputes entr'eux ; car où il y a des savants, il y a bientôt des contestations, & la vérité elle-même y est toujours combattue avec ces armes que l'esprit humain

ne

ne fait que trop bien employer dans les matieres de doctrine. Or , ici tout rouloit fur
deux faits : tout dépendoit de favoir fi l'univers, ainfi que Moïfe l'avoit dit, n'avoit que
6000 ans tout au plus ; fi quatre fiecles avant
lui, ce même monde avoit été noyé dans
les eaux d'un déluge qui n'avoit épargné
qu'une famille ; & s'il étoit vrai que trois
mille ans auparavant, il n'y eût eu fur la
terre qu'un feul & unique langage. Qu'y avoit-
il de plus facile à éclaircir ? On étoit fur le
lieu même : on pouvoit examiner les temples ,
les fépulcres , les pyramides , les obélifques ,
les ruines de Thebes , & vifiter ces fameu-
fes colonnes fyridiaques ; ou , comme les
appelle Ammian Marcelin , ces fyringues fou-
terreines où l'on avoit gravé les myfteres facrés. On avoit fous la main les annales des
Prêtres ; & enfin on pouvoit confulter les
hiftoires qui alors étoient nombreufes. Toutefois au milieu de tant de reffources contre
l'erreur, ces faits pofés avec tant de confiance
fur les livres de Moyfe , ne trouvoient point
de contradicteurs ; & l'on défie la critique qui
ofe tout , d'ofer les nommer.

Le feul Manethon , qui vivoit fous Ptolé-
mée Philadelphe , mit au jour une hiftoire
chronologique de l'Egypte , depuis fa premiere
origine , jufqu'à la fuite de Nectanebo en
Ethiopie , environ la 117e olympiade. Mais
quelle hiftoire ! & qui pouvoit s'y laiffer tromper ? Elle fait régner en Egypte fix dieux, dix
héros ou demi-dieux , durant 31 ou 32 mille
ans ; enfuite elle fait paroître le roi Ménés ,
& compofe la lifte de fes fucceffeurs, de 340
monarques , dont la durée totale eft d'environ 3000 ans. De grands hommes ont effayé
dans tous les temps de mettre quelque ordre

dans la confusion de ce cahos, & de débrouil-
ler ce monstrueux tracassement de dynasties,
de dieux, de héros & de princes; mais ce
que l'étude la plus opiniâtre a fait d'efforts,
n'a servi qu'à en démontrer l'impuissance, &
le jour n'a pu percer de si épaisses ténebres.
Ces dynasties sont-elles successives, sont-elles
collatérales? On ne sait. Les années Egyp-
tiennes n'étoient-elles que d'un mois ou de
deux, comme quelques-uns l'ont prétendu?
Étoient-elles de quatre, & se régloient-elles
par les saisons, comme d'autres le soutien-
nent? Question impossible à terminer par les
témoignages anciens; ils se contrarient trop
sur cet article. Nos modernes eux-mêmes
sont encore moins unanimes; & malgré les
travaux de Scaliger, du pere Petau, du chevalier Marsham, du pere Perron, & des autres, cette chronologie de Manéton est demeurée un labyrinthe, dont il faut pour jamais désespérer de sortir.

Il y a un peuple encore subsistant, ce sont
les Chinois, qui semblent donner au monde
une plus grande ancienneté que nos écritures
ne lui en donnent. Depuis que ces régions
nous sont plus connues, on en a publié les
annales historiques, & elles font remonter
l'origine de cet empire à-peu-près 3000 ans
au delà de la naissance de Jesus-Christ: nouvelle difficulté, souvent saisie par les incrédules contre la chronologie de Moïse. Afin
de détruire ce prétexte, M. Jaquelot fait diverses remarques, toutes importantes & solides, sur l'incertitude de l'histoire Chinoise;
mais pour trancher, il soutient que, même
en lui accordant ces calculs, ils ne nuiroient
point à la vérité des nôtres. Rien n'oblige en
effet à préférer la supputation de l'hébreu à

celle des septante. Or, dans celle-ci, l'ancienneté de l'univers est plus grande que dans
l'autre ; donc, puisqu'il ne faudroit pour concilier les dates des Chinois avec les nôtres,
que cinq siecles de plus que n'en porte le texte
hébreu, & que ces cinq siecles sont remplacés
& au delà dans la traduction des septante, la
difficulté est levée, & il est clair que l'empire de la Chine est postérieur au déluge. Voy.
Chronologie.

Objection. Suivant les abrégés latins des annales maintenant suivies à la Chine, les
temps même historiques de cet empire commence avec le regne de Hoamti, 1697 ans
avant Jesus-Christ ; & cette époque qui dans
la chronologie du texte hébreu est antérieure
au déluge de plus d'un siecle, ne se trouve
dans le cacul des septante, postérieure que de
200 ans à la dispersion des peuples & à la naissance de Phaleg. Or ces deux cents ans, qui
d'abord semblent un assez grand fonds & une
ressource capable de tout concilier, se trouvent à peine suffisants pour conduire les fondateurs de la colonie Chinoise & leurs troupeaux, depuis les plaines de Sennar, jusqu'aux extrêmités orientales de l'Asie ; & encore par quels chemins ? à travers des soli-
tudes affreuses & des climats devenus presque
inaccessibles après les ravages de l'inondation
générale.

M. Freret, un des plus savans hommes de
nos jours, & un des plus versés dans la connoissance des temps, a senti toute la force
de cette objection, & se l'est faite. Il a bien
vu que, pour la résoudre, il étoit nécessaire
de percer plus qu'on ne l'avoit fait encore,
dans les ténébres de la chronologie Chinoise.
Il a eu le courage d'y entrer, & nous lui

avons l'obligation d'y avoir jetté du jour par ses doctes recherches. Il est prouvé maintenant, du moins autant qu'il est possible, que cette immense durée que les Chinois modernes assignent aux temps fabuleux de leur histoire, n'est que le résultat des périodes astronomiques inventées pour donner la conjonction des planetes dans certaines constellations. A l'égard des temps historiques, il est prouvé de même que les regnes d'Iao & de Chum, les deux fondateurs de la monarchie Chinoise, ont fini seulement 1991 ans avant l'ere chrétienne ; que ces deux regnes ne font au plus que 156 ans ; qu'ils ne peuvent par conséquent avoir commencé que vers l'an du monde 2147, plusieurs années après la vocation d'Abraham, & du temps même de l'expédition des Elamites dans le pays de Chanaan, c'est-à-dire, bien après les établissements des empires d'Egypte & de Chaldée. Voilà donc la naissance des plus anciens peuples du monde ramenée & réduite à sa juste époque, l'histoire de Moïse confirmée, le fait de la création évidemment établi, & par cela même l'existence de l'Etre suprème invinciblement démontrée.

Argument Physique. Les animaux ne se perpétuent que par la voie de la génération ; mais il faut nécessairement que les deux premiers de chaque espece aient été produits, ou par la rencontre fortuite des parties de la matiere, ou par la volonté d'un être intelligent, qui dispose la matiere selon ses desseins.

Si la rencontre fortuite des parties de la matiere a produit les premiers animaux, je demande pourquoi elle n'en produit plus ; & ce n'est que sur ce point que roule tout

mon raisonnement. On ne trouvera pas d'a-
bord grande difficulté à répondre que, lorfque la terre fe forma, comme elle étoit rem-
plie d'atomes vifs & agiffants, imprégnée de
la même matiere fubtile dont les aftres ve-
noient d'être formés, en un mot, jeune &
vigoureufe, elle pût être affez féconde pour
pouffer hors d'elle-même toute les différentes
efpeces d'animaux, & qu'après cette premiere
production, qui dépendoit de tant de rencontres heureufes & fingulieres, fa fécondité a
bien pu fe perdre & s'épuifer; que, par exemple, on voit tous les jours quelques marais
nouvellement deffechés, qui ont toute une
autre force pour produire, que cinquante ans
après qu'ils ont été labourés. Mais je prétends
que; quand la terre, felon ce qu'on fuppofe;
a produit les animaux, elle a dû être dans le
même état où elle eft préfentement. Il eft
certain qu'elle n'a pu produire les animaux
que quand elle a été en état de les nourrir;
ou du moins, il eft certain que ceux qui ont
été la premiere tige des efpeces, n'ont été
produits par la terre, que dans un temps où
ils ont pu auffi-bien être nourris. Or, afin
que la terre nourriffe les animaux, il faut
qu'elle leur fourniffe beaucoup d'herbes différentes; il faut qu'elle leur fourniffe des eaux
douces qu'ils puiffent boire; il faut même que
l'air, ait un certain degré de fluidité &
de chaleur pour les animaux, dont la vie a
des rapports à ce communs à toutes ces qualités.

Du moment que l'on me donne la terre
couverte de toutes les efpeces d'herbes pour
la fubfiftance des animaux, arrofée de fontaines, & de rivieres propres à étancher leur
foif, environnée d'un air refpirable pour eux;

on me la donne dans l'état où nous la
voyons ; car ces trois chofes feulement en
entraînent une infinité d'autres avec lefquelles
elles ont des liaifons & des enchaînements.
Un brin d'herbe ne peut croître qu'il ne foit
de concert, pour ainfi dire, avec le refte de
la nature. Il faut de certains fucs dans la
terre ; un certain mouvement dans fes fucs,
ni trop fort, ni trop lent ; un certain foleil
pour imprimer ce mouvement ; un certain
milieu par où ce foleil agiffe. Voyez combien de rapports, quoiqu'on ne les marque
pas tous. L'air n'a pu avoir les qualités dont
il contribue à la vie des animaux, qu'il
n'ait eu à-peu-près en lui le même mélange
& de matieres fubtiles & de vapeurs groffie-
res ; & que ce qui caufe fa pefanteur, qualité
auffi néceffaire qu'aucune autre par rapport
aux animaux, & néceffaire dans un certain
degré, n'ait eu la même action. Il eft clair
que cela nous meneroit encore loin, d'égalité en égalité ; fur-tout les fontaines & les
rivieres dont les animaux n'ont pu fe paffer,
n'ayant certainement d'autre origine que les
pluies, les animaux n'ont pu naître qu'après
qu'il a tombé des pluies, c'eft-à-dire, un
temps confidérable après la formation de la
terre, & par conféquent lorfqu'elle a été en
état de confiftance, & que ce cahos, à la faveur duquel on veut tirer les animaux du
néant, a été entiérement fini.

Il eft vrai que les marais nouvellement defféchés produifent plus que quelque temps
après qu'ils l'ont été ; mais enfin ils produifent toujours un peu, & il fuffiroit que la
terre en fit autant : d'ailleurs le plus de fécondité qui eft dans les marais nouvellement
defféchés, vient d'une plus grande quantité

de fels qu'ils avoient amaſſés par les pluies
ou par le mouvement de l'air, & qu'ils avoient
confervés, tandis qu'on ne les employoit à
rien ; mais la terre a toujours la même quantité de corpuſcules ou d'atomes propres à
former des animaux, & fa fécondité, loin
de fe perdre, ne doit aucunement diminuer.
De quoi fe forme un animal ? d'une infinité
de corpuſcules qui étoient épars dans les herbes qu'il a mangées, dans les eaux qu'il a
bues, dans l'air qu'il a refpiré ; c'eſt un
compofé dont les parties font venues fe raf-
fembler de mille endroits différents de notre
monde : ces atomes circulent fans ceffe ; ils
forment tantôt une plante, tantôt un animal, & après avoir formé l'un, il ne font
pas moins propres à former l'autre. Ce ne font
donc pas des atomes d'une nature particuliere
qui produifent les animaux ; ce n'eſt qu'une
matiere indifférente dont toutes chofes fe forment fucceffivement, & dont il eſt très-clair
que la quantité ne diminue point, puifqu'elle
fournit également à tout. Les atomes dont
on prétend que la rencontre fortuite produifit
au commencement du monde les premiers
animaux, font contenus dans cette même
matiere qui fait toutes les générations de
notre monde : car, quand ces premiers animaux furent morts, les machines de leurs
corps fe défaffemblerent, & fe réfolurent en
parcelles, qui fe difperferent dans la terre,
dans les eaux & dans l'air ; ainfi nous avons
encore aujourd'hui ces atomes précieux, dont
fe durent former tant de machines furprenantes:
nous les avons en la même qualité, auffi propres que jamais à former de ces machines ;
ils en forment encore tous les jours par la
voie de la nourriture : toutes chofes font dans.

le même état que quand ils vinrent à en former par une rencontre fortuite ; à quoi tient-
il que, par de pareilles rencontres, ils n'en
forment quelquefois ?

Tous les animaux, ceux même qu'on avoit
soupçonnés venir ou de pourriture ou de pous-
siere humide & échauffée, ne viennent pas
des semences que l'on n'avoit pas apperçues.
On a découvert que les macreuses se forment
d'œufs que cette espece d'oiseaux fait dans les
isles désertes du septentrion ; & jamais il ne
s'engendre de vers sur la viande où les mou-
ches n'ont pu laisser de leurs œufs. Il en est
de même de tous les autres animaux que l'on
croit naître hors de la voie de la génération. Toutes les expériences conspirent à
nous désabuser de cette ancienne erreur, &
je me tiens sûr que dans peu de temps il n'y
restera plus le moindre sujet de doute. *Voyez
Corruption.*

Mais en dût-il rester, y eût-il des animaux
qui vinssent hors de la voie de la génération,
le raisonnement que j'ai fait n'en deviendroit
que plus fort. Ou ces animaux ne naissent jamais que par cette voie de rencontre fortuite, ou ils naissent, & par cette voie, &
par celle de génération : s'ils naissent toujours par la voie de rencontre fortuite, pourquoi se trouve-t-il toujours dans la matiere
une disposition qui ne les fait naître que de la
même maniere dont ils sont nés au commencement du monde ; & pourquoi, à l'é-
gard de tous les autres animaux que l'on suppose qu'ils soient nés d'abord de cette ma-
niere-là, toutes les dispositions de la matiere
sont-elles si changées, qu'ils ne naissent jamais
d'une maniere différente ? S'ils naissent, & par
cette voie de rencontre fortuite, & par celle

de génération, pourquoi toutes les autres efpeces d'animaux n'ont-elles pas retenu cette
double maniere de naître ? pourquoi celle qui
étoit la plus naturelle , la feule conforme à
la premiere origine des animaux , s'eft-elle
perdue dans prefque toutes les efpeces ?

Un autre réflexion qui fortifie la premiere,
c'eft qu'il n'eût pas fuffi que la terre n'eût produit les animaux , que quand elle étoit dans
une certaine difpofition où elle n'eft plus :
elle eût dû auffi ne les produire que dans un
état où ils euffent pu fe nourrir : elle eût dû ,
par exemple , ne produire le premier homme
qu'à l'âge d'un an ou deux , où il eût pu fa-
tisfaire , quoiqu'avec peine , à fes befoins , &
fe fecourir lui-même. Dans la foibleffe où
nous voyons un enfant nouveau né , en vain
on le mettroit au milieu de la prairie la
mieux couverte d'herbes , auprès des meilleures eaux du monde , il eft indubitable qu'il
ne vivroit pas long-temps. Mais comment les
loix du mouvement produiroient-elles d'abord
un enfant à l'âge d'un an ou de deux ? Comment le produiroient-elles même dans l'état
où il eft préfentement , lorfqu'il vient au
monde ? Nous voyons qu'elles n'amenent
rien que par degrés , & qu'il n'y a point
d'ouvrage de la nature qui , depuis les com-
mencements les plus foibles & les plus éloi-
gnés , ne foient conduits lentement par une
infinité de changemens tous néceffaires jufqu'à
leur derniere perfection. Il eût fallu que l'homme , qui eût dû être formé par le concours
aveugle de quelque partie de la matiere,
eût commencé par cet atome où la vie ne
fe remarque qu'au mouvement prefque in-
fenfible d'un point ; & je ne crois pas qu'il
y ait d'imagination affez fauffe pour concevoir

d'où cet atome vivant, jetté au hasard sur la terre, aura pu tirer du sang ou du chyle tout formé, la seule nourriture qui lui convienne, ni comment il aura pu croître, exposé à toutes les injures de l'air. Il y a là une difficulté qui deviendra toujours plus grande, plus elle sera approfondie, & plus ce sera un habile Physicien qui l'approfondira. La rencontre fortuite des atomes n'a donc pu produire les animaux ; il a fallu que ces ouvrages soient partis de la main d'un être intelligent ; c'est-à-dire de Dieu même : les Cieux & les Astres sont des objets plus éclatants pour les yeux ; mais ils n'ont peut-être pas pour la raison, des marques plus sûres de l'action de leur Auteur. Les plus grands ouvrages ne sont pas toujours ceux qui parlent le plus de leur ouvrier. Que je voie une montagne applanie, je ne sais si cela s'est fait par l'ordre d'un Prince ou par un tremblement de terre : mais je serai assuré que c'est par l'ordre d'un Prince, si je vois sur une petite colonne une inscription de deux lignes. Il me paroît que ce sont les animaux qui portent, pour ainsi dire, l'inscription la plus nette, & qui nous aprennent le mieux qu'il y a un Dieu auteur de l'Univers. Cette démonstration, dont on peut vanter avec raison la force & la solidité, est de M. de Fontenelle, comme nous l'avons déjà dit. Cet article est tiré des papiers de M. Formey.

Dieu est mon droit. (*Hist. Mod.*) C'est le mot ou la devise des armes d'Angleterre, que prit d'abord Richard premier ou Cœur de Lion, qui vivoit à la fin du sixieme siecle, ce qu'il fit pour marquer qu'il ne tenoit son Royaume d'aucun mortel à titre de Vassal,

Edouard III, au quatorzieme siecle, le
prit ensuite quand il commença à faire valoir ses intentions sur la couronne de France; & les Rois ses successeurs l'ont conti-
nué sans interruption jusqu'au temps du Roi
Guillaume III, Prince d'Orange, qui fit usage de ce mot, *je maintiendrai*, quoiqu'il
ordonna qu'on se servît toujours du premier
sur le grand sceau. La Reine Anne en usa de
même, quoiqu'elle eût pris pour sa devise particuliere ces deux mots latins, *semper eadem*,
toujours la même, à l'exemple de la Reine
Elisabeth. *Voyez devise*. (*g*)

DIMANCHE.

s. m. (Hist. & Disciplin. Ecclésiast.)

JOUR du Seigneur. Le Dimanche, considéré dans l'ordre de la semaine, répond au
jour du Soleil chez les Païens ; considéré
comme fête consacrée à Dieu, il répond au
sabbat des Juifs, & en est même une suite,
avec cette différence pourtant, que le sabbat
étoit célébré le samedi. Les premiers Chrétiens transporterent au jour suivant la célé-
bration du sabbat ou du Dimanche, & cela pour honorer la résurection du Sauveur,
laquelle fut manifestée ce jour-là ; jour qui
commençoit la semaine chez les Juifs & chez
les Païens, comme il la commence encore
parmi nous.

Le jour qu'on appelle du Soleil, (dit S.
Justin, Martyr, dans son apologie pour les
Chrétiens,) tous ceux qui demeurent à la
ville ou à la campagne, s'assemblent en un
même lieu, & là, on lit les écrits des Apôtres

B vj

& des Prophêtes, autant que l'on a de temps. Il fait enfuite la defcription de la liturgie, qui confiftoit pour lors en ce qu'après la lecture des livres faints, le Pafteur, dans une efpece de Prône ou d'Homélie, expliquoit les vérités qu'on venoit d'entendre, & exhortoit le peuple à les mettre en pratique : puis on récitoit les prieres qui fe faifoient en commun, & qui étoient fuivies de la confécration du pain & du vin, que l'on diftribuoit enfuite à tous les fideles. Enfin on recevoit les aumônes volontaires des affiftans, lefquelles étoient employées par le Pafteur à foulager les pauvres, les orphelins, les veuves, les malades, les prifonniers, &c.

On trouve dans le bréviaire & autres livres Liturgiques, des dimanches de la premiere & de la feconde claffe ; ceux de la premiere font les dimanches des Rameaux, de Pâques, de Quafimodo, de la Pentecôte, la Quadragéfime ; ceux de la feconde, font les dimanches ordinaires. Autrefois tous les dimanches de l'année avoient chacun leur nom, tiré de l'introîte de la Meffe du jour, mais on n'a retenu cette coutume que pour quelques dimanches de carême, qu'on défigne pour cette raifon par les mots de *Reminifcere*, *Oculi*, *Lætare*, *Judica*.

L'Eglife ordonne pour le dimanche de s'abftenir des œuvres ferviles, fuivant en cela l'inftitution du Créateur : elle prefcrit encore des devoirs & des pratiques de piété, en un mot, un culte public & connu. La ceffation des œuvres ferviles eft affez bien obfervée le dimanche, & il eft rare qu'on manque à cette partie du précepte, à moins qu'on y foit autorifé par les fupérieurs, com-

me il arrive quelquefois pour des travaux
publics & preffants, ou pour certaines opérations champêtres qu'il eft fouvent impoffible
de différer fans s'expofer à des pertes confidé-
rables, & qui intéreffent lafociété. On a beaucoup moins d'égard pour les fêtes , & je remarque depuis quelque-temps à Paris, que plufieurs ouvriers , les maçons entr'autres , s'occupent de leur métier ce jour-là , comme à l'ordinaire , même en travaillant pour des particuliers.

M. l'Abbé de Saint Pierre , qui a tant écrit
fur la fcience du gouvernement , ne regarde
la prohibition de travailler le dimanche ,
(Voyez Œuvres politiq. tom. 7. pag. 73 ,
& fuivantes) que comme une regle de dif-
cipline Eccléfiaftique , laquelle fuppofe à
faux que tout le monde peut chommer ce jour-
là fans s'incommoder notablement. Sur cela
il prend en main la caufe de l'indigent ,
(ibid. pag. 76.) & non content de remet-
tre en fa faveur toutes les fêtes au dimanche , il voudroit qu'on accordât aux pauvres
une partie confidérable de ce grand jour pour
l'employer à des travaux utiles , & pour
fubvenir par là plus fûrement aux befoins
de leurs familles. Au refte on eft pauvre ,
felon lui, dès qu'on n'a pas affez de revenu
pour fe procurer fix cents livres de pain.
A ce compte il y a bien des pauvres parmi nous.

Quoi qu'il en foit , il prétend que fi on
leur accordoit pour tous les dimanches la
liberté du travail après-midi , fuppofé la
Meffe & l'inftruction du matin , ce feroit
une œuvre de charité bien favorable à tant
de pauvres familles , & conféquemment aux
hôpitaux ; le gain que feroient les fujets par

cette simple permission, se monte, suivant son caulcul, a plus de vingt millions par an. Or, dit-il, (*ibid.* pag 74.) quelle aumône ne seroit-ce point qu'une aumône annuelle de vingt millions répandue avec proportion sur les plus pauvres ? N'est-ce pas-là un objet digne d'un concile national qui pourroit ainsi perfectionner une ancienne regle Ecclésiastique, & la rendre encore plus conforme à l'esprit de justice & de bienséance, c'est-à-dire, plus chrétienne dans le fonds qu'elle n'est aujourd'hui ? A l'égard même de ceux qui ne sont pas pauvres, il y a une considération qui porte à croire que si après la Messe & les instructions du matin, ils se remettoient l'après-midi à leur travail & à leur négoce, ils n'iroient pas au cabaret dépenser, au grand préjudice de leurs familles, une partie de ce qu'ils ont gagné dans la semaine ; ils ne s'enivreroient pas, ils ne se querelleroient pas, & ils éviteroient ainsi les maux que causent l'oisiveté & la cessation d'un travail innocent, utile pour eux & pour l'état.

Si les Evêques qui ont formé les premiers canons, avoient vu des cabarets & des jeux établis, s'ils avoient prévu tous les désordres que devoient causer l'oisiveté & la cessation d'occupation journaliere, ils se seroient bornés à l'audition de la Messe & à l'assistance aux instructions du matin, &c.

Toute cette doctrine semble assez plausible ; le mal est qu'elle paroit absolument contraire au précepte divin : *septimo die cessabis.* (Exod. 23. 12.) ; difficulté qui se présente naturellement, mais que notre auteur ne s'est pas mis en devoir de résoudre. Tâchons de la lever nous-mêmes cette diffi-

culté, en montrant la deftination, le but &
les motifs du repos fabbatique.

L'écriture dit : *fex diebus operaberis, & facies omnia opera tua.* Deut. 5. 13. *fex diebus
operaberis, feptimo die ceffabis, ut requiefcat
bos & afinus tuus, & refrigeretur filius ancil-
læ tuæ, & advena.* Exod. 23. 12. « Vous vous
» occuperez pendant fix jours à vos diffé-
» rens ouvrages ; mais vous les cefferez le
» feptieme, afin que votre bœuf & votre
» âne fe repofent, & que le fils de votre
» efclave & l'étranger qui eft parmi vous
» puiffent prendre quelque relâche, & même
» quelque divertiffement » : car c'eft-là ce
que fignifie le *refrigeretur* de la Vulgate.
Or, ce que Dieu dit ici en faveur des animaux, en faveur des étrangers & des efclaves, doit s'entendre, à plus forte raifon, en
faveur des citoyens libres ; ainfi un délaffement honnête, & qui doit être commun à
tous, devient la deftination effentielle du fabbat. Il paroit même que la ceffation des ouvrages prefcrite au feptieme jour, eft moins dans
fon inftitution une obfervance religieufe qu'un
réglement politique, pour affurer aux hommes & aux bêtes de fervice, un repos qui
leur eft néceffaire pour la continuité des
travaux.

Cette propofition eft encore mieux établie par le paffage fuivant, dans lequel Moïfe
rappelle aux Ifraélites la vraie deftination
du fabbat. *Septimus dies, dit-il, fabbati eft,
id eft, requies Domini Dei tui ; non facies in ea
quidquam operis tu, & filius tuus & filia, fervus & ancilla, & bos & afinus, & omne ju-
mentum tuum, & peregrinus qui eft inter por-
tas tuas, ut requiefcat fervus tuus & ancilla
tua ficut & tu. Memento quod & ipfe fervieris*

in Ægypto , & eduxerit te indè Dominus Deus tuus in manu forti & brachio extento ; idcircò præcepit tibi ut obfervares diem fabbati. Deut. 5. 14. « Le feptieme jour èſt le repos du » Seigneur votre Dieu ; ni vous ni vos en- » fans, vos efclaves ni vos bêtes , ni l'é- » tranger habitué dans vos villes, vous ne » ferez ce jour-là aucune forte d'ouvrages , » afin que les efclaves de tout fexe qui vous » font affujettis, puiſſent fe repoſer auſſi-bien » que vous. En effet, (ajoute-t-il, toujours » plaidant la cauſe du malheureux) fouvenez- » vous que vous avez été vous-même dans la » fervitude ; que Dieu par des prodiges de fa » puiſſance vous a retirés de cet état miſé- » rable : c'eſt dans cette vue de commiféra- » tion & de repos néceſſaire à tous , que » Dieu vous a commandé l'obfervation du » ſabbat. »

De ce paſſage ſi formel & ſi précis , d'ailleurs ſi conforme à ce que dit le Sau- veur , (*Marc.* 2. 27.) que le Sabbat eſt fait pour l'homme , & non l'homme pour le Sabbat , je conclus que l'intention du Créa- teur , en inſtituant un repos de précepte , a été non-ſeulement de réſerver un jour pour ſon culte , mais encore de procurer quel- que délaſſement aux travailleurs , efclaves ou mercenaires , de peur que des maîtres barbares & impitoyables ne les fiſſent ſuccomber fous le poids d'un travail trop continu.

Je conclus enſuite que le Sabbat, dès · là qu'il eſt établi pour l'homme , ne doit pas lui devenir dommageable ; qu'ainſi l'on peut manquer au précepte du repos ſabbatique , lorſque la néceſſité ou la grande utilité l'exige pour le bien de l'homme ; qu'on peut par conséquent au jour de Sabbat faire tête à l'ennemi, *quicumque venerit ad nos in bello die Sabbatorum, pugnemus adversùs eum.* 1. Mach. 2. 41. Soigner son bétail, *unusquisque vestrûm Sabbato non solvit bovem suum.... & ducit adaquare?* Luc. 13. 15. Sauver sa brebis, *si ceciderit hæc Sabbatis in foveam, nonne tenebit & levabit eam (ovem?)* Mat. 12. 11. Apprêter à manger, &c. & je conclus encore, en vertu du même raisonnement, que l'artisan, le manouvrier qui, en travaillant, ne vit d'ordinaire qu'à demi, peut employer partie du Dimanche à des opérations utiles, tant pour éviter le désordre & les folles dépenses, que pour être plus en état de fournir aux besoins d'une famille languissante, & d'eloigner de lui, s'il le peut, la disette & la misere, maladies trop communes en Europe, sur-tout parmi nous.

Envain nous opposeroit-on l'article du Décalogue, qui ordonne de sanctifier le jour du Sabbat, *Memento ut diem Sabbati sanctifices.* (Exod. 20. 8.) attendu que ce qu'on a dit ci-devant sur cette matiere, n'exclut point le culte établi par l'Eglise pour la sanctification des Dimanches ; outre que la vraie signification des termes *saint & sanctifier*, prise dans la langue originale, n'a peut-être jamais été bien développée. Mais sans entrer dans cette discussion, sur laquelle on pourroit dire des choses intéressantes, je crois avoir prouvé solidement qu'une des fins principales du Sabbat, a été le délassement, le repos & le bien-être des travailleurs ; que par conséquent si la cessation des œuvres serviles, loin de produire ces avantages, y devient en certain cas absolument contraire, ce qui n'arrive que trop à l'égard du pauvre, il convient alors de bien pénétrer le sens de la loi, & d'abandonner la lettre qui n'exprime que le repos & l'inaction, pour s'attacher constamment à l'esprit qui subordonne toujours ce repos au vrai bien du travailleur, & qui conseille même les travaux pénibles, dès qu'ils sont nécessaires pour prévenir des ruines ou des dommages, comme il est démontré par les passages déjà cités.

Revenons à M. l'abbé de Saint Pierre, & tenons, comme lui, pour certain que, si l'on permettroit aux pauvres de travailler le Dimanche après midi, arrangement qui leur seroit très-profitable, on rentreroit véritablement dans l'esprit du législateur, puisqu'enfin le Sabbat est fait pour eux, & qu'ils ne sont point faits pour le Sabbat. (*Marc.* 2. 27.)

On l'a déjà dit : on peut estimer à plus de vingt millions par an le gain que feroient les pauvres par cette liberté du travail. Une telle économie mérite bien, ce me semble, l'attention du ministere, puisque souvent, pour de moindres considérations, l'on permet de travailler les Fêtes & Dimanches, comme nous l'avons remarqué plus haut. Mais en attendant qu'il se fasse là-dessus un réglement avantageux aux pauvres familles, ne peut-on pas proposer dans le même esprit, d'employer quelques heures de ce saint jour pour procurer à tous les villages & hameaux certaines commodités qui leur manquent assez souvent; un puits, par exemple, une fontaine, un abreuvoir, un lavoir, &c. & sur-tout pour rendre les chemins beaucoup plus aisés qu'on ne les trouve d'ordinaire dans les campagnes éloignées ? En effet, quoique les grandes routes foient en bon état prefque dars tout le royaume, il refte encore plufieurs chèmins de traverfe où il y a beaucoup à refaire, & dont la réparation feroit très-utile aux peuples.

A peine eft-il une paroiffe dans les campagnes où il n'y ait quelques paffages difficiles: ici, des marais & des eaux fans écoulement; là, une fondriere profonde & dangereufe; ailleurs, une colline trop inégale & trop roide; c'en eft affez pour rendre certains endroits impraticables, & pour faire périr de temps à autre quelque malheureux. Cependant tout cela peut fe corriger fans grande dépenfe, & fans qu'il y faille autre chofe que le travail & l'induftrie des peuples intéreffés.

J'en dis autant des travaux qu'il faudroit entreprendre, pour avoir des fontaines, des abreuvoirs & autres commodités dans les lieux où l'on en en manque. Il eft certain que la plupart de ces chofes pourroit s'exécuter à peu de frais: il n'y faudroit que le concours unanime des habitants; & avec un peu de temps & de perfévérance, il en réfulteroit pour tout le monde des utilités fenfibles.

Or, puifque Jefus-Chrift fait entendre clairement qu'il eft permis de relever un animal tombé dans une foffe, & de faire toute autre bonne œuvre le jour du Sabbat, *licet Sabbatis benefacere*. (Matth. chap. 12.) ne peut-on pas regarder comme œuvre de bienfaifance, & par conféquent œuvre des plus licites, le travail qu'on emploieroit à ces fortes d'ouvrages? & après les inftructions & les offices de paroiffe, que peut-on faire de plus chrétien, que de confacrer quelques heures à des entreprifes fi utiles & fi louables? De telles occupations ne vaudroient-elles pas bien les délaffements hon-

nêtes qu'on nous accorde fans difficulté, pour
ne rien dire des excès & des abus que l'oifiveté
des fêtes entraine infailliblement ?

Qu'il me foit permis de placer ici un trait d'é-
rudition profane. Virgile, l'un des grands maîtres de la théologie païenne, approuve hautement certaines occupations champêtres ufitées
de fon temps aux jours de fêtes ; il affure même que la religion & les loix les autorifent
également :

Quippè etiam feftis quædam exercere diebus
Fas & jura finunt : rivos deducere nulla
Relligio vetuit ; fegeti prætendere fepem,
Infidias avibus moliri, incendere vepres,
Balantûmque gregem fluvio merfare falubri.
Sæpè oleo tardi coftas agitator afelli
Vilibus aut onerat pomis, lapidemque revertens
Incufum, aut atræ maffam picis urbe reportat.
Georg. lib. 1. v. 268

Et il affure avec d'autant plus de raifon, que
les travaux aifés qu'il admet ces jours-là, ren-
trent dans l'efprit de délaffement qui eft, comme on a vu, un des principes du Sabbat.

Je crois donc qu'un curé intelligent, un
gentilhomme, & toute autre perfonne de poids
& mérite en chaque village, pourroient, fans
s'éloigner des vues de la Religion, fe mettre en
quelque forte à la tête de ces petits travaux,
les confeiller & les conduire ; & qu'ainfi l'on
pourroit engager tous les habitants de la campagne à fe procurer par un travail mutuel &
légitime la facilité des voyages & des charrois,
& tant d'autres commodités publiques dont
ils font communément dépourvus. Cet article
eft de Monfieur Faiguet, maître de penfion à
Paris.

DISPUTE.

f. f. (*Métaphyf. & Morale.*)

L'INÉGALE mefure de lumieres que Dieu a départies aux hommes ; l'étonnante variété de leurs caracteres, de leurs tempéraments, de leurs préjugés, de leurs paffions ; les différentes faces par lefquelles ils envifagent les chofes qui les environnent, ont donné naiffance à ce qu'on appelle dans les écoles difpute. A peine a-t-elle refpecté un petit nombre de vérités armées de tout l'éclat de l'évidence. La révélation n'a pu lui infpirer le même refpect pour celle qu'elle auroit dû lui rendre encore plus refpectables. Les fciences en diffipant les ténebres, n'ont fait que lui ouvrir un plus vafte champ. Tout ce que la nature renferme de myftérieux, les mœurs d'intéreffant, l'hiftoire de ténébreux, a partagé les efprits en opinions oppofées, & a formé des fectes, dont la difpute fera l'immortel exercice. La difpute, quoique née des défauts des hommes, deviendroit néanmoins pour eux une fource d'avantages, s'ils favoient en bannir l'emportement, excès dangereux qui en eft le poifon. C'eft à cet excès que nous devons imputer tout ce qu'elle a d'odieux & de nuifible. La modération la rendroit également agréable & utile, foit qu'on l'envifage dans la fociété, foit qu'on la confidere dans les fciences. 1°. Elle la rendroit agréable pour la fociété. Si nous défendons la

vérité , pourquoi ne la pas défendre avec
des armes dignes d'elle ? Ménageons ceux
qui ne lui réfistent qu'autant qu'ils la prennent pour le menfonge fon ennemi. Un zele
aveugle pour fes intérêts les arme contr'elle ;
ils deviendront fes défenfeurs, fi nous avons
l'adreffe de deffiller leurs yeux fans intéreffer
leur orgueil. Sa caufe ne fouffrira point de nos
égards pour leur foibleffe ; nos traits émouf-
fés n'en auroient que plus de force ; nos
coups adoucis n'en feront que plus certains ;
nous vaincrons notre adverfaire fans le bleffer.

Une difpute modérée , loin de femer dans
la fociété la divifion & le défordre , peut
y devenir une fource d'agréments. Quel
charme ne jette-t-elle pas dans nos entretiens ! n'y répand-elle pas , avec la variété,
l'ame & la vie ? Quoi de plus propre à les
dérober , & à la ftérilité qui les fait languir , & à l'uniformité qui les rend infipi-
des ? Quelle reffource pour l'efprit qui en
fait fes délices ? Combien d'efprits qui ont
befoin d'aiguillons ? Froids & arides dans
un entretien tranquille , ils paroiffent ftu-
pides & peu féconds. Secouez leur pareffe
par une difpute polie , ils fortent de leur
léthargie pour charmer ceux qui les écoutent. En les provoquant , vous avez réveillé
en eux le génie créateur qui étoit comme
engourdi. Leurs connoiffances étoient en-
fouies & perdues pour la fociété , fi la
difpute ne les avoit arrachés à leur indole-
lence.

La difpute peut donc devenir le fel de
nos entretiens ; il faut feulement que le fel
foit femé par la prudence , & que la politeffe & la modération l'adouciffent & le

temperent. Mais si dans la société elle peut devenir une source de plaisirs, elle peut devenir dans les sciences une source de lumieres. Dans cette lutte de pensées & de raisons, l'esprit aiguillonné par l'opposition & par le desir de la victoire, puise des forces dont il est surpris quelquefois lui-même : dans cette exacte discussion, l'objet lui est présenté par toutes ses faces, dont la plupart lui avoient échappé; & comme il l'envisage tout entier, il se met à portée de le bien connoître. Dans les savantes contentions, chacun en attaquant l'opinion de l'adversaire, & en défendant la sienne, écarte une partie du nuage qui l'enveloppe.

Mais c'est la raison qui écarte ce nuage; & la raison clair-voyante & active dans le calme, perd dans le trouble & ses lumieres & son activité : étourdie par le tumulte, elle ne voit, elle n'agit plus que foiblement. Pour découvrir la vérité qui se cache, il faudroit examiner, discuter, comparer, peser : la précipitation, fille de l'emportement, laisse-t-elle assez de temps & de flegme pour les opérations difficiles ? Dans cet état, laissera-t-on les clartés décisives que la dispute fait éclore ? C'étoient peut-être les seuls guides qui pouvoient conduire à la vérité ; c'étoit la vérité même. Elle a paru, mais à des yeux distraits & inapliqués qui l'ont méconnue ; pour s'en venger, elle s'est peut-être éclipsée pour toujours.

Nous ne le savons que trop, les forces de notre ame sont bornées ; elle ne se livre à une espece d'action, qu'aux dépens d'une autre ; la réflexion attiédit le sentiment, le sentiment absorbe la raison ; une émotion

trop vive épuise tous ses mouvements ; à force
de sentir, elle devient peu capable de penser ;
l'homme emporté dans la dispute, paroît sentir
beaucoup, il n'est que trop vraisemblable qu'il
pense peu.

D'ailleurs, l'emportement né du préjugé,
ne lui prête-t-il pas à son tour de nouvelles
forces ? Soutenir une opinion erronée, c'est
contracter un engagement avec elle ; la soutenir avec emportement, c'est redoubler cet
engagement, c'est le rendre presque indis-
soluble : intéressé à justifier son jugement, on
l'est beaucoup plus encore à justifier sa vivacité ; pour la justifier auprès des autres, on
deviendra inépuisable en mauvaise raisons ;
pour se la justifier à soi-même, on s'affer-
mira dans la prévention qui les fait croire
bonnes.

Ce n'est qu'à l'aide des preuves & des
raisons qu'on découvre la vérité à des yeux
fascinés qui la méconnoissent ; mais ces preuves & ces raisons, quelques connues quelles nous soient dans le calme, ne nous font
plus présentes dans l'accès de l'emportement. L'agitation & le trouble les voilent
à notre esprit ; la chaleur de l'emportement ne nous permet ni de nous appliquer,
ni de réfléchir. Prodigues de vivacités, &
avares de raisonnements, nous querellons
l'adversaire sans travailler à le convaincre ;
nous l'insultons au lieu de l'éclaircir : il
porte doublement la peine de notre impatience.

Mais quand même notre emportement ne
nous déroberoit point l'usage des preuves &
des raisonnements qui pourroient convaincre, ne nuiroit-il pas à ces preuves ? La raison même dans la bouche de l'homme emporté

porté, n'est-elle pas prise pour la passion ?
Le préjugé souvent faux qu'on nous attribue, en fait naître un véritable dans l'esprit de l'adversaire ; il y empoisonne toutes
nos paroles ; nos inductions les plus justes
sont prises pour des subtilités hasardées,
nos preuves les plus solides pour des pieges,
nos raisonnements les plus invincibles pour
des sophismes ; renfermé dans un rempart
impénétrable, l'esprit de l'adversaire est devenu inaccessible à notre raison, & notre
raison seule pouvoit porter la vérité jusqu'à lui.

Enfin l'emportement dans la dispute est
contagieux : la vivacité engendre la vivacité, l'aigreur naît de l'aigreur, la dangereuse
chaleur d'un adversaire se communique &
se transmet à l'autre : mais la modération
leve tous les obstacles à l'éclaircissement de
la vérité ; en même-temps elle écarte les
nuages qui la voilent, & lui prête des char-
mes qui la rendent chere. *Article de M.
Formey.*

DOUTE. (*Log. & Met.*)

LEs Philosophes distinguent deux sortes
de doutes, l'un effectif & l'autre méthodique. Le doute effectif est celui par
lequel l'esprit demeure en suspens entre
deux propositions contradictoires, sans avoir
aucun motif dont le poids le fasse pencher
d'un côté plutôt que d'un autre ; le doute
méthodique est celui par lequel l'esprit suspend son consentement sur des vérités dont
il ne doute pas réellement, afin de ras-

sembler des preuves qui le rendent inaccessible à tous les traits avec lesquels on
pourroit les attaquer.

Descartes, naturellement plein de génie
& de pénétration, sentant le vuide de la
philosophie scholastique, prit le parti de
s'en faire une toute nouvelle. Etant en Allemagne, & se trouvant fort désœuvré dans
l'inaction d'un quartier d'hiver, il s'occupa
plusieurs mois de suite à repasser les con-
noissances qu'il avoit acquises, soit dans ses
études, soit dans ses voyages. Il y trouva
tant d'obscurité & d'incertitude, que la pensée lui vint de renverser ce mauvais édifice, & de rebâtir, pour ainsi dire, le tout
à neuf, en mettant plus d'ordre & de liaison dans ses principes.

Il commença par mettre à l'écart les vérités révélées, parce qu'il pensoit, disoit-il,
que pour entreprendre de les examiner, &
pour y réussir, il étoit nécessaire d'avoir quelque extraordinaire assistance du Ciel, & d'être
plus connues. Il prit donc pour premiere
maxime de conduite, d'obéir aux loix & aux
coutumes de son pays, retenant constamment la religion dans laquelle Dieu lui
avoit fait la grace d'être instruit dès son enfance, & se gouvernant en toutes autres choses selon les opinions les plus modérées,
il crut qu'il étoit de la prudence de se prescrire par provision cette regle, pace que
la recherche successive des vérités qu'il vouloit savoir, pouvoit être très-longue, &
que les actions de la vie ne souffrant aucun
délai, il falloit se faire un plan de conduite;
ce qui lui fit joindre une seconde maxime
à la précédente, & qui étoit d'être le plus
ferme, & le plus résolu dans ses actions

qu'il le pourroit, & de ne pas suivre moins constamment les opinions les plus douteuses, lorsqu'il s'y seroit une fois déterminé, que si elles eussent été très-assurées. Sa troisieme maxime fût de tâcher toujours de se vaincre plutôt que la fortune, & de changer plutôt ses desirs que l'ordre du monde.

Descartes s'étant assuré de ses maximes, & les ayant mises à part avec les vérités de foi, qui ont toujours été les premieres en sa créance, jugea que pour tout le reste de ses opinions, il pouvoit librement entreprendre de s'en défaire. En cela il a eu raison ; mais il s'est trompé lorsqu'il a cru qu'il suffisoit pour cela de les révoquer en doute : douter que deux & deux font quatre, si l'homme est un animal raisonnable, c'est avoir des idées de deux, de quatre, d'homme, d'animal, de raisonnable. Le doute donc subsiste des idées telles qu'elles font. Ainsi nos erreurs venant de ce que nos idées ont été mal faites, il ne les sauroit prévenir, il peut pendant un temps nous faire suspendre nos jugements ; mais enfin nous ne sentirions d'incertitude qu'en consultant les idées qu'il n'a pas détruites ; & par conséquent si elles font vagues & mal déterminées, elles nous égareront comme auparavant. Le doute de Descartes est donc inutile ; chacun peut éprouver par lui même qu'il est encore impraticable : car si l'on compare des idées familieres & bien déterminées ; il n'est pas possible de douter des rapports qui font entr'elles, telles font, par exemple, celles des nombres. Si l'on peut douter de tout, ce n'est que par un doute vague & indéterminé, qui ne porte sur rien du tout en particulier.

Si Defcartes n'avoit pas été prévenu par les idées innées, il auroit vu que l'unique moyen de fe faire un nouveau fonds de connoiffances, étoit de détruire les idées mêmes, pour les reprendre à leur origine, c'eft-à-dire, aux fenfations. La plus grande obligation que nous puiffions avoir à ce Philofophe, c'eft de nous avoir laiffé l'hiftoire des progrès de fon èfprit. Au lieu d'attaquer directement les fcholaftiques, il repréfente le temps où il étoit dans les mêmes préjugés ; il ne cache point les obftacles qu'il a eus à furmonter pour s'en dépouiller ; il donne les regles d'une méthode beaucoup plus fimple qu'aucune de celles qui avoit été en ufage jufques à lui, laiffe entrevoir les découvertes qu'il croit avoir faites, & prépare par cette adreffe les efprits à recevoir les nouvelles opinions qu'il fe propofoit d'établir. Je crois que cette conduite a eu beaucoup de part à la révolution dont ce Philofophe eft l'auteur.

Le doute introduit par Defcartes, eft bien différent de celui dans lequel fe renfermoient les fceptiques. Ceux-ci, en doutant de tout, étoient déterminés à refter toujours dans leur doute, au lieu que Defcartes ne commença par le doute que pour mieux s'affermir dans fes connoiffances. Dans la Philofophie d'Ariftote, difent les difciples de Defcartes, on ne doute de rien ; on rend raifon de tout, & néanmoins rien n'y eft expliqué que par des termes barbares & inintelligibles, & que par des idées obfcures & confufes ; au lieu que Defcartes, s'il vous fait oublier même ce que vous connoiffiez déjà, fait vous en dédommager abondamment par les connoiffances fublimes auf-

quelles il vous mene par degré ; c'eſt pourquoi ils lui appliquent ce qu'Horace dit d'Ho-
mere.

Non fumum ex fulgore , ſed ex fumo dare lucem
Cogitat , ut ſpecioſa dehinc miracula promat.
　　　　　　　　　　Hor. Art. Poet.

Il faut le dire ici : il y a bien de la différence entre douter & douter ; on doute par
emportement & par brutalité , par aveuglement & par malice , enfin par fantaiſie , &
parce que l'on veut douter ; mais on doute
auſſi par prudence & par défiance , par ſageſſe , & par ſagacité d'eſprit. Les Académiciens & les Athées doutent de la premiere façon. Les vrais philoſophes doutent
de la ſeconde. Le premier doute eſt un doute de ténebres qui ne conduit point à la
lumiere , mais qui en éloigne toujours ; le
ſecond doute naît de la lumiere , & il aide
en quelque façon à la produire à ſon tour.
C'eſt de ce doute qu'on peut dire qu'il eſt
le premier pas vers la vérité.

Il eſt plus difficile qu'on ne penſe de douter. Les eſprits bouillants, dit un auteur ingénieux, les imaginations ardentes, ne s'ac-
commodent pas de l'indolence du ſceptique ; ils aiment mieux haſarder un choix ,
que de n'en faire aucun , ſe tromper que de
vivre incertains. Soit qu'ils ſe méfient de
leurs bras , ſoit qu'ils craignent la profondeur
des eaux , on les voit toujours ſe ſuſpendre à
des branches dont ils ſentent toute la foi-
bleſſe , & auſquelles ils aiment mieux demeurer accrochés que de s'abandonner au
torrent. Ils aſſurent tout , bien qu'ils
n'aient rien ſoigneuſement examiné ; ils ne
doutent de rien , parce qu'ils n'en ont ni la

patience, ni le courage. Sujets à des lueurs qui en defcendent , fi par hafard ils rencontrent la vérité, ce n'eft point à tâtons, c'eft brufquement & comme par révélation ; ils font entre les dogmatiques, ce que font les illuminés fur le peuple dévot. Les individus de cette efpece inquiete , ne conçoivent pas comment on peut allier la tranquillité d'efprit avec l'indécifion.

Il ne faut pas confondre le doute avec l'ignorance. Le doute fuppofe un examen profond & défintéreffé ; celui qui doute, parce qu'il ne connoit pas les raifons de crédibilité, n'eft qu'un ignorant.

Quoiqu'il foit d'un efprit bien fait de rejetter l'affertion dogmatique dans les queftions qui ont des raifons pour & contre , & prefque à égale mefure, ce feroit néanmoins agir contre la raifon , que de fufpendre fon jugement dans des chofes qui brillent de la plus vive évidence ; un tel doute eft impoffible : il traîne après lui des conféquences funeftes à la fociété, & ferme tous les chemins qui pourroient conduire à la vérité.

Que ce doute foit impoffible , rien n'eft plus évident ; car pour y parvenir, il faudroit avoir fur toutes fortes de matieres des raifons d'un poids égal pour ou contre ; or, je le demande, cela eft-il poffible ? Qui a jamais douté férieufement s'il y a une Terre , un Soleil, une Lune , & fi le tout eft plus grand que fa partie ? Le fentiment intime de notre exiftence peut-il être obfcurci par des raifonnements fubtils & captieux ? On peut bien faire dire extérieurement à fa bouche qu'on en doute ; parce que l'on peut mentir ; mais on ne peut pas

le faire dire à son esprit ? ainsi le Pyrrhonisme n'est pas une secte qui soit per-
suadée de ce qui se sent, mais c'est une
secte de menteurs ; aussi se contredisent-ils
souvent en parlant de leurs opinions, leur
cœur ne pouvant s'accorder avec leur langue,
comme on peut le voir dans Montagne,
qui a tâché de le renouveller au premier
siecle.

Car après avoir dit que les Académiciens
étoient différents des Pyrrhoniens, en ce que
les Académiciens avouoient qu'il y avoit des
choses plus vraisemblables les unes que les autres, ce que les Pyrrhoniens ne vouloient pas
reconnoître, il se déclare pour les Pyrrhoniens en ces termes : Or, l'avis, dit-il, des
Pyrrhoniens est plus hardi & quand & quand
plus vraisemblable : il y a donc des choses plus
vraisemblables les unes que les autres ; & ce
n'est point pour dire un bon mot qu'il parle
ainsi ; ce sont des paroles qui lui sont échap-
pées sans y penser, & qui naissent du fond
de la nature, que le mensonge des opinions ne
peut étouffer.

D'ailleurs l'occasion qui fait un Pyrrhonien
ne dément-t-elle pas son systême ? Car enfin
un Pyrrhonien est un homme qui, dans ses
principes, doit douter universellement de toutes choses ; qui ne doit pas même savoir
s'il y a des choses plus probables les unes
que les autres ; qui doit ignorer s'il lui est
plus avantageux de suivre les impressions de
la nature, que de ne pas s'y conformer. S'il
suivoit ses principes, il devroit demeurer
dans une perpétuelle indolence, sans boire,
sans manger, sans voir ses amis, sans se
conformer aux loix, aux usages & aux coutumes, en un mot, se pétrifier & être im-

mobile comme une ſtatue. Si un chien enragé
ſe jette ſur lui, il ne doit pas faire un pas pour
le fuir ; que ſa maiſon menace ruine, & qu'elle
ſoit prête à s'écrouler & à l'engloutir ſous ſes
ruines, il n'en doit point ſortir ? qu'il ſoit dé-
faillant de faim ou de ſoif, il ne doit manger
ni boire. Pourquoi ? parce qu'on ne fait jamais une action qu'en conſéquence de quelques jugements intérieurs, par leſquels on ſe
dit qu'il y a du danger, qu'il eſt bon de l'éviter ; que pour l'éviter, il faut faire telle
ou telle choſe. Si on ne le fait pas, c'eſt
que l'eſprit demeure dans l'inaction ſans ſe
déterminer. Heureuſement pour les Pyrrhoniens, l'inſtinct ſupplée avec uſure à ce qui
leur manque du côté de la conviction, ou
plutôt, il corrige l'extravagance de leur
doute.

Mais il ſuffit, diront-ils, que le danger
paroiſſe probable pour qu'on ſoit obligé de
le fuir : or, nous ne nions par les apparences ; nous diſons ſeulement que nous ne
ſavons pas que les choſes ſoient telles en
effet qu'elles nous paroiſſent. Mais cette ré-
ponſe n'eſt qu'un vain ſubterfuge, par lequel
ils ne pourront échapper à la difficulté qu'on
leur fait. Je veux que le danger leur paroiſſe probable ; mais quelle raiſon ont-ils pour
s'y ſouſtraire ? Le danger qu'ils redoutent
eſt peut-être pour eux un très-grand bien.
D'ailleurs je voudrois bien ſavoir s'ils ont
idée de danger, de doute, de probabilité ;
s'ils en ont l'idée, ils connoiſſent donc quelque choſe, ſavoir, qu'il y a des dangers, des
doutes, des probabilités : voilà donc pour
eux une premiere marque de vérité. C'eſt
un point fixe & conſtant chez eux, qu'il
faut vivre comme les autres, & ne point ſe

singularifer ; qu'il faut fe laiffer aller aux impreffions qu'infpire la nature ; qu'il faut fe conformer aux loix & aux coutumes. Mais où ont-ils pris tous ces principes ? Sceptiques, dans leur façon de penfer, comment peuvent-ils être dogmatiques dans leur maniere d'agir ? Ce feul point, qu'ils accordent, eft un écueil où viennent fe brifer toutes leurs vaines fubtilités.

Pyrrhon agiffoit quelquefois en conféquence de fon principe. Perfuadé qu'il n'y avoit rien de certain, il portoit fon indifférence en certaines chofes auffi loin que fon fyftême le comportoit. On dit de lui qu'il n'aimoit rien, qu'il ne fe fâchoit de rien, que quand il parloit, il fe mettoit peu en peine fi on l'écoutoit, ou fi on ne l'écoutoit pas, & qu'encore que fes auditeurs s'en allaffent, il ne laiffoit pas de continuer. Si tous les hommes étoient de ce caractere, que deviendroit alors la fociété ? Oui, rien ne lui eft plus contraire que ce doute. En effet, il détruit & renverfe toutes les loix, foit naturelles, foit divines, foit humaines ; il ouvre un vafte champ à tous les défordres, & autorife les plus grands forfaits. De ce principe, qu'il faut douter de tout, il s'enfuit qu'il eft incertain s'il y a un Etre fuprême, s'il y a une religion, s'il y a un culte qui nous foit néceffairement commandé ; de ce principe qu'il faut douter de tout, il s'enfuit que toutes les actions font indifférentes, & que les bornes facrées qui font pofées entre le bien & le mal, entre le vice & la vertu, font renverfées.

Or, qui ne voit combien ces conféquences font pernicieufes à la fociété ? Jugez - en par Pyrrhon lui-même, qui voyant Anaxar-

que son maître tombé dans un précipice, passa
outre, sans daigner lui tendre la main pour l'en
retirer. Anaxarque, qui étoit imbu des mêmes
principes, loin de l'en blâmer, parut lui en
savoir bon gré, sacrifiant ainsi à l'honneur de
son système le ressentiment qu'il devoit avoir
contre son disciple.

Ce doute n'est pas moins contraire à la
recherche de la vérité : car ce doute une
fois admis, tous les chemins pour arriver
à la vérité sont fermés. On ne peut s'assurer d'aucune regle de vérité ; rien ne paroît
assez évident pour n'avoir pas besoin de preuve ; ainsi dans cette absurde conséquence, il
faudroit remonter jusqu'à l'infini , pour y
trouver un principe sur lequel on pût asseoir
sa croyance.

Je vais plus loin : ce doute est extravagant
& indigne d'un homme qui pense. Quiconque se confirmeroit dans la pratique, donneroit assurément des marques de la plus
insigne folie : car cet homme douteroit s'il
faut manger pour vivre, s'il faut fuir quand
on est menacé d'un danger pressant : tout
doit lui paroitre également avantageux ou
désavantageux. Ce doute est encore indigne
d'un homme qui pense. Il l'abaisse au des-
sous des bêtes mêmes ; car en quoi l'homme diffère - t - il des bêtes, si ce n'est en ce
qu'outre les impressions des sens qui lui viennent des objets extérieurs, & qui lui sont
peut-être communes avec elles, il a encore la faculté de juger & de vouloir ? C'est
le plus noble exercice de sa raison, la plus
noble opération de son esprit ; or, le scep-
ticisme rend ces deux facultés inutiles.
L'homme ne jugera point ; il se fait une loi
de s'abstenir de juger , & il appelle cela

époque. Or, si l'homme ne juge point, vous concevez que sa volonté n'a plus aucun exercice, qu'elle demeure dans l'inaction, & comme assoupie ou engourdie ; car la volonté ne peut rien choisir, que l'esprit n'ait connu auparavant ce qui est bon ou mauvais ; or, un esprit imbu des principes Pyrrhoniens, est plongé dans les ténebres. Mais il peut juger, dira-t-on, qu'une chose lui paroît plus aimable que les autres. Cela ne doit point être dans leur systême ; néanmoins, en leur accordant ce point, on ne leur accorde pas en même-temps qu'il y ait une raison suffisante pour se déterminer à poursuivre un tel objet ; cette raison ne sauroit être que la ferme conviction où l'on seroit, qu'il faut suivre les objets les plus aimables.

Que conclure de tout ceci, sinon qu'un Pyrrhonien réel & parfait parmi les hommes, est, dans l'ordre des intelligences, un monstre qu'il faut plaindre. Ce Pyrrhonisme parfait & ce délire de la raison, est la production la plus ridicule de l'esprit humain. On pourroit douter avec raison s'il y a de véritables sceptiques ; quelques efforts qu'ils fassent pour le faire croire aux autres, il est des momens, & ces momens sont fréquens, où il ne leur est pas possible de suspendre leur jugement ; ils reviennent à la condition des autres hommes ; ils se surprennent à tout moment, aussi décidés que les plus fiers dogmatiques ; témoin Pyrrhon lui-même, qui se fâcha un jour contre sa sœur, parce qu'il avoit été contraint d'apprêter les choses dont elle eut besoin pour offrir un sacrifice. Quelqu'un lui remontra que son chagrin ne s'accordoit pas avec l'indolence dont il faisoit profession. Pensez-vous , répondit-il, que je veuille la mettre en pratique pour une femme? N'allez pas vous imaginer qu'il vouloit dire qu'il ne renonçoit pas à l'amour, ce n'étoit point sa pensée ; il vouloit dire que toutes sortes de sujets ne méritoient pas l'exercice de son dogme , de ne se fâcher de rien. *Voyez Pyrrhonisme , Sceptique.*

DROIT DE LA NATURE,

o u

DROIT NATUREL,

DANS le sens le plus étendu , se prend pour certains principes que la nature seule inspire, qui sont communs à tous les animaux aussi-bien qu'aux hommes. C'est sur ce droit que sont fondés l'union du mâle & de la femelle , la procréation des enfants, & le soin de leur éducation, l'amour de sa liberté , la conservation de son individu, & le soin que chacun prend de se défendre contre ceux qui l'attaquent.

Mais c'est abusivement que l'on appelle droit naturel, les mouvements par lesquels se conduisent les animaux ; car n'ayant pas l'usage de la raison, ils sont incapables de connoître aucun droit d'injustice.

On entend plus souvent, par droit naturel, certaines regles de justice & d'équité, que la seule raison naturelle a établies entre tous les hommes, ou , pour mieux dire, que Dieu a gravées dans nos cœurs.

Tels sont ces préceptes fondamentaux du droit & de toute justice, de vivre honnête-

ment, de n'offenfer perfonne, & de rendre à
chacun ce qui lui appartient. De ces préceptes généraux dérivent encore beaucoup d'autres
regles particulieres, que la nature feule, c'eft-
à-dire, la raifon & l'équité, fuggererent aux
hommes.

Ce droit naturel étant fondé fur des principes fi effentiels, perpétuels & invariables,
on ne peut y déroger par aucune convention,
ni même par aucune loi, ni difpenfer des
obligations qu'ils impofent ; en quoi il differe du droit pofitif, c'eft-à-dire, des regles
qui n'ont lieu, que parce qu'elles ont été
établies par des loix précifes. Ce droit pofitif étant fujet à être changé de la même autorité qu'il a été établi, les particuliers peuvent même y déroger par une convention ex-
preffe, pourvu que la loi ne foit pas pro-
hibitive.

Quelques-uns confondent mal-à-propos le
droit naturel avec le droit des gens : celui-ci
eft bien auffi compofé en partie des regles que
la droite raifon a établies entre tous les hommes, mais il comprend de plus certains ufages
dont les hommes font convenus entr'eux contre l'ordre naturel, tels que les guerres, la fervitude ; au lieu que le droit naturel n'admet
rien que de conforme à la droite raifon & à
l'équité.

Les principes du droit naturel entrent donc
dans le droit des gens, & finguliérement
dans celui qui eft primitif ; ils entrent auffi
dans le droit public & dans le droit privé :
car les préceptes du droit naturel que l'on
a rapportés, font la fource la plus pure, &
la bafe de la plus grande partie du droit
public & privé ; mais le droit public &
privé renferme auffi d'autres regles qui

font fondées fur des loix pofitives. *Voy. Droit des Gens, Droit pofitif, Droit public, Droit privé.*

De ces idées générales que l'on vient de donner fur le droit naturel, il réfulte que ce droit n'eft proprement autre chofe que la fcience des mœurs, qu'on appelle morale.

Cette fcience des mœurs, ou du droit natuturel, n'a été connue que très-imparfaitement des anciens ; leurs fages même & leurs philofophes n'en ont parlé la plupart que très-fuperficiellement ; ils y ont mêlé beaucoup d'erreurs & de vices. Pithagore fut le premier qui entreprit de traiter de la vertu. Après lui Socrate le fit plus exactement, & avec plus d'étendue ; mais celui-ci n'écrivit rien il fe contenta d'inftruire fes difciples par des converfations familieres : on le regarde néanmoins comme le pere de la philofophie morale. Platon, difciple de Socrate, a renfermé toute la morale en dix dialogues, dont plufieurs ont finguliérement pour objet le droit naturel & la politique, tels que fon traité de la république, celui des loix, celui de la politique, &c. Ariftote, le plus célebre des difciples de Platon, eft le premier philofophe de l'antiquité qui ait donné un fyftême de morale un peu méthodique ; mais il y traite plutôt des droits des citoyens, que de l'homme en général, & des devoirs réciproques de ceux qui font citoyens de divers états.

Le meilleur traité de morale que nous ayons de l'antiquité, eft le livre des offices de Cicéron, qui contient en abregé les principes du droit naturel. Il y manque cependant encore bien des chofes, que l'on auroit peut être trouvées dans fon traité de

la république, dont il ne nous reste que quelques fragments. Il y a aussi de belles choses
dans son traité des loix, où il s'attache à prouver qu'il y a un droit naturel indépendant de
l'institution des hommes, & qui tire son origine de la volonté de Dieu. Il fait voir que c'est
là le fondement de toutes les loix justes & raisonnables; il montre l'utilité de la religion dans
la société civile, & décrit au long les devoirs
réciproques des hommes.

Les principes de l'équité naturelle n'étoient
pas inconnus aux jurisconsultes romains: quelques-uns d'entr'eux faisoient même profession
de s'y attacher, plutôt qu'à la rigueur du
droit. Telle étoit la secte des Proculéiens ;
au lieu que les Sabiniens s'attachoient plus
à la lettre de la loi, qu'à l'équité ; mais
dans ce qui nous est resté des ouvrages
de ce grand nombre de jurisconsultes, on ne
voit point qu'aucun d'eux eût traité, *ex
professo*, du droit naturel, ni du droit des
gens.

Les livres mêmes de Justinien à peine con-
tiennent-ils quelques définitions & notions
très-sommaires du droit naturel & des gens :
c'est ce que l'on trouve au digeste *de Justitiâ &
Jure* ; & aux institutes *de Jure naturali gentium
& Civili.*

Entre les auteurs modernes, Mélancthon
(dans sa morale) a donné une ébauche du droit
naturel. Bénédicte Wuincler en touche aussi
quelque chose dans ses principes du droit; mais
il y confond souvent le droit positif avec le droit
naturel.

Le célebre Grotius est le premier qui ait
formé un systême du droit naturel, dans un
traité intitulé, *de Jure belli & pacis*, divisé
en trois livres. Le titre de cet ouvrage n'an-

nonce qu'une matiere du droit des gens ; & en effet, la plus grande partie de l'ouvrage roule fur le droit de la guerre ; mais les principes du droit naturel fe trouvent établis , tant dans le difcours préliminaire fur la certitude du droit en général , que dans le chapitre premier , où , après avoir annoncé l'ordre de tout l'ouvrage , & défini ce que c'eft que la guerre, les points, les différentes chofes que l'on entend par le terme de droit, il explique que le droit, pris pour une certaine regle, fe divife en droit naturel & arbitraire. Le droit naturel confifte , felon lui , dans certains principes de la droite raifon, qui nous font connoître qu'une action eft moralement honnête ou deshonnête, felon la convenance ou difconvenance neceffaires qu'elle a avec une nature raifonnable & fociable, & par conféquent que Dieu , qui eft l'auteur de la nature, ordonne ou défend une telle action. Il examine combien il y a de fortes de droits naturels, & comment on peut les diftinguer d'avec certaines chofes auxquelles on donne ce nom improprement. Il foutient que , ni l'inftinct commun à tous les animaux, ni même celui qui eft particulier à l'homme, ne conftitue point un droit naturel , proprement dit. Il examine enfin de quelle maniere on peut prouver les maximes du droit naturel.

Cet ouvrage concerne principalement les loix de la guerre, & par conféquent le droit des gens & la politique. Il y a cependant quelques titres qui peuvent avoir auffi rapport au droit naturel , comme de la jufte défenfe de foi-même, des droits communs à tous les hommes , de l'acquifition primitive des chofes, & des autres manieres d'acquérir, du pouvoir paternel, du mariage, des corps ou communautés, du pouvoir des souverains sur leurs sujets, & des maîtres sur leurs esclaves, dés biens des souverainetés & de leur aliénation, des successions *ab intestat*, des promesses & contrats, du serment des promesses & serment des souverains, des traités publics, faits par le souverain lui-même ou par son ordre, du dommage causé injustement, & de l'obligation qui en résulte, du droit des ambassades, du droit des sépultures, des peines, & comme elles se communiquent d'une personne à l'autre.

Quelque temps après que le traité de Grotius eût paru, Geanceldaus, célebre jurisconsulte Anglois, fit un systême de toutes les loix des Hébreux, qui concerne le droit naturel ; il l'intitula, *de Jure naturæ & Gentium apud Hebræos.* Cet ouvrage est rempli de répétitions & sans ordre, & écrit d'un style obscur : d'ailleurs cet auteur ne tire pas le principe naturel des seules lumieres de la raison ; il le tire seulement des sept préceptes prétendus donnés à Noé, dont le nombre est fort incertain, & qui ne sont fondés que sur une tradition fort douteuse ; il se contente même souvent de rapporter les décisions des Rabbins, sans examiner si elles sont bien ou mal fondées.

Thomas Hobbes, un des plus grands génies de son siecle, mais malheureusement trop prévenu par l'indignation qu'excitoient en lui les esprits séditieux qui brouilloient alors l'Angleterre, publia à Paris en 1642, un traité du Citoyen, où entr'autres opinions dangereuses, il s'efforce d'établir, suivant la morale d'Epicure, que le principe des fociétés eſt la conſervation de ſoi-même, & l'utilité particuliere. Il conclut de là que tous les hommes ont la volonté, les forces & le pouvoir de ſe faire du mal les uns aux autres, & que l'état de nature eſt un état de guerre entre nous ; il attribue aux Rois une autorité ſans bornes, non-ſeulement dans les affaires d'Etat, mais auſſi dans les matieres de religion. Lambert-Urthüiſen, Philoſophe des Provinces-Unies, fit une diſſertation pour juſtifier la maniere dont les loix naturelles ſont préſentées dans le traité du Citoyen ; mais ce ne fut qu'en abandonnant les principes d'Hobbes, ou en tâchant d'y donner un ſens favorable. Hobbes donna encore au public un autre ouvrage intitulé Léviathan, dont le précis eſt que ſans la paix il n'y a point de ſociété ; que la paix ne peut ſubſiſter ſans le commandement, ni le commandement ſans les armes ; que les armes ne valent rien, ſi elles ne ſont miſes entre les mains d'une perſonne vigilante & active. Il ſoutient ouvertement, que la volonté du Souverain, fait non-ſeulement ce qui eſt juſte ou injuſte, mais même la religion ; qu'aucune révélation divine ne peut obliger en conſcience, que quand le Souverain, auquel il attribue une puiſſance arbitraire, lui a donné force de loi.

Spinoſa a eu depuis les mêmes idées de l'état de nature, qu'il fonde ſur les mêmes principes.

On ne s'engagera pas ici à réfuter le ſyſtême pernicieux de ces deux Philoſophes, dont on apperçoit aiſément les erreurs.

Le Baron de Puffendorff ayant conçu le

deſſein de former un ſyſtème du droit de la
nature & des gens, ſuivit l'eſprit & la méthode de Grotius ; il examina les choſes dans
leurs ſources, & profita des lumieres de ceux
qui avoient précédé. Il y joignit ſes propres
découvertes, & donna d'abord un premier
traité ſous le titre d'*Eléments de juriſprudence univerſelle*. Cet ouvrage, quoiqu'encore imparfait, donna une ſi haute idée de
l'auteur, que l'Electeur Palatin, Charles-
Louis, l'appella l'année ſuivante dans ſon uni-
verſité d'Heidelberg, & fonda pour lui une
chaire de profeſſeur du droit de la nature &
des gens.

M. de Barbeyrac, dans la préface qu'il a
miſe en tête de la traduction du traité de la
nature & des gens de Puffendorff, fait men-
tion d'un autre profeſſeur Allemand, nommé
Budæus, qui avoit été profeſſeur en droit naturel, en morale, à Halle en Saxe, qui eſt
auteur d'une hiſtoire du droit naturel.

M. Burlamaqui, auteur des principes du
droit naturel, dont on parlera dans un moment, étoit auparavant profeſſeur en droit naturel & civil à Geneve, ce qui donne lieu de
remarquer en paſſant, que dans pluſieurs états
d'Allemagne & d'Italie on a reconnu l'utilité
qu'il y avoit d'établir une école publique du
droit naturel & des gens, qui eſt la ſource du
droit civil, public & privé : il ſeroit à ſou-
haiter que l'étude du droit naturel & des gens,
& celle du droit public, fuſſent par-tout autant en recommandation. Revenons à Puffendorff, que nous avions quitté pour un moment.

Les éléments de juriſprudence univerſelle
ne ſont pas ſon ſeul ouvrage ſur le droit naturel ; il donna deux ans après ſon traité

du droit *de Jure naturæ & gentium*, qui a été traduit par Barbeyrac, & accompagné de notes. Puffendorff a auffi donné un abregé de ce traité, intitulé *des devoirs de l'homme & du citoyen.* Quoique fon grand traité foit également intitulé *du droit de la nature & des gens*, il s'étend néanmoins beaucoup plus fur le droit des gens, que fur le droit naturel : on en a déjà donné l'analyfe au mot *Droit des gens*, auquel nous renvoyons le leĉteur.

L'ouvrage le plus récent, le plus précis & le plus méthodique que nous ayons fur le droit naturel, eft celui que nous avons déjà annoncé de Burlamaqui, Confeiller d'Etat, & ci-devant profeffeur en droit naturel & civil à Geneve, imprimé à Geneve en 1747, in-4°. Il eft intitulé : *Principes du Droit naturel, divifés en deux parties.*

La premiere a pour objet les principes généraux du droit ; la feconde, les loix naturelles. Chacune de ces deux parties eft divifée en plu‑ fieurs chapitres, & chaque chapitre en plu‑ fieurs paragraphes.

Dans la premiere partie, qui concerne les principes généraux du droit, après avoir défini le droit naturel, il cherche les principes de cette fcience dans la nature & l'état de l'hom‑ me ; il examine fes différentes aĉtions, & finguliérement celles qui font l'objet du droit ; il explique que l'entendement eft naturelle‑ ment droit ; que fa perfeĉtion confifte dans la connoiffance de la vérité ; que l'ignorance & l'erreur font deux obftacles à cette con‑ noiffance.

De là, il paffe à la volonté de l'homme, fes inftinĉts, fes inclinations, fes paffions ; à l'ufage qu'il fait de fa liberté par raport au vrai, & aux chofes mêmes évidentes par rap‑

port au bien & au mal, & aux choses indifférentes.

L'homme est capable de direction dans sa
conduite, il est comptable de ses actions, elle
peut lui être imputée.

La direction des divers états de l'homme,
entre aussi dans la connoissance du droit naturel. Il faut considérer son état primitif par
rapport à Dieu, par rapport à la société ou
à la solitude, à l'égard de la paix & de la
guerre. Certains états sont accessoires & adven-
tifs, tels que ceux qui résultent de la naissance
& du mariage. L'état de foiblesse où l'homme
est à sa naissance, met les enfants dans la dépendance naturelle de leurs peres & meres; la
position de l'homme par rapport à la propriété
des biens & par rapport au gouvernement,
lui constituent encore divers autres états accessoires.

Il ne seroit pas convenable que l'homme
vécût sans aucune regle : la regle suppose une
fin ; celle de l'homme est de tendre à son
bonheur. C'est le système de la Providence ;
c'est un desir essentiel à l'homme, & inséparable de la raison, qui est la regle primitive de
l'homme.

Les regles de conduite qui en dérivent,
sont de faire un juste discernement des biens
& des maux; que le vrai bonheur ne sauroit
consister dans les choses incompatibles avec
la nature & l'état de l'homme ; de comparer ensemble le présent & l'avenir ; de ne
pas rechercher un bien qui apporte un plus
grand mal ; de souffrir un mal léger, lorsqu'il est suivi d'un bien plus considérable ;
donner la préférence aux biens les plus par-
faits dans certains cas ; se déterminer par
la seule possibilité, & à plus forte raison,

par la vraisemblance ; enfin prendre le goût des vrais biens.

Pour bien reconnoître le droit naturel, il faut entendre ce que c'est que l'obligation, considérée en général. Le droit pris en tant que faculté, produit les obligations. Les droits & obligations sont de plusieurs sortes : les uns sont naturels, les autres sont acquis ; quelques-uns sont tels que l'on ne peut en user en toute rigueur ; d'autres, auxquels on ne peut renoncer. On les distingue aussi par rapport à leurs objets : savoir, le droit que nous avons sur nous-mêmes, qui est ce que l'on appelle liberté ; le droit de propriété ou domaine sur les choses qui nous appartiennent ; le droit que l'on a sur la personne & sur les actions des autres, qui est ce que l'on appelle empire ou autorité ; enfin le droit que l'on peut avoir sur les choses appartenantes à autrui, qui est aussi de plusieurs sortes.

L'homme étant de sa nature un être dépendant, doit prendre pour regle de ses actions la loi, qui n'est autre chose qu'une regle prescrite par le Souverain. Les véritables fondements de la souveraineté sont la puisfance, la sagesse & la bonté jointes ensemble ; le but des loix n'est pas de gêner la liberté, mais de diriger convenablement toutes les actions des hommes.

Tels sont en substance les objets que M. Burlamaqui envisage dans la premiere partie de son traité. Dans la seconde, qui traite spécialement des loix naturelles, il définit la loi naturelle, une loi que Dieu impose à tous les hommes, qu'ils peuvent découvrir & connoître par les seules lumieres de leur raison, en considérant avec attention leur nature & leur état.

Le droit naturel est le systême, l'assemblage ou le corps de ces mêmes loix.

La jurisprudence naturelle est l'art de parvenir à la connoissance des loix de la nature, de les développer & de les appliquer aux actions humaines.

On ne peut douter qu'il y ait des loix naturelles, puisque tout concourt à nous prouver l'existence de Dieu, lequel ayant droit de prescrire des loix aux hommes, c'est une suite de sa puissance, de sa sagesse & de sa bonté, de leur donner des regles pour se conduire.

Les moyens qui servent à distinguer ce qui est juste ou injuste, ou ce qui est dicté par la loi naturelle sont : 1°. l'instinct, ou un certain sentiment intérieur qui porte à de certaines actions, ou qui en détourne : 2°. la raison, qui sert à vérifier l'instinct; elle développe les principes, & en tire les conséquences : 3°. la volonté de Dieu, laquelle étant connue à l'homme, devient sa regle suprême.

L'homme ne peut parvenir à la connoissance des loix naturelles, qu'en examinant sa nature, sa constitution & son état.

Toutes les loix naturelles se rapportent à trois objets, à Dieu, à soi ou à autrui.

La religion est le principe de celles qui se rapportent à Dieu; l'amour de soi-même est le principe des loix naturelles qui nous concernent nous-mêmes.

L'esprit de société est le fondement de celles qui se rapportent à autrui.

Dieu a suffisamment notifié aux hommes les loix naturelles. Les hommes peuvent encore s'aider les uns les autres à les connoître;

ces loix font l'ouvrage de la bonté de Dieu ; elles ne dépendent point d'une inftitution arbitraire ; leur effet eft d'obliger tous les hommes à s'y conformer ; elles font perpétuelles & immuables, & ne fouffrent aucune difpenfe.

Pour appliquer les loix naturelles aux actions, c'eft-à-dire, en porter un jugement jufte, on doit confulter fa confcience, qui n'eft autre chofe que la raifon, & lorfqu'il s'agit d'imputer à quelqu'un les fuites d'une mauvaife action, il faut qu'il ait eu connoiffance de la loi & du fait, & qu'il n'ait pas été contraint par une force majeure à faire ce qui étoit contraire au droit naturel.

L'autorité des loix naturelles vient de ce qu'elles ont Dieu pour auteur : la fonction de ces mêmes loix, c'eft-à-dire, ce qui tend à obliger les hommes de s'y foumettre, eft que l'obfervation de ces loix fait le bonheur de l'homme & de la fociété. C'eft une vérité que la raifon nous démontre ; & dans le fait, il eft conftant que la vertu eft par elle-même le principe d'une fatisfaction intérieure, comme le vice eft un principe d'inquiétude & de trouble ; il eft également certain que la vertu produit de grands avantages extérieurs, & le vice de grands maux.

La vertu n'a cependant pas toujours extérieurement des effets auffi heureux qu'elle devroit avoir pour celui qui la pratique. On voit fouvent les biens & les maux de la nature & de la fortune diftribués inégalement ; & non felon le mérite de chacun ; les maux produits par l'injuftice, tombent fur les innocents comme fur les coupables, & quelquefois la vertu même attire la perfécution.

Toute

Toute la prudence humaine ne suffit pas pour remédier à ces désordres : il faut donc qu'une autre considération engage encore les hommes à observer les loix naturelles : c'est l'immortalité de l'ame & la croyance d'un avenir, où ce qui peut manquer dans l'état présent à la sanction des loix naturelles, s'exécutera dans la suite, si la sagesse divine le trouve à propos.

C'est ainsi que notre auteur établit l'autorité du droit naturel sur la raison & la religion, qui sont les deux grandes lumieres que Dieu a données à l'homme pour se conduire.

L'avertissement qui est en tête de l'ouvrage annoncé par ce traité, n'est que le commencement d'un ouvrage plus étendu, ou d'un systême complet sur le droit de la nature & des gens, que l'auteur s'est proposé de donner au public. Mais ayant été traversé dans ce dessein par d'autres occupations & par la foiblesse de sa santé, il s'est déterminé à publier ce premier morceau. Quoique ce soit un précis excellent du droit naturel, on ne peut s'empêcher de desirer que l'auteur acheve ce grand ouvrage qu'il avoit commencé, où l'on verroit la matiere traitée dans toute son étendue.

On peut encore voir sur cette matiere, ce que dit l'Auteur de l'esprit des loix en plusieurs endroits de son ouvrage, qui ont rapport au droit naturel (A).

ÉCOLE

DANS LES BEAUX ARTS

SIGNIFIE proprement claſſe d'artiſtes, qui ont appris leurs arts d'un maître, ſoit en recevant ſes leçons, ſoit en copiant ſes ouvrages, & qui ont ſuivi plus ou moins la maniere de ce maître, ſoit en deſſein de l'imiter, ſoit par l'habitude qui leur a fait adopter ſes principes. Une habitude ſi ordinaire, a des avantages ſans doute, mais elle a peut-être encore de plus grands inconvénients. Ces inconvénients, pour ne parler ici que de la peinture, ſe font principalement ſentir dans la partie de la couleur. Si l'on en croit les habiles artiſtes & les connoiſſeurs vraiment éclairés, ſelon eux, cette eſpece de convention tacite, formée dans une école pour rendre les effets de la lumiere par tel ou tel moyen, ne produit qu'un peuple ſervile d'imitateurs, qui vont toujours en dégénérant; ce qu'on pourroit prouver aiſément par les exemples.

Une ſeconde obſervation non moins importante que je dois aux mêmes connoiſſeurs, c'eſt qu'il eſt très-dangereux de porter un jugement général ſur les ouvrages ſortis d'une école; ce jugement eſt rarement aſſez exact pour ſatisfaire celui qui le porte, à plus forte raiſon, pour ſatisfaire les autres. Les ouvrages de peinture changeant tous les jours, ils portent l'accord que l'artiſte y avoit mis; enfin ils ont comme tout ce qui exiſte, une eſpece de vie dont le temps eſt borné, & dans laquelle il faut diſ-

tinguer un état d'enfance , un état de perfection , du moins au degré où ils peuvent l'a-
voir , & un état de caducité : or ce n'eſt que
dans le ſecond de ces deux états qu'on peut
les apprécier avec juſtice.

On dit pour l'ordinaire , que l'école romaine s'eſt principalement attachée au deſſein , l'école vénitienne au coloris , &c. On
ne doit point entendre par-là que les peintres
de ces écoles aient eu le projet formé de
préférer le deſſein à la couleur ou la couleur
au deſſein : ce ſeroit leur attribuer des vues
qu'ils n'eurent ſans doute jamais. Il eſt vrai
que par le réſultat des ouvrages des différentes écoles , il ſe trouve que certaines parties de la peinture ont été plus en honneur
dans certaines écoles que dans d'autres ;
mais il ſeroit très-difficile de démêler & d'aſ-
ſigner les cauſes de ces différences. Elles
peuvent être phyſiques & très-cachées ; elles
peuvent être morales & non moins obſcures.

Eſt-ce aux cauſes phyſiques ou aux cauſes
morales , ou à la réunion des unes & des autres , qu'on doit attribuer l'état de langueur
où la peinture & la ſculpture ſont actuellement en Italie ? l'école de peinture fran-
çoiſe , eſt aujourd'hui de l'aveu général , ſu-
périeure à toutes les autres. Sont-ce les ré-
compenſes , les occaſions , l'encouragement
& l'émulation qui manquent aux Italiens ?
car ce ne ſont pas les grands modeles. Ne
ſeroit-ce point plutôt un caprice de la nature ,
qui , en fait de talens & de génies , ſe plaît ,
pour ainſi dire , à ouvrir de temps en temps
des mines qu'elle referme enſuite abſolument pour pluſieurs ſiecles. Pluſieurs des
grands peintres d'Italie & de la Flandre ont
vécu & ſont morts dans la miſere. Quelques

uns ont été perfécutés, bien loin d'être encou-
ragés ; mais la nature fe joue de l'injuftice de
la fortune, & de celle des hommes ; elle produit des génies rares au milieu d'un peuple
de barbares, comme elle fait naitre les plantes
précieufes parmi des fauvages qui en ignorent
la vertu.

On fe plaint que notre école de peinture
commence à dégénérer, finon par le mérite,
au moins par le nombre des bons artiftes :
notre école de fculpture, au contraire, fe
foutient, peut-être même par le nombre &
le talent des artiftes ; eft-elle fupérieure à
ce qu'elle n'a jamais été ? Les peintres prétendent pour fe juftifier, que la peinture eft
fans comparaifon plus difficile que la fculpture ; on juge bien que les fculpteurs n'en
conviennent pas ; & je ne prétends point
décider cette queftion : je me contenterai de
demander fi la peinture avoit moins de difficultés lorfque nos peintres égalerent ou même fur-
pafferent nos fculpteurs. Mais j'entrevois deux
raifons de cette inégalité des deux écoles : la
premiere eft le goût ridicule & barbare
de la nation pour les magots de porce-
laine & les figures eftropiées de la Chine.
Comment avec pareil goût aimeroit-on les
fujets nobles, vaftes & bien traités ? Auffi
les grands ouvrages de peinture fe font-ils
réfugiés dans nos Églifes, où même on trouve
rarement les occafions de travailler en ce
genre. Une feconde raifon non moins réelle
que la premiere, & qui mérite beaucoup
plus d'attention, parce qu'elle peut s'appliquer
aux lettres comme aux arts, c'eft la vie différente que menent les peintres & les fculpteurs. L'ouvrage de ceux-ci demande plus
de temps, plus de foin, plus d'affiduité, les

force à être moins répandus. Ils font donc
moins fujets à fe corrompre le goût par le
commerce , les vûes & les confeils d'une
foule de prétendus connoiffeurs, auffi igno-
rants que préfomptueux ; ce feroit une queftion bien digne d'être propofée par une de
nos Académies, que d'examiner fi le commerce des gens du monde a fait plus de bien
que de tort aux gens de lettres & aux artiftes.
Un de nos plus grands fculpteurs ne va jamais aux fpectacles, que nous appellons fé-
rieux & nobles, de crainte que la maniere
étrange dont les Héros & les Dieux y font
fouvent habillés, ne dérange les idées vraies,
majeftueufes & fimples qu'il s'eft formées
fur ce fujet. Il ne craint pas la même chofe
des fpectacles , de farce , où les habille-
ments grotefques ne laiffent dans fon ame
aucune trace nuifible. C'eft à-peu-près par
la même raifon que le P. Mallebranche ne
s'eft délaffé qu'avec des jeux d'enfants. Or,
je dis que le commerce d'un grand nombre
de faux Juges eft auffi dangereux à un artifte , que la fréquentation des nos grands
fpectacles le feroit à l'artifte dont on vient
de parler. Notre école de peinture fe perdra
totalement, fi les amateurs, qui ne font qu'a-
mateurs, & combien peu y en a-t-il qui foient
autre chofe ! prétendent y donner le ton par
leurs difcours & par leurs écrits ; toutes leurs
differtations n'aboutiront qu'à faire de nos
artiftes de beaux artis-efprits manqués , &
de mauvais peintres. Raphaël n'avoit guere
lu d'écrits fur fon art, encore moins des differtations ; mais il étudia la nature & l'antiquité. Jules & Léon X laiffoient faire ce
grand homme , & le récompenfoient en
Souverains , fans le confeiller en imbécilles,

Les françois ont peut-être beaucoup plus & beaucoup mieux écrit que les Italiens sur la peinture ; les Italiens n'en sont pas moins leurs maitres en ce genre. On peut se rappeller en cette occasion l'histoire de ces deux architectes qui se présenterent aux Athéniens pour exécuter un grand ouvrage que la Républque vouloit faire. L'un d'eux parla très-long-temps & très-disertement sur son art, & l'autre se contenta de dire après un long silence : ce qu'il a dit, je le ferai.

Or, on auroit tort de conclure de ce que je viens d'avancer, que les peintres, & en général les artistes ne doivent point écrire sur leurs arts ; je suis persuadé, au contraire, qu'eux seuls en sont vraiment capables. Mais il y a un temps pour faire des ouvrages de génie, & un temps pour les écrire : ce dernier temps est arrivé, quand le feu de l'imagination commence à être ralenti par l'âge ; c'est alors que l'expérience acquise par un long travail, a fourni une matiere abondante de réflexions, & l'on n'a rien de mieux à faire que de les mettre en ordre. Mais un peintre qui dans sa vigueur abandonne la palette & les pinceaux pour la plume, me paroit semblable à un poète qui s'adonneroit à l'étude des langues Orientales ; dès ce moment la nullité ou la médiocrité du talent de l'un & de l'autre est décidée, on ne songe guere à écrire sur la poétique, quand on est en état de faire l'Iliade.

La supériorité généralement reconnue, ce me semble, de l'école ancienne d'Italie sur l'école françoise, ancienne & moderne en fait de peinture, me fournit une autre réflexion, que je crois devoir présenter à mes lecteurs. Si quelqu'un vouloit persuader que

nos peintres effacent ceux de l'Italie, il pourroit raisonner en cette sorte : Raphaël &
un grand nombre de dessinateurs Italiens,
ont manqué de coloris ; la plupart des co-
loristes ont péché dans le dessein : Mi-
chelange, Paul Veronnese & les plus grands
maîtres de l'école Italienne, ont mis dans
leurs ouvrages des absurdités grossieres. Nos
peintres François, au contraire, ont été sans
comparaison plus raisonnables & plus sages
dans leurs compositions ; on ne voit point
dans les tableaux de Lesueur, du Poussin & de
Lebrun, des contresens & des anacronis-
mes ridicules ; & dans les ouvrages de ces
grands hommes, la sagesse n'a point nui à
la beauté : donc notre école est fort supérieure à celle d'Italie. Voilà un raisonnement très-faux, dont pourtant tout est vrai,
excepté la conséquence ; c'est qu'il faut
juger les ouvrages de génie, non par les
fautes qui s'y démontrent, mais par les
beautés qui s'y trouvent. Le tableau de la
famille de Darius est le chef-d'œuvre de
Lebrun. Cet ouvrage est très-estimable par la
composition, l'ordonnance & l'expression même : cependant, de l'avis des connoisseurs,
il se soutient à peine auprès du tableau de
Paul Veronnese, qu'on voit à côté de lui
dans les appartements de Versailles, & qui
représente les Pélerins d'Emmaüs, parce
que ce dernier tableau a des beautés supérieures, qui font oublier les fautes grossieres
de sa composition. La Pucelle, si j'en crois
ceux qui ont eu la patience de la lire, est
mieux conduite que l'Eneide, & cela n'est
pas difficile à croire ; mais vingt beaux vers
de Virgile écrasent toute l'ordonnance de la
Pucelle. Les pieces de Sakespear ont des

D iv

grossiéretés barbares ; mais à travers cette épaisse fumée, brillent des traits de génie, que lui seul y pouvoit mettre ; c'est d'après ces traits qu'on doit le juger ; c'est d'après Cinna & Polieucte & non d'après Tite & Bérénice qu'on doit juger Corneille. L'école d'Italie, malgré tous ses défauts, est supérieure à l'école Françoise, parce que les grands maîtres d'Italie sont sans comparaison en plus grand nombre que les grands maîtres de France, & parce qu'il y a dans les tableaux d'Italie des beautés que les François n'ont point atteintes. Qu'on ne m'accuse point ici de rabaisser ma nation ; personne n'est plus admirateur que moi des excellents ouvrages qui en sont sortis; mais il me semble qu'il seroit aussi ridicule de lui accorder la supériorité dans tous les genres, qu'injuste de la lui refuser en plusieurs.

Sans nous écarter de notre sujet, car il s'agit ici des écoles des beaux arts en général, nous pouvons appliquer à la musique une partie de ce que nous venons de dire. Ceux de nos écrivains, qui dans ces derniers temps ont attaqué la musique italienne, & dont la plûpart, très-féconds en injures, n'avoient pas la plus légere connoissance de l'art, ont fait contre elle un raisonnement précisément semblable à celui qui vient d'être réfuté. Ce raisonnement transporté de la peinture à la musique, eût été, ce me semble, la meilleure réponse qu'on pût opposer aux adversaires de la musique Italienne. Il ne s'agit pas de savoir si les Italiens ont beaucoup de mauvaise musique ; cela doit être comme ils ont sans doute beaucoup de mauvais tableaux. S'ils ont fait souvent des contresens, cela doit être encore,

voyez *contrefens* ; fi leurs points d'orgue
font déplacés ou non, voyez *Point d'orgue* ;
s'ils ont prodigué ou non les ornements mal-
à-propos, voyez *Goût*. Il s'agit de favoir, fi
dans l'expreffion du fentiment & des paffions, & dans la peinture des objets de
toute efpece, leur mufique eft fupérieure à
la nôtre ; foit par le nombre, foit par la
qualité des morceaux, foit par tous les deux
enfemble. Voilà, s'il m'eft permis de parler
ainfi, le nœud du problême à réfoudre pour
juger de la queftion. L'Europe femble avoir
jugé en faveur des Italiens, & ce jugement
mérite d'autant plus d'attention, qu'elle a
tout à la fois adopté généralement notre langue & nos airs de théatre, & profcrit généralement notre mufique. S'eft-elle trompée ou
non ? c'eft ce que notre poftérité décidera.
Il me paroît feulement que la diftinction fi
commune entre la mufique françoife & l'italienne eft frivole ou fauffe. Il n'y a qu'un genre de mufique : c'eft la bonne. A-t-on jamais
parlé de la peinture françoife & de la peinture italienne ? La nature eft la même par-
tout ; ainfi les arts qui l'imitent, doivent
auffi être par-tout femblables.

Comme il y a dans la peinture différentes
écoles, il y en a auffi en fculpture, en ar-
chitecture, en mufique, & en général dans
tous les beaux arts ; en mufique, par exemple,
tous ceux qui ont fuivi le ftyle d'un grand
maître, car la mufique a fon ftyle comme le
difcours, font ou peuvent être regardés comme de l'école de ce maître. L'illuftre pere Ga-
lefe eft le Raphaël de la mufique italienne.
Son ftyle eft celui qui mérite le plus d'être
fuivi, & qui, en effet, l'a été le plus par
les artiftes de fa nation. Peut-être commen-

cent-ils à s'écarter un peu trop du ton vrai,
noble & simple que ce grand homme avoit
donné. Il semble que la musique commence
à s'approcher aujourd'hui du style de Séne-
que, l'art & l'esprit s'y montrent quelquefois un peu trop, quoiqu'on y remarque encore des beautés vraies, supérieures, & en
grand nombre.

Les François n'ont eu jusques-ici que deux
écoles de musique, parce qu'ils n'ont eu jusques-ici que deux styles; celui de Lully, &
celui du célebre M. Rameau. On sait la révolution que la musique de ce dernier artiste
a causée en France; révolution qui peut-être
n'a fait qu'en préparer une autre : car on ne
peut se dissimuler l'effet que la musique italienne a commencé à produire sur nous. Lully
causa de même une révolution de son tems;
il appliqua à notre langue la musique que
l'Italie avoit pour lors; on commença par
déclamer contre lui, & on finit par avoir du
plaisir, & par se taire. Mais ce grand homme
étoit trop éclairé pour ne pas sentir que de son
tems l'art étoit encore dans l'enfance : il
avoua en mourant qu'il voyoit beaucoup plus
loin qu'il n'avoit été. Grande leçon pour ces
admirateurs outrés & exclusifs. Voyez *Musi-
fique, Peinture, &c.*

ÉCONOMIE OU ŒCONOMIE
MORALE ET POLITIQUE.

*Ce mot vient de Oixos , maiſon , & de Noros ,
Loi , & ne ſignifie ordinairement que le ſage
& légitime gouvernement de la maiſon , pour
le bien commun de toute la famille.*

LE ſens de ce terme a été dans la ſuite étendu au gouvernement de la grande famille ,
qui eſt l'état. Pour diſtinguer ces deux accep-
tions, on l'appelle dans ce dernier cas, Economie générale ou politique , & dans l'autre
Economie domeſtique ou particuliere. Ce
n'eſt que de la premiere qu'il eſt queſtion
dans cet article. Sur l'économie domeſtique ,
voyez *Pere de famille.*

Quand il y auroit entre l'état & la famille
autant de rapport que pluſieurs auteurs le prétendent , il ne s'enſuivroit pas pour cela que
les regles de conduite propres à l'une de ces
deux ſociétés fuſſent convenables à l'autre :
elles différent trop en grandeur pour pouvoir
être adminiſtrées de la même maniere , & il
y aura toujours une extrême différence entre
le gouvernement domeſtique où le pere peut
tout voir par lui-même , & le gouvernement
civil où le chef ne voit preſque rien que par
les yeux d'autrui. Pour que les choſes de-
vinſſent égales à cet égard , il faudroit que les
talents , les forces , & toutes les facultés du
pere augmentaſſent en raiſon de la grandeur de
la famille , & que l'ame d'un puiſſant monarque fut à celle d'un homme ordinaire ,

comme l'étendue de son empire eſt à l'héri-
tage d'un particulier.

Mais comment le gouvernement de l'état
pourroit - il être ſemblable à celui de la famille dont le fondement eſt ſi différent; le
pere étant phyſiquement plus fort que ſes
enfants, auſſi long - tems que ſon ſecours
leur eſt néceſſaire! Le pouvoir paternel
paſſe avec raiſon pour être établi par la
nature dans la grande famille dont tous les
membres ſont naturellement égaux ; l'autorité publique purement arbitraire, quant à
ſon inſtitution, ne peut être fondée que ſur
ces conventions, ni le Magiſtrat commander aux autres qu'en vertu des loix. Les devoirs du pere lui ſont dictés par des ſentiments naturels, & d'un ton qui lui permet rarement de déſobéir, les chefs n'ont
point de ſemblables regles, & ne ſont réellement tenus envers le peuple qu'à ce qu'ils
lui ont promis de faire, & dont il eſt en
droit d'exiger l'exécution. Une autre différence plus importante encore, c'eſt que les
enfants n'ayant rien que ce qu'ils reçoivent
du pere, il eſt évident que tous les droits
de propriété lui appartiennent, ou émanent
de lui, c'eſt tout le contraire dans la grande famille, où l'adminiſtration générale n'eſt
établie que pour aſſurer la propriété particuliere qui lui eſt antérieure. Le principal
objet des travaux de toute la maiſon eſt de
conſerver & d'accroître le patrimoine du
pere, afin qu'il puiſſe un jour ſe partager
entre ſes enfants ſans les appauvrir; au lieu
que la richeſſe du fiſc n'eſt qu'un moyen
ſouvent fort mal entendu, pour maintenir
le particulier dans la paix & dans l'abondance ; en un mot, la petite famille eſt

deſtinée à s'éteindre, & à ſe réſoudre un jour en pluſieurs autres familles ſemblables ; mais la grande étant faite pour durer toujours dans le même état, il faut que la premiere s'augmente pour ſe multiplier ; & non - ſeulement il ſuffit que l'autre ſe conſerve, mais on peut prouver aiſément que toute augmentation lui eſt plus préjudiciable qu'utile.

Par pluſieurs raiſons tirées de la nature de la choſe, le pere doit commander dans la famille. Premiérement, l'autorité ne doit pas être égale entre le pere & la mere, mais il faut que le gouvernement ſoit un, & que dans les partages d'avis il ait une voix prépondérante qui décide. 2°. Quelque légeres qu'on veuille ſuppoſer les incommodités particulieres à la femme, comme elles font toujours pour elles une intervalle d'inaction, c'eſt une raiſon ſuffiſante pour l'exclure de cette primauté: car quand la balance eſt parfaitement égale, une paille ſuffit pour la faire pencher. De plus, le mari doit avoir inſpection ſur la conduite de ſa femme, parce qu'il lui importe de s'aſſurer que les enfants, qu'il eſt forcé de reconnoître & de nourrir, n'appartiennent pas à d'autres qu'à lui. La femme qui n'a rien de ſemblable à craindre, n'a pas le même droit ſur le mari. 3°. Les enfants doivent obéir au pere d'abord par néceſſité, enſuite par reconnoiſſance ; après avoir reçu de lui leurs beſoins durant la moitié de leur vie, ils doivent conſacrer l'autre à pourvoir aux ſiens. 4°. A l'égard des domeſtiques, ils lui doivent auſſi leurs ſervices en échange de l'entretien qu'il leur donne, ſauf à rompre le marché dès qu'il ceſſe de leur convenir.

Je ne parle point de l'efclavage, parce qu'il eft contraire à la nature, & qu'aucun droit ne peut l'autorifer.

Il n'y a rien de tout cela dans la focié-té politique. Loin que le chef ait un inté-rêt naturel au bonheur des particuliers, il ne lui eft pas rare de chercher le fien dans leurs miferes. La magiftrature eft-elle héréditaire ? C'eft fouvent un enfant qui com-mande à des hommes : eft-elle élective, mille inconvéniens fe font fentir dans les élections, & l'on perd dans l'un & l'autre cas tous les avantages de la paternité. Si vous n'avez qu'un feul chef, vous êtes à la difcrétion d'un maître, qui n'a nulle raifon de vous ai-mer ; fi vous en avez plufieurs, il faut fup-porter à la fois leur tyrannie & leurs divi-fions. En un mot, les abus font inévitables & leurs fuites funeftes dans toute fociété, où l'intérêt public & les loix n'ont aucune forme naturelle, & font fans ceffe attaquées par l'intérêt perfonnel, & les paffions du chef & des membres.

Quoique les fonctions du pere de famille & du premier magiftrat, doivent tendre au même but, c'eft par des voies fi diffé-rentes, leur devoir & leurs droits font tel-lement diftingués, qu'on ne peut les con-fondre fans fe former de fauffes idées des loix fondamentales de la fociété, & fans tomber dans des erreurs fatales au genre-humain. En effet, fi la voix de la nature eft le meilleur confeil que doivent écouter un bon pere pour bien remplir fes devoirs, elle n'eft pour le magiftrat qu'un faux guide qui travaille fans ceffe à l'écarter des fiens, & qui l'entraîne tôt ou tard à fa perte, ou à celle de l'état, s'il n'eft retenu par la plus fublime vertu. La feule précaution néceffaire au pere de famille, eft de fe garantir de la dépravation, & d'empêcher les inclinations naturelles de fe corrompre en lui ; mais ce font elles qui corrompent le magiftrat. Pour bien faire, le premier n'a qu'à confulter fon cœur, l'autre devient un traître, du moment qu'il écoute le fien : fa raifon même lui doit être fufpecte, & il ne doit fuivre d'autre regle que la raifon publique, qui eft la loi ; auffi la nature a-t-elle fait une multitude de bons peres de famille ; mais il eft douteux que depuis l'exiftence du monde, la fageffe même ait jamais fait de bons magiftrats.

De tout ce que je viens d'expofer, il s'enfuit que c'eft avec raifon qu'on a diftingué l'économie publique de l'économie particuliere, & que l'état n'ayant rien de commun avec la famille que l'obligation qu'a le chef de rendre heureux l'un & l'autre, les mêmes regles de conduite ne fauroient convenir à tous les deux : j'ai cru qu'il fuffiroit de ce peu de lignes pour renverfer les deux fyftêmes, que le Chevalier Filmer a tâché d'établir dans un ouvrage intitulé *Patriarchat*, auquel deux hommes illuftres ont fait trop d'honneur en écrivant des livres pour le réfuter : au refte, cette erreur eft fort ancienne, puifqu'Ariftote même a jugé à propos de la combattre par des raifons qu'on peut voir au premier livre de fes politiques.

Je prie mes lecteurs de bien diftinguer encore l'économie publique dont j'ai à parler, & que j'appelle gouvernement, de l'autorité fuprême que j'appelle fouveraineté ; diftinction qui confifte en ce que l'une a le droit légiflatif, & oblige en certain cas le corps même de la nation, tandis que l'autre n'a que la puiffance exécutrice, & ne peut obliger que les particuliers. *Voyez Politique* & *Souveraineté.*

Qu'on me permette d'employer pour un moment une comparaifon commune, & peu exacte à bien des égards, mais propre à me faire mieux entendre.

Le corps politique, pris individuellement, peut être confidéré comme un corps organifé, vivant, & femblable à celui de l'homme : le pouvoir fouverain repréfente la tête ; les loix & les coutumes font le cerveau, principe des nerfs & fiege de l'entendement, de la volonté, & des fens, dont les juges & magiftrats font les organes ; le commerce, l'induftrie & l'agriculture, font la bouche & l'eftomac qui prépare la fubfiftance commune ; les finances publiques font le fang qu'une fage économie, en faifant les fonctions du cœur, renvoie, diftribue partout le corps ; la nourriture, la vie ; les citoyens font le corps & les membres qui font mouvoir, vivre, & travailler. La maxime eft qu'on ne le fauroit bleffer en aucune partie, qu'auffitôt l'impreffion douloureufe ne s'en porte au cerveau, fi l'animal eft dans un état de fanté.

La vie de l'un & de l'autre eft le moyen commun au tout, la fenfibilité réciproque, eft la correfpondance interne de toutes les parties. Cette communication vient-elle à ceffer, l'unité formelle à s'évanouir, & les parties contiguës à n'appartenir plus l'une à l'autre que par jufte appofition, l'homme eft mort, ou l'état eft diffous.

Le corps politique eſt donc auſſi un être
moral qui a une volonté, & cette volonté
générale, qui tend toujours à la conſervation
& au bien-être du tout & de chaque partie, &
qui eſt la forme des loix, eſt pour tous les
membres de l'état, par rapport à eux & à lui,
la regle du juſte & de l'injuſte ; mérite,
vérité, qui, pour le dire en paſſant, montre avec combien de ſens des écrivains ont
traité de vol la ſubtilité preſcrite aux enfants de Lacédémone pour gagner leur frugal
repas, comme ſi tout ce qu'ordonne la loi
pouvoit ne pas être légitime. Voyez au
mot *Droit*, la force de ce grand & lumineux principe, dont cet article eſt le développement.

Il eſt important de remarquer que cette
grande regle de juſtice, par rapport à tous
les citoyens, peut être fautive avec les étrangers ; & la raiſon de ceci eſt évidente ; c'eſt
qu'alors la volonté de l'état, quoique générale par rapport à ſes membres, ne l'eſt plus par
rapport aux autres états & à leurs membres,
ni ne devient pour eux une volonté particuliere & individuelle, qui a ſa regle de juſtice dans la loi de nature, ce qui rentre également dans le principe établi : car alors la
grande ville du monde devient le corps politique, dont la loi de nature eſt toujours
la volonté générale, & dont les états &
peuples divers, ne ſont que des membres in-
dividuels.

De cette même diſtinction appliquée à
chaque ſociété politique & à ſes membres,
découlent les regles les plus univerſelles &
les plus ſûres, ſur leſquelles on puiſſe juger d'un bon ou d'un mauvais gouverne-

ment, & en général, de la moralité de toutes les actions humaines.

Toute société politique est composée d'autres sociétés plus petites, de différentes especes, dont chacune a ses intérêts & ses maximes ; mais ces sociétés que chacun apperçoit, parce qu'elles ont une forme extérieure & autorisée, ne font pas les seules qui existent réellement dans l'état ; tous les particuliers qu'un intérêt commun réunit, en composent autant d'autres, permanentes ou passageres, dont la force n'est pas moins réelle, pour être moins apparente, & dont les divers rapports bien observés sont la véritable connoissance des mœurs. Ce sont toutes ces associations tacites ou formelles qui modifient de tant de manieres les apparences de la volonté publique par l'influence de la leur ; la volonté de ces sociétés particulieres a toujours deux relations ; pour les membres de l'association, c'est une volonté générale ; pour la grande société, c'est une volonté particuliere, qui très-souvent, se trouve droite au premier égard, & vicieuse au second. Tel peut être prêtre dévot, ou brave soldat, ou praticien zélé, ou mauvais citoyen ; telle délibération peut être avantageuse à la petite communauté, & très-pernicieuse à l'état. Il est vrai que les sociétés particulieres étant toujours subordonnées à celles qui les contiennent, on doit obéir à celles-ci préférablement aux autres ; que les devoirs du citoyen vont avant ceux du sénateur, & ceux de l'homme avant ceux du citoyen : mais malheureusement l'intérêt personnel se trouve toujours en raison inverse du devoir, & augmente à mesure que l'association devient plus étroite & l'engagement moins sacré, preuve invincible que la volonté la plus générale est aussi toujours la plus juste, & que la voix du peuple est en effet la voix de Dieu.

Il ne s'ensuit pas pour cela que les délibérations publiques soient toujours équitables; elles peuvent ne l'être pas lorsqu'il s'agit d'affaires étrangeres, j'en ai dit la raison. Ainsi, s'il n'est pas impossible qu'une république bien gouvernée fasse une guerre injuste, il ne l'est pas plus que le conseil d'une démocratie passe de mauvais décrets & condamne un innocent; mais cela n'arrivera jamais que le peuple ne soit séduit par des intérêts particuliers, qu'avec du crédit & de l'éloquence, quelques hommes adroits sauront substituer aux siens. Alors autre chose sera la délibération publique, & autre chose la volonté générale. Qu'on ne m'oppose donc point la démocratie du temps, parce qu'Athenes n'étoit point en effet une démocratie, mais une aristocratie très-tyrannique, gouvernée par des savants & des orateurs. Examinez avec soin ce qui se passe dans une délibération quelconque, & vous verrez que la volonté générale est toujours pour le bien commun; mais très-souvent il se fait une scission secrete, une confédération tacite qui, pour des vues particulieres, fait éluder la disposition naturelle de l'assemblée. Alors le corps social se divise réellement en d'autres, dont les membres prennent une volonté générale, bonne & juste à l'égard de ce nouveau corps; injuste & mauvaise à l'égard du tout dont chacun d'eux se démembre.

On voit avec quelle facilité l'on explique

à l'aide de ce principe , les contradictions apparentes qu'on remarque dans la conduite de tant d'hommes remplis de fcrupules & d'honneur à certains égards , trompeurs & frippons à d'autres , foulant aux pieds les plus facrés devoirs , & fideles jufqu'à la mort à des engagemens fouvent illégitimes. C'eft ainfi que les hommes les plus corrompus rendent toujours quelque forte d'hommage à la foi publique ; c'eft ainfi , comme on l'a remarqué à l'article *Droit* , que les brigands mêmes qui font les ennemis de la vertu dans la grande fociété , en adorent le fimulacre dans leurs cavernes.

En établiffant la volonté générale pour premier principe de l'économie publique , & regle fondamentale du gouvernement , je n'ai pas cru néceffaire d'examiner férieufement fi le magiftrat appartient au peuple , ou le peuple aux magiftrats , & fi dans les affaires publiques on doit confulter le bien de l'état ou celui du chef. Depuis long-temps cette queftion a été décidée d'une maniere par la pratique , & de l'autre par la raifon ; & en général , ce feroit une grande folie d'efpérer que ceux , qui dans le fait font les maîtres , préféreront un autre intérêt au leur. Il feroit donc à propos de divifer encore l'économie publique ou populaire & tyrannique. La premiere eft celle de tout état où regne entre le peuple & les chefs unité d'intérêts & de volonté ; l'autre exiftera néceffairement par-tout où le gouvernement & le peuple auront des intérêts différents , & par conféquent des volontés oppofées. Les maximes de celle-ci , font infcrites au long dans les archives de l'hiftoire & dans les fatyres de Machiavel , les autres

ne fe trouvent que dans les écrits des philofophes qui ofent reclamer les droits de l'humanité.

1°. La premiere & plus importante maxime du gouvernement légitime ou populaire, c'eft-à-dire, de celui qui a pour objet
le bien du peuple, eft donc, comme je l'ai
dit, de fuivre en tout la volonté générale.
Mais pour la fuivre il faut la connoître, &
fur-tout la bien diftinguer de la volonté
particuliere en commençant par foi-même;
diftinction toujours fort difficile à faire, &
pour laquelle il n'appartient qu'à la plus
fublime vertu de donner de fuffifantes lumieres. Comme pour vouloir il faut être
libre, une autre difficulté qui n'eft guere
moins grande, eft d'affurer à la fois la liberté publique, & l'autorité du gouvernement.
Cherchez les motifs qui ont porté les hommes, unis par leurs befoins mutuels dans la
grande fociété, à s'unir plus étroitement par
des fociétés civiles, vous n'en trouverez
point d'autre que celui d'affurer les biens,
la vie, la liberté de chaque membre par la
protection de tous. Or, comment forcer des
hommes à défendre la liberté de l'un d'entr'eux, fans porter atteinte à celle des autres, & comment pourvoir aux befoins publics fans altérer la propriété particuliere de
ceux qu'on force d'y contribuer ? De quelques fophifmes qu'on puiffe colorer tout
cela, il eft certain que fi on peut contraindre ma volonté, je ne fuis plus libre, &
que je ne fuis plus maître de mon bien, fi quelqu'autre peut y toucher. Cette difficulté,
qui devroit fembler infurmontable, a été
levée par la premiere, par la plus fublime
de toutes les inftitutions humaines, ou plu-

tôt par une inspiration céleste, qui a appris à l'homme à imiter ici bas les décrets immuables de la Divinité. Par quel art inconcevable a donc pu se trouver le moyen d'assujetir les hommes pour les rendre libres, d'employer au service de l'état les biens, les bras, & la vie humaine de tous ses membres, sans les contraindre & sans les consulter, d'enchaîner leur volonté de leur propre aveu, de faire valoir leur consentement contre leur refus, & de les forcer à se punir eux-mêmes, quand ils font ce qu'ils n'ont pas voulu? Comment se peut-il faire qu'ils obéissent, & que personne ne commande, qu'ils servent, & n'aient point de maître, d'autant plus libres en effet, que sous une apparente sujétion, nul ne perd de sa liberté que ce dont il peut en nuire à celle d'un autre? Ces prodiges font l'ouvrage de la loi; c'est à la loi seule que les hommes doivent la justice & la liberté. C'est cet organe salutaire de la volonté de tous, qui rétablit dans le droit l'égalité naturelle entre les hommes; c'est cette voix céleste, qui dicte à chaque citoyen les préceptes de la raison publique, & lui apprend à agir selon les maximes de son propre jugement, & à n'être pas en contradiction avec lui-même. C'est elle seule aussi que les chefs doivent faire parler quand ils commandent; car sitôt qu'indépendamment des loix un homme en prétend soûmettre un autre à sa volonté privée, il sort à l'instant de l'état civil, & se met vis-à-vis de lui dans le pur état de nature, où l'obéissance n'est jamais prescrite que par la nécessité.

Le plus pressant intérêt du chef, de même que son devoir le plus indispensable, est donc de veiller à l'obſervation des loix dont il eſt le miniſtre, & ſur leſquelles eſt fondée toute ſon autorité. S'il doit les faire obſerver aux autres, à plus forte raiſon doit-il les obſerver lui-même, lui qui jouit de toute leur faveur ; car ſon exemple eſt de telle force, que quand même le peuple voudroit bien ſouffrir qu'il s'affranchît du joug de la loi, il devroit ſe garder de profiter d'une ſi dangereuſe prérogative, que d'autres s'efforceroient bientôt d'uſurper à leur tour, & ſouvent à ſon préjudice ; au fond, comme tous les engagements de la ſociété ſont réciproques par leur nature, il n'eſt pas juſte, de ſe mettre au deſſus de la loi, ſans renoncer à ſes avantages ; & perſonne ne doit rien à quiconque prétend ne rien devoir à perſonne. Par la même raiſon nulle exception de la loi ne ſera jamais accordée à quelque titre que ce puiſſe être, dans un gouvernement bien policé ; les citoyens mêmes qui ont bien mérité de la patrie, doivent être récompenſés par des honneurs, & jamais par des privileges, car la république eſt à la veille de ſa ruine, ſitôt que quelqu'un peut penſer qu'il eſt beau de ne pas obéir aux loix. Mais ſi jamais la nobleſſe ou le militaire, ou quelqu'autre ordre de l'état adoptoit une pareille maxime, tout ſeroit perdu ſans reſſource.

La puiſſance des loix dépend encore plus de leur propre ſageſſe, que de la ſévérité de leurs miniſtres, & la volonté publique tire ſon plus grand poids de la raiſon qui l'a dictée. C'eſt pour cela que Platon regarde comme une précaution très-importante, de mettre toujours à la tête des édits un préambule raiſonné, qui en montre la juſtice & l'utilité. En effet la premiere des loix est de respecter les loix : la rigueur des châtimens n'est qu'une vaine ressource imaginée par de petits esprits, pour substituer la terreur à ce respect qu'ils ne peuvent obtenir. On a toujours remarqué que les pays où les supplices sont les plus terribles, sont aussi ceux où ils sont les plus fréquents ; de sorte que la cruauté des peines ne marque guere que la multitude des infracteurs, & qu'en punissant tout avec la même sévérité, l'on force les coupables de commettre des crimes pour échapper à la punition de leurs fautes.

Mais quoique le gouvernement ne soit pas le maitre de la loi, c'est beaucoup d'en être le garant, & d'avoir mille moyens de l'affermir ; ce n'est qu'en cela que consiste le talent de régner. Quand on a la force en main, il n'y a point d'art à faire trembler tout le monde, & il n'y en a pas même beaucoup à gagner les cœurs ; car l'expérience a depuis long-temps appris au peuple, à tenir grand compte à ses chefs de tout le mal qu'ils ne lui font pas, & à l'adorer quand ils n'en sont pas haïs. Un imbécille obéi peut comme un autre punir les forfaits : le véritable homme d'état fait les prévenir ; c'est sur les volontés encore plus que sur les actions qu'il étend son respectable empire. S'il pouvoit obtenir que tout le monde fît bien, il n'auroit lui-même plus rien à faire, & le chef-d'œuvre de ses travaux seroit de pouvoir rester oisif. Il est certain du moins, que le plus grand talent des chefs, est de déguiser leur pouvoir pour le rendre moins odieux, & de conduire

l'état

l'état si paisiblement qu'il semble n'avoir
pas besoin de conducteur.

Je conclus donc que, comme le premier
devoir du législateur est de conformer les
loix à la volonté générale, la premiere regle de l'économie publique est que l'administration soit conforme aux loix. C'en sera
même assez pour que l'état ne soit pas mal
gouverné, si le législateur a pourvu, comme il le devoit, à tout ce qu'exigent les
lieux, le climat, le sol, les mœurs, le voi-
sinage, & tous les rapports particuliers du
peuple qu'il avoit à instituer. Ce n'est pas qu'il
ne reste encore une infinité de détails de
police, & d'économie abandonnés à la sagesse du gouvernement ; mais il a toujours
deux regles infaillibles pour se bien conduire dans ces occasions ; l'une est l'esprit
de la loi, qui doit servir à la décision des
cas qu'elle n'a pu prévoir ; l'autre est la volonté générale, source & supplément de toutes les loix, & qui doit toujours être con-
sultée à leur défaut. Comment, me dira-
t-on, connoître la volonté générale dans les
cas où elle ne s'est point expliquée ? Faudra-t-il assembler toute la nation à chaque
événement imprévu ? Il faudra d'autant
moins l'assembler, qu'il n'est pas sûr que sa
décision fut l'expression de la volonté générale ; que ce moyen est impraticable dans
un grand peuple, & qu'il est rarement nécessaire quand le gouvernement est bien intentionné : car les chefs savent assez que la
volonté générale est toujours pour le parti
le plus favorable à l'intérêt public, c'est-à-
dire, le plus équitable ; de sorte qu'il ne
faut qu'être juste pour s'assurer de suivre la
volonté générale. Souvent quand on la cho-

Tome VII.   E

que trop ouvertement, elle se laisse appercevoir malgré le frein terrible de l'autorité
publique. Je cherche le plus près qu'il m'est
possible, les exemples à suivre en pareil cas.
A la Chine, le Prince a pour maxime de
donner le tort à ses Officiers dans toutes
les altercations qui s'élevent entr'eux & le
peuple; le pain est-il cher dans une province?
l'Intendant est mis en prison. Se fait-il dans
une autre une émeute? le Gouverneur est
chassé, & chaque Mandarin répond sur sa
tête de tout le mal qui arrive dans son dé-
partement. Ce n'est pas qu'on examine
ensuite l'affaire dans un procès régulier, mais
une longue expérience en a fait revenir ainsi
le jugement. L'on a rarement en cela quelque
injustice à réparer; & l'Empereur, persuadé
que la clameur publique ne s'éleve jamais
sans sujet, démêle toujours au travers des
cris séditieux qu'il punit, de justes griefs
qu'il redresse.

C'est beaucoup que d'avoir fait régner l'ordre & la paix dans toutes les parties de la
république; c'est beaucoup que l'état soit
tranquille & la loi respectée : mais si l'on
ne fait rien de plus, il y aura dans tout
cela plus d'apparence que de réalité, & le
gouvernement se fera difficilement obéir,
s'il se borne à l'obéissance. S'il est bon de
servir les hommes tels qu'ils sont, il vaut
beaucoup mieux les rendre tels qu'ils doivent être. L'autorité la plus absolue, est
celle qui pénetre jusques à l'intérieur de
l'homme, & ne s'exerce pas moins sur la
volonté que sur les actions. Il est certain
que les peuples sont à la longue ce que le
gouvernement les fait être, guerriers, citoyens, hommes, quand il le veut; populace

& canaille quand il lui plaît ; & tout Prince qui méprise ses sujets, se deshonore lui-même, en montrant qu'il n'a pas sçu les rendre estimables. Formez donc des hommes, si vous voulez commander à des hommes ; si vous voulez qu'on obéisse aux loix, faites qu'on les aime, & que pour faire ce qu'on doit, il suffise de songer qu'on le doit faire. C'étoit-là ce grand art des gouvernemens anciens, dans ces temps reculés où les Philosophes donnoient des loix aux peuples, & n'employoient leur autorité qu'à les rendre sages & heureux. De là tant de loix salutaires, tant de réglemens sur les mœurs, tant de maximes publiques, admises ou rejettées avec le plus grand soin. Les tyrans mêmes n'oublioient pas cette importante partie de l'administration ; & on les voyoit attentifs à corrompre les mœurs de leurs esclaves, avec autant de soin qu'en avoient les magistrats à corriger celles de leurs concitoyens. Mais nos gouvernemens modernes qui croient avoir tout fait, quand ils ont tiré de l'argent, n'imaginent pas même qu'il soit nécessaire ou possible d'aller jusques-là.

2°. Seconde regle essentielle de l'économie publique, non moins importante que la première. Voulez-vous que la volonté générale soit accomplie ? faites que toutes les volontés particulieres s'y rapportent. Et comme la vertu n'est que cette conformité de la volonté particuliere à la générale, pour dire la même chose en un mot, faites régner la vertu.

Si les politiques étoient moins aveuglés par leur ambition, ils verroient combien il est impossible qu'aucun établissement, quel qu'il soit, puisse marcher selon l'esprit de fon inftitution, s'il ne fe dirigeoit felon la foi du devoir, il fentiroit que le plus grand reffort de l'autorité publique eft dans le cœur des citoyens, & que rien ne peut fuppléer aux mœurs pour le maintien du gouvernement. Non-feulement il n'y a que des gens de bien qui fachent adminiftrer les loix, mais il n'y a dans le fond que d'honnêtes gens qui fachent leur obéir. Celui qui vient à bout de braver les remords, ne tardera pas à braver les fupplices, châtiments moins rigoureux, moins continuels, & auxquels on a du moins l'efpoir d'échapper. Et quelque précaution qu'on prenne, ceux qui n'attendent que l'impunité pour mal faire, ne manquent guere de moyens d'éluder la loi ou d'échapper à la peine. Alors comme tous les intérêts particuliers fe réuniffent contre l'intérêt général, qui n'époufe plus celui de perfonne, les vices publics ont plus de force pour énerver les loix, que les loix n'en ont pour réprimer les vices ; & la corruption du peuple & des chefs s'étend enfin jufqu'au gouvernement, quelque fage qu'il puiffe être. Le pire de tous les abus eft de n'obéir en apparence aux loix que pour les enfreindre en effet avec fûreté. Bientôt les meilleures loix deviennent les plus funeftes : il vaudroit mieux cent fois qu'elles n'exiftaffent pas ; ce feroit une reffource qu'on auroit encore quand il n'en refte plus. Dans une pareille fituation, l'on ajoute inutilement édits fur édits, réglements fur réglements ; tout cela ne fert qu'à introduire d'autres abus, fans corriger les premiers. Plus vous multiplierez les loix, plus vous les rendrez méprifables, & tous les furveillants que vous inftituerez, ne font que de nou-

yeaux infracteurs, deftinés à partager avec
les anciens, ou à faire leurs pillages à part.
Le prix de la vertu devient celui du brigan-
dage : les hommes les plus vils font les plus
accrédités ; plus ils font grands, plus ils font
méprifables, leur infamie éclate dans leurs
dignités, & ils font deshonorés par leur
honneur. S'ils acceptent les fuffrages des chefs
ou la protection des femmes, c'eft pour
vendre à leur tour la juftice, le devoir, l'é-
tat, & le peuple : qui ne voit pas que ces
vices font la premiere caufe de fes malheurs,
je murmure & je crie en gémiffant : « tous
» mes maux ne viennent que de ceux que
» je paie pour m'en garantir. »

C'eft alors qu'à la voix du devoir qui
ne parle plus dans les cœurs, les chefs font
forcés de fubftituer le cri de la terreur, ou le
leurre d'un intérêt apparent dont ils trom-
pent leurs créatures. C'eft alors qu'il faut
recourir à toutes les petites & méprifables
rufes qu'ils appellent maximes d'état & myfteres de cabinet. Tout ce qui refte de vi-
goureux au gouvernement eft employé par
fes membres à fe perdre & fe fupplanter l'un
l'autre, tandis que les affaires demeurent
abandonnées, ou ne fe font qu'à mefure que
l'intérêt perfonnel le demande, & felon
qu'il les dirige. Enfin toute l'habileté de
ces grands politiques, eft de fafciner tellement les yeux de ceux dont ils ont befoin, que chacun croit travailler pour
fon intérêt en travaillant pour le leur ; je dis
le leur ; fi tant eft qu'en effet le véritable
intérêt des chefs foit d'anéantir les peuples
pour les foumettre, & de retirer leur propre
bien pour s'en affurer la poffeffion.

Mais quand les citoyens aiment leur

devoir, & que les dépositaires de l'autorité publique s'appliquent sincérement à nourrir cet amour par leurs exemples & par leurs soins, toutes les difficultés s'évanouissent, l'administration prend une félicité qui la dispense de cet art ténébreux dont la noirceur fait tout le mystere. Ces esprits vastes, si dangereux & si admirés, tous ces grands ministres dont la gloire se confond avec les malheurs du peuple, n'en sont plus regrettés. Les mœurs publiques suppléent au génie des chefs ; & plus la vertu regne, moins les talens sont nécessaires. L'ambition même est mieux servie par le devoir & par l'usurpation : les peuples convaincus par ce chef, ne travaillent qu'à faire son bonheur, le dispensent par leur déférence de travailler à affermir leurs devoirs ; & l'histoire nous montre que l'autorité qu'ils accordent à ceux qu'ils aiment & dont ils sont aimés, est cent fois plus absolue que toute la tyrannie des usurpateurs. Ceci ne signifie pas que le gouvernement doive craindre d'user de son pouvoir, mais qu'il n'en doit user que d'une maniere légitime. On trouvera dans l'histoire mille exemples de chefs ambitieux ou pusillanimes, que la mollesse & l'orgueil ont perdus ; aucuns qui se soient mal trouvés de n'être qu'équitables ; mais on ne doit pas confondre la négligence avec la modération, ni la douceur avec la foiblesse. Il faut être sévere pour être juste : souffrir la méchanceté qu'on a le droit & le pouvoir de réprimer, c'est être méchant soi-même.

Ce n'est pas assez de dire aux citoyens : soyez sages ; il faut leur apprendre à l'être ; & l'exemple même, qui est à cet égard la premiere leçon, n'est pas le seul moyen qu'il

faille employer. L'amour de la patrie eſt le plus
efficace. Car, comme je l'ai déja dit, tout homme eſt vertueux quand ſa volonté particuliere
eſt conforme en tout à la volonté générale ; &
nous voulons volontiers ce que veulent les gens
que nous aimons.

Il ſemble que ce ſentiment de l'humanité
s'évapore & s'affoibliſſe en s'étendant ſur
toute la terre, & que nous ne ſaurions être
touchés des calamités de la Tartarie ou du
Japon, comme de celles d'un peuple Euro-
péen. Il faut en quelque maniere borner &
comprimer l'intérêt & la commiſération,
pour lui donner de l'activité. Or, comme
ce penchant en nous ne peut-être utile qu'à
ceux avec qui nous avons à vivre, il eſt bon
que l'humanité, concentrée entre les concitoyens, prennent en eux une nouvelle force
par l'habitude de ſe voir, & par l'intérêt
commun qui les réunit. Il eſt certain que
les plus grands prodiges de vertu ont été
produits par l'amour de la patrie. Ce ſentiment doux & vif, qui joint la force de
l'amour-propre à toute la beauté de la vertu,
lui donne une énergie qui, ſans la défigu-
rer, en fait la plus héroïque de toutes les
paſſions. C'eſt lui qui produiſit tant d'actions
immortelles dont l'éclat éblouit nos foibles
yeux, & tant de grands hommes dont les
antiques vertus paſſent pour des fables depuis
que l'amour de la patrie eſt tourné en déri-
ſion. Ne nous en étonnons pas : les tranſ-
ports des cœurs tendres paroiſſent autant de
chimeres à quiconque ne les a pas ſentis ;
& l'amour de la patrie, plus vif & plus dé-
licieux cent fois que celui d'une maîtreſſe, ne
ſe conçoit de même qu'en l'éprouvant. Mais
il eſt aiſé de remarquer dans tous les cœurs

qu'il échauffe, dans toutes les actions qu'il inspire, cette ardeur bouillante & sublime dont ne brille pas la plus pure vertu quand elle en est séparée. Osons opposer Socrate même à Caton : l'un étoit plus philosophe, & l'autre plus citoyen. Athenes étoit déjà perdue, & Socrate n'avoit plus de patrie que le monde entier ; Caton porta toujours la sienne au fond de son cœur, il ne vivoit que pour elle, & ne put lui survivre. La vertu de Socrate est celle du plus sage des hommes : mais entre César & Pompée, Caton semble un dieu parmi des mortels. L'un instruit quelques particuliers, combat des sophistes, & meurt pour la vérité ; l'autre défend l'état, la liberté, les loix contre les conquérants du monde, & quitte enfin la terre quand il n'y voit plus de patrie à servir. Un digne éleve de Socrate seroit le plus vertueux de ses contemporains ; un digne émule de Caton en seroit le plus grand. La vertu du premier feroit son bonheur ; le second chercheroit son bonheur dans celui de tous. Nous serions instruits par l'un, & conduits par l'autre ; & cela seul décideroit de la préférence, car on n'a jamais fait un peuple de sages ; mais il n'est pas impossible de rendre un peuple heureux.

Voulons-nous qu'un peuple soit vertueux, commençons donc par lui faire aimer la patrie : mais comment l'aimeront-ils, si la patrie n'est rien de plus pour eux que pour des étrangers, & qu'elle ne leur accorde que ce qu'elle ne peut refuser à personne ? Ce seroit bien pis s'ils n'y jouissoient pas même de la sûreté civile, & que leurs biens, leur vie ou leur liberté fussent à la discrétion des hommes puissants, sans qu'il leur fût possible

ou permis d'ofer réclamer les loix. Alors
foumis aux devoirs de l'état civil, fans jouir
même des loix de l'état de nature, & fans
pouvoir employer leur force pour fe défendre, ils feroient par conféquent dans la pire
condition où fe puiffent trouver des hommes
libres, & ce mot de patrie ne pourroit
avoir pour eux qu'un fon odieux ou ridicule.
Il ne faut pas croire que l'on puiffe offenfer
ou couper un bras, que la douleur ne s'en
porte à la tête ; & il n'eft pas plus croyable
que la volonté générale confente qu'un
membre de l'état, quel qu'il foit, en bleffe ou
détruife un autre, qu'il ne l'eft que les doigts
d'un homme ufant de fa raifon, aillent lui
crever les yeux. La fûreté particuliere eft tellement liée avec la confédération publique,
que, fans les égards que l'on doit à la foibleffe
humaine, cette convention feroit diffoute
par le droit, s'il périffoit dans l'état un feul
citoyen qu'on eût pu fauver, fi l'on en déte-
noit à tort un feul en prifon, & s'il fe per-
doit un feul procès avec une injuftice évidente. Car la convention fondamentale étant
enfreinte, on ne voit plus que le droit ni que
l'intérêt pourroient maintenir le peuple dans
l'union fociale, à moins qu'il n'y fut retenu
par la feule force, qui fait la diffolution de
l'état civil.

En effet, l'engagement du corps de la nation
n'eft-il pas de pourvoir à la confervation du
dernier de fes membres, avec autant de foin
qu'à celle de tous les autres, & le falut
d'un citoyen eft-il moins la caufe commune que celui de tout l'état ? Qu'on ne nous
dife pas qu'il eft bon qu'un feul périffe pour
tous. J'admirerois cette fentence dans la
bouche d'un digne & vertueux patriote, qui

se consacre volontairemeut & par devoir à la mort pour le salut de son pays : mais si l'on entend qu'il soit permis au gouvernement de sacrifier un innocent au salut de la multitude, je tiens cette maxime pour une des plus exécrables que jamais la tyrannie ait inventée, la plus fausse qu'on puisse avancer, la plus dangereuse qu'on puisse admettre, & la plus directement opposée aux loix fondamentales de la société. Loin qu'un seul doive périr pour tous, tous ont engagé leurs biens & leur vie à la défense de chacun d'eux, afin que la foiblesse particuliere fût toujours protégée par la force publique, & chaque membre par tout l'état. Après avoir, par supposition, retranché du peuple un individu après l'autre, pressez les partisans de cette maxime à mieux expliquer ce qu'ils entendent par le corps, & vous verrez qu'ils le réduiront à la fin à un petit nombre d'hommes, qui ne sont pas le peuple, mais les officiers du peuple, & qui, s'étant obligés par un serment particulier à périr eux-mêmes pour son salut, prétendent prouver par-là que c'est à lui de périr pour le leur.

Veut-on trouver des exemples de la protection que l'état doit à ses membres, & du respect qu'il doit à leur personne ? Ce n'est que chez les plus illustres & les plus courageuses nations de la terre qu'il faut les chercher, & il n'y a guere que les peuples libres où l'on sache ce que vaut un homme. A Sparte, on sait en quelle perplexité se trouvoit toute la république, lorsqu'il étoit question de punir un citoyen coupable. En Macédoine, la vie d'un homme étoit une affaire si importante, que dans toute la grandeur d'Alexandre, ce puissant Monarque n'eût osé de sens froid faire mourir un Macédonien criminel, que l'accusé n'eût comparu pour se défendre devant ses concitoyens, & n'eût été condamné par eux. Mais les Romains se distinguerent au dessus de tous les peuples de la terre par les égards du gouvernement pour les particuliers, & par son attention scrupuleuse à respecter les droits inviolables de tous les membres de l'état. Il n'y avoit rien de si sacré que la vie des simples citoyens; il ne falloit pas moins que l'assemblée de tout le peuple pour en condamner un : le Sénat même ni les Consuls dans toute leur majesté, n'en avoient pas même le droit; & chez le plus puissant peuple du monde, le crime & la peine d'un citoyen étoient une désolation publique : aussi parut-il si dur d'en verser le sang pour quelque crime que ce pût être, que par la loi *Porcia*, la peine de mort fut commuée en celle de l'exil, pour tous ceux qui voudroient survivre à la perte d'une si douce patrie. Tout respiroit à Rome & dans les armées cet amour des concitoyens les uns pour les autres ; & c'est ce respect pour le nom Romain qui a élevé le courage & animé la vertu de quiconque avoit l'honneur de le porter. Le chapeau d'un citoyen délivré d'esclavage, la couronne civique de celui qui avoit sauvé la vie à un autre, étoit ce qu'on regardoit avec le plus de plaisir dans la pompe des triomphes; & il est à remarquer que des couronnes dont on honoroit à la guerre les belles actions, il n'y avoit que la civique & celle des triomphateurs qui fussent d'herbe & de feuilles; toutes les autres n'étoient que d'or. C'est ainsi que Rome fut vertueuse, & devint la maîtresse du monde. Chefs ambitieux, un pâtre gouverne ſes chiens & ſes troupeaux, & n'eſt que le dernier des hommes. S'il eſt beau de commander , c'eſt quand ceux qui nous obéiſſent , peuvent nous honorer : reſpectez donc vos concitoyens, & vous vous rendrez reſpectables ; reſpectez la liberté , & votre puiſſance augmentera tous les jours ; ne paſſez jamais vos droits , & bientôt ils ſeront ſans bornes.

Que la patrie ſe montre la mere commune des citoyens ; que les avantages dont ils jouiſſent dans leur pays le leur rende cher ; que le gouvernement leur laiſſe aſſez de part à l'adminiſtration publique pour ſentir qu'ils ſont chez eux, & que les loix ne ſont à leurs yeux que les garants de la commune liberté. Ces droits, tous beaux qu'ils ſont , appartiennent à tous les hommes ; mais ſans paroître les attaquer directement, la mauvaiſe volonté des chefs en réduit aiſément l'effet à rien. La loi dont on abuſe ſert à la fois aux puiſſances d'armes offenſives & de bouclier contre le foible , & le prétexte du bien public eſt toujours le plus dangereux fléau du peuple. Ce qu'il y a de plus néceſſaire, & peut-être de plus difficile dans le gouvernement, c'eſt une intégrité ſévere à rendre juſtice à tous, & ſur-tout à protéger le pauvre contre la tyrannie du riche. Le plus grand mal eſt déjà fait, quand on a des pauvres à défendre & des riches à contenir. C'eſt ſur la médiocrité ſeule que s'exerce toute la force des loix : elles ſont également impuiſſantes contre le tréſor du riche & contre la miſere du pauvre , le premier les élude , le ſecond leur échappe ; l'un briſe la toile, & l'autre paſſe au travers.

C'eft donc une des plus importantes affaires du gouvernement de prévenir l'extrême inégalité des fortunes, non en enlevant les tréfors à leurs poffeffeurs, mais en ôtant tous les moyens d'en accumuler, ni en bâtiffant des hôpitaux pour les pauvres, mais en garantiffant les citoyens de le devenir. Les hommes inégalement diftribués fur le territoire, & entaffés dans un lieu, tandis que les autres fe dépeuplent ; les arts d'agrément & de pure induftrie favorifés aux dépens des métiers utiles ; l'agriculture facrifiée au commerce ; le publicain rendu néceffaire par la mauvaife adminiftration des deniers de l'état ; enfin la vénalité pouffée à tel excès, que la confidération s'accorde avec les piftoles, & que les vertus mêmes fe vendent à prix d'argent : telles font les caufes les plus fenfibles de l'opulence & de la mifere, de l'intérêt particulier fubftitué à l'intérêt public ; de la haine mutuelle des citoyens, de leur indifférence pour la caufe commune, de la corruption du peuple & de l'affoibliffement de tous les refforts du gouvernement. Tels font par conféquent les maux qu'on guérit difficilement, quand ils fe font fentir, mais qu'une fage adminiftration doit prévenir, pour maintenir avec les bonnes mœurs, le refpect pour les loix, l'amour de la patrie, & la vigueur de la volonté générale.

Mais toutes ces précautions feront infuffifantes, fi l'on ne s'y prend de plus loin encore. Je finis cette partie de l'économie publique, par où j'aurois dû la commencer. La patrie ne peut fubfifter fans la liberté, ni la liberté fans la vertu, ni la vertu fans les citoyens : vous aurez tout fait, fi vous formez des citoyens ; sans cela vous n'aurez que de méchants esclaves, à commencer par le chef de l'état. Or, former des citoyens n'est pas l'affaire d'un jour ; & pour les avoir hommes, il faut les instruire enfants. Qu'on me dise que quiconque a des hommes à gouverner, ne doit pas chercher hors de leur nature une perfection dont ils ne sont pas susceptibles ; qu'il ne doit pas vouloir détruire en eux les passions, & que l'exécution d'un pareil projet ne seroit pas plus desirable que possible. Je conviendrai d'autant mieux de tout cela, qu'un homme qui n'auroit pas de passion, seroit certainement un fort mauvais citoyen : mais il faut convenir aussi que si l'on n'apprend point aux hommes à n'aimer rien, il n'est pas impossible de leur apprendre à aimer un objet plutôt qu'un autre, & ce qui est véritablement beau, plutôt que ce qui est difforme. Si, par exemple, on les exerce assez tôt à ne jamais regarder leur individu que par ses relations avec le corps de l'état, & à n'appercevoir, pour ainsi dire, leur propre existence que comme une partie de la sienne, ils pourront parvenir enfin à s'identifier en quelque sorte avec ce plus grand tout, à se sentir membres de la patrie, à l'aimer de ce sentiment exquis que tout homme isolé n'a que pour lui-même, à élever perpétuellement leurs ames à ce grand objet, & à transformer ainsi en une vertu sublime cette disposition dangereuse d'où naissent tous nos vices. Non-seulement la philosophie démontre la possibilité de ces nouvelles directions, mais l'histoire en fournit mille exemples éclatants : s'ils sont si rares parmi nous, c'est que personne ne se soucie

qu'il y ait des citoyens , & qu'on s'avife encore moins de s'y prendre affez-tôt pour les
former. Il n'eft plus temps de changer nos
inclinations naturelles , quand elles ont pris
leur cours , & que l'habitude s'eft jointe à
l'amour-propre ; il n'eft plus temps de nous
tirer hors de nous-mêmes , quand une fois
le motif humain concentré dans nos cœurs ,
y a acquis cette méprifable activité qui ab-
forbe toute vertu , & fait la vie des petites
ames. Comment l'amour de la patrie pour-
roit-il germer au milieu de tant d'autres
paffions qui l'étouffent ; & que refte-t-il pour
les concitoyens d'un cœur déjà partagé entre l'avarice, une maîtreffe & la vanité.

C'eft des premiers moments de la vie qu'il
faut apprendre à mériter de vivre : & comme
on participe en naiffant aux droits des citoyens , le temps de notre naiffance doit être
le commencement de l'exercice de nos devoirs. S'il y a des loix pour l'âge mûr, il
doit y en avoir pour l'enfance , qui enfeignent à obéir aux autres ; & comme on ne
laiffe pas la raifon, en fe communiquant, ar-
bitre de ces devoirs, on doit d'autant moins
abandonner aux lumieres & aux préjugés des
peres l'éducation de leurs enfants , qui importent à l'état encore plus qu'aux peres ; car
felon le cours de nature , la mort du pere
lui dérobe fouvent les derniers fruits de cette
éducation ; mais la patrie en fent tôt ou
tard les effets ; l'état demeure , & la famille
fe diffout. Que fi l'autorité publique, en prenant la place des peres , & fe chargeant de
cette importante fonction , acquiert leur droit
en rempliffant leur devoir , ils ont d'autant
moins de fujet de s'en plaindre , qu'à cet égard
ils ne font que changer de nom , & qu'ils

auront en commun sous le nom de citoyens, la même autorité sur leurs enfants, qu'ils exerçoient séparément sous le nom de pere, & n'en seront pas moins obéis en parlant au nom des loix, qu'ils l'étoient en parlant au nom de la nature. L'éducation publique, sous des regles prescrites par des gouvernements & sous des Magistrats établis par des Souverains, est donc une des maximes fondamentales du gouvernement populaire ou légitime. Si les enfants sont élevés en commun dans le sein de l'égalité, qu'ils soient imbus des loix de l'état & des maximes de la volonté générale, qu'ils soient instruits à les respecter par dessus toute chose; s'ils sont environnés d'exemples & d'objets qui leur parlent sans cesse de la tendre mere qu'ils trouvent, de l'amour qu'elle a pour eux, des biens inestimables qu'ils reçoivent d'elle, & du retour qu'ils lui doivent; ne doutons pas qu'ils n'apprennent aussi à se chérir mutuellement comme des freres, à ne vouloir jamais que ce que veut la société, à substituer des actions d'hommes & de citoyens au stérile & vain babil des sophistes, & à devenir un jour les défenseurs & les peres de la patrie dont ils auront été si long-temps les enfants.

Je ne parlerai point des magistrats destinés à présider à cette éducation, qui certainement est la plus importante affaire de l'état. On sent que si de telles marques de la confiance publique étoient légérement accordées, si cette fonction sublime n'étoit pour ceux qui auroient dignement rempli toutes les autres, le prix de leurs travaux, l'honorable & doux repos de leur vieillesse & le comble de tous les honneurs, toute l'entreprise seroit inutile, & l'éducation fans fuccès ; car par-tout où la leçon n'eft pas foutenue par l'autorité, le précepte par l'exemple, l'inftitution demeure fans fruit, & la vertu même perd fon crédit dans la bouche de celui qui ne la pratique pas. Mais que des guerriers illuftres courbés fous le faix de leurs lauriers, prêchent le courage ; que des magiftrats integres, blanchis dans la pourpre & fur les tribunaux, enfeignent la juftice ; les uns & les autres fe formeront auffi de vertueux fucceffeurs, & tranfmettront d'âge en âge aux générations fuivantes l'expérience & les talents des chefs, le courage & la vertu des citoyens, & l'émulation commune à tous de vivre & mourir pour la patrie.

Je ne fais que trois peuples qui aient autrefois pratiqué l'éducation publique, favoir, les Crétois, les Lacédémoniens & les anciens Perfes. Chez tous les trois, elle eut le plus grand fuccès, & fit des prodiges. Chez les deux derniers, dont le monde fe trouvoit divifé en nations trop grandes pour pouvoir être bien gouvernées, ce moyen n'a plus été praticable ; & d'autres raifons que le lecteur peut voir aifément, ont encore empêché qu'il n'ait été tenté chez aucun peuple moderne. C'eft une chofe très-remarquable, que les Romains aient pu s'en paffer ; mais Rome fut durant cinq cents ans un miracle continuel, que le monde ne pouvoit plus efpérer de revoir. La vertu des Romains engendrée par l'horreur de la tyrannie & des crimes des tyrans, & par l'amour inné de la patrie, fit de toutes leurs maifons autant d'écoles de citoyens : & le pouvoir fans bornes des peres fur leurs enfants, mit tant de févérité dans la police particuliere, que le pere plus craint que les magiſtrats, étoit dans ſon tribunal domeſtique le cenſeur des mœurs, & le vengeur des loix. Voyez *Education.*

C'eſt ainſi qu'un gouvernement attentif & bien intentionné, veillant ſans ceſſe à maintenir ou rappeller chez le peuple l'amour de la patrie & les bonnes mœurs, prévient de loin les maux qui réſultent tôt ou tard de l'indifférence des citoyens pour le ſort de la République, & contient dans d'étroites bornes cet intérêt perſonnel, qui iſole tellement les particuliers, que l'état s'affoiblit par leur puiſſance, & n'a rien à eſpérer de leur bonne volonté. Partout où le peuple aime ſon pays, reſpecte les loix, & vit ſimplement, il reſte peu de choſe à faire pour le rendre heureux ; & dans l'adminiſtration publique, où la fortune a moins de part que le ſort des particuliers, la ſageſſe eſt ſi près du bonheur, que ces deux objets ſe confondent.

3°. Ce n'eſt pas aſſez d'avoir des citoyens, & de les protéger, il faut encore ſonger à leur ſubſiſtance, & pourvoir aux beſoins publics, eſt une ſuite évidente de la volonté générale, & le troiſieme devoir eſſentiel du gouvernement. Le devoir n'eſt pas, comme on doit le ſentir, de remplir les greniers des particuliers & les diſpenſer du travail, mais de maintenir l'abondance tellement à leur portée, que, pour l'acquérir, le travail ſoit toujours néceſſaire, & ne ſoit jamais inutile. Il s'étend auſſi à toutes les opérations qui regardent l'entretien du Fiſc, & les depenſes de l'adminiſtration publique. Ainſi après avoir parlé de l'économie générale, par rapport au gouvernement des perſonnes, il nous reſte à la conſidérer par rapport à l'adminiſtration des biens.

Cette partie n'offre pas moins de difficultés à résoudre, ni de contradictions à lever,
que la précédente. Il est certain que le droit
de propriété est le plus sacré de tous les
droits des citoyens, & plus important, à cer
tain égard, que la liberté même, soit parce
qu'il tient de plus près à la conservation de
la vie, soit parce que le bien étant plus facile à usurper & plus pénible à défendre que
la personne, on doit plus respecter ce qui se
peut ravir plus aisément, soit enfin parce
que la propriété est le vrai fondement de
la société civile, & le vrai garant des engagements des citoyens ; car si les biens ne répon-
doient pas des personnes, rien ne seroit si facile
que d'éluder ses devoirs & de se moquer des
loix. D'un autre côté, il n'est pas moins
sûr que le maintien de l'état & du gouvernement exige des frais & de la dépense ; &
comme quiconque accorde la fin ne peut refuser les moyens, il s'ensuit que les membres de la société doivent contribuer de leurs
biens à son entretien. De plus, il est difficile d'assurer d'un côté la propriété des particuliers, sans l'attaquer d'un autre ; & il
n'est pas possible que tous les réglements
qui regardent l'ordre des successions, les tes-
taments, les contrats, ne gênent les citoyens
à certain égard sur la disposition de leur propre bien, & par conséquent sur leur droit de
propriété.

Mais outre ce que j'ai dit ci-devant de
l'accord qui regne entre l'autorité de la loi
& la liberté des citoyens, il y a par rapport à
la disposition des biens, une remarque importante à faire, qui leve bien des difficultés.
C'est, comme l'a montré Puffendorff, que
par la nature du droit des propriétés, il ne

s'étend point au delà de la vie du propriétaire , & qu'à l'inftant qu'un homme eft mort , fon bien ne lui appartient plus. Ainfi lui prefcrire les contradictions fur lefquelles il en peut difpofer, c'eft au fond moins altérer fon droit en apparence , que l'étendre en effet.

En général, quoique l'inftitution des loix qui reglent le pouvoir des particuliers dans la difpofition de leur propre bien , n'appartient qu'aux Souverains, l'efprit de ces loix que le gouvernement doit fuivre dans leurs applications , eft que de pere en fils & de proche en proche, les biens de la famille en fortent & s'alienent le moins qu'il eft poffible. Il y a une raifon fenfible de ceci en faveur des enfants, à qui le droit de propriété feroit fort inutile, fi le pere ne leur laiffoit rien, & qui de plus, ayant fouvent contribué par leur travail à l'acquifition des biens du pere, font de leur chef affociés à fon droit. Mais une autre raifon plus éloignée & non moins importante, eft que rien n'eft plus funefte aux mœurs & à la république, que le changement continuel d'état & de fortune entre les citoyens ; changement qui eft la preuve & la fource de mille défordres, qui bouleverfe & confond tout, & par lequel ceux qui font élevés pour une chofe, fe trouvent deftinés pour une autre. Ni ceux qui montent, ni ceux qui defcendent, ne peuvent prendre les maximes ni les lumieres convenables à leur nouvel état, & beaucoup moins en remplir les devoirs. Je paffe à l'objet des finances publiques.

Si le peuple fe gouvernoit lui-même, & qu'il n'y eût rien d'intermédiaire entre l'adminiftration de l'état & les citoyens, ils n'auroient qu'à se cotiser dans l'occasion , à proportion des besoins publics & des facultés des particuliers ; & comme chacun ne perdroit jamais de vue le recouvrement ni l'emploi des deniers, il ne pourroit se glisser ni fraude ni abus dans leur maniement. L'état ne seroit jamais obéré de dettes , ni le peuple accablé d'impôts , ou du moins la sûreté de l'emploi le consoleroit de la dureté de la taxe. Mais les choses ne sauroient aller ainsi , & quelque borné que soit un état, la société civile est toujours trop nombreuse pour pouvoir être gouvernée par tous ses membres. Il faut nécessairement que les deniers publics passent par les mains des chefs , lesquels, outre l'intérêt de l'état, ont tous le leur particulier, qui n'est pas le dernier écouté. Le peuple, de son côté, qui s'apperçoit plutôt de l'avidité des chefs & de leurs folles dépenses , que des besoins publics , murmure de se voir dépouiller du nécessaire pour fournir au superflu d'autrui ; & quand une fois ses manœuvres sont aigries jusqu'à un certain point, la plus integre administration ne viendroit pas à bout de rétablir la confiance. Alors si les contributions sont volontaires , elles ne produisent rien ; si elles sont forcées , elles sont légitimes ; & c'est dans cette cruelle alternative de laisser périr l'état ou d'attaquer le droit sacré de la propriété qui en est la fortune , que consiste la difficulté d'une juste & sage économie.

La premiere chose que doit faire , après l'établissement des loix , l'instituteur d'une république, c'est de trouver un fonds suffisant pour l'entretien des magistrats & autres officiers , & pour toutes les dépenses publiques. Ce fonds s'appelle *Ærarium* ou *Fisc* ,

s'il eſt en argent ; Domaine public, s'il eſt
en terres, & ce dernier eſt beaucoup préférable à l'autre par des raiſons faciles à voir.
Quiconque aura ſuffiſamment réfléchi ſur
cette matiere, ne pourra guere être à cet
égard d'un autre avis que Bodin, qui regarde le domaine public comme le plus
honnête & le plus ſûr de tous les moyens de
pourvoir aux beſoins de l'état ; & il eſt à
remarquer que le premier ſoin de Romulus,
dans les diviſions des terres, fut d'en deſtiner
le tiers à cet uſage. J'avoue qu'il n'eſt pas
impoſſible que le Produit du domaine mal
adminiſtré, ſe réduiſe à rien ; mais il n'eſt
pas de l'eſſence du domaine d'être mal adminiſtré.

Préalablement à tout emploi, ce fonds
doit être aſſigné ou accepté par l'aſſemblée
du peuple ou des états du pays, qui doit enſuite en déterminer l'uſage. Après cette ſo-
lemnité, qui rend ces fonds inaliénables,
ils changent, pour ainſi dire, de nature,
& leurs revenus deviennent tellement ſacrés,
que c'eſt non-ſeulement le plus infame de
tous les vols, mais un crime de leze-majeſté
que d'en détourner la moindre choſe au préjudice de leur deſtination. C'eſt un grand
déshonneur pour Rome que l'intégrité du
Queſteur Caton y ait été un ſujet de remarque, & qu'un Empereur, récompenſant
de quelques écus les talents d'un chanteur,
ait eu ſoin d'ajouter que cet argent venoit
de ſa famille, & non de celui de l'état. Mais
s'il ſe trouve peu de Galbas, où chercherons-
nous des Catons ? Et quand une fois le vice
ne déshonorera plus, quels ſeront les chefs
aſſez ſcrupuleux pour s'abſtenir de toucher
aux revenus publics abandonnés à leur diſ-

crétion, & pour ne pas s'en impofer bientôt à eux-mêmes, en affectant de confondre leurs vaines & fcandaleufes diffipations avec la gloire de l'état, & les moyens d'étendre leur autorité, avec ceux d'augmenter fa puif-fance ? C'eft fur-tout en cette délicate partie de l'adminiftration, que la vertu eft le feul inftrument efficace, & que l'intégrité du ma-giftrat eft le feul frein capable de contenir fon avarice. Les livres & tous les comptes des régiffeurs fervent moins à déceler leurs infidélités, qu'à les couvrir, & la prudence n'eft jamais auffi prompte à imaginer de nou-velles précautions, que la fripponnerie à les éluder. Laiffez donc les regiftres & papiers, & remettez les finances en des mains fideles. C'eft le feul moyen qu'elles foient fidélement réglées.

Quand une fois les fonds publics font éta-blis, les chefs de l'état en font de droit les adminiftrateurs ; car cette adminiftration fait une partie du gouvernement, toujours effen-tielle, quoique non toujours également. Son influence augmente à mefure que celle des autres refforts diminue ; & l'on peut dire qu'un gouvernement eft parvenu à fon dernier degré de corruption, quand il n'a plus d'autre nerf que l'argent : or, comme tout gouvernement tend fans ceffe au relà-chement, cette feule raifon montre que nul état ne peut fubfifter, fi les revenus n'aug-mentent fans ceffe.

Le premier fentiment de la néceffité de cette augmentation, eft auffi le premier figne du défordre intérieur de l'état, & le fage ad-miniftrateur, en fongeant à trouver de l'argent pour pourvoir aux befoins preffants, ne né-glige pas de rechercher la caufe éloignée de ces nouveaux befoins, comme un marin voyant l'eau gagner fon vaiffeau, n'oublie pas, en faifant jouer les pompes, de faire auffi cher-cher & boucher la voie.

De cette regle d'école la plus importante maxime de l'adminiftration des finances, qui eft de travailler avec beaucoup plus de foin à prévenir les befoins, qu'à augmenter les re-venus. De quelque diligence qu'on puiffe ufer, le fecours qui ne vient qu'après le mal, & plus lentement, laiffe toujours l'état en fouf-france. Tandis qu'on fonge à remédier à un inconvénient, un autre fe fait déjà fentir, & les reffources mêmes produifent de nouveaux inconveniens; de forte qu'à la fin la nation s'obere, le peuple eft foulé, le gouverne-ment perd toute fa vigueur, & ne fait plus que peu de chofe avec beaucoup d'argent. Je crois que de cette grande maxime bien éta-blie, découloient les prodiges des gouverne-ments anciens, qui faifoient plus avec leur parcimonie, que les nôtres avec tous leurs tréfors; & c'eft peut-être de là qu'eft dérivée la fignification vulgaire du mot économie, qui s'entend plutôt du fage ménagement de ce qu'on a, que des moyens d'acquérir ce que l'on n'a pas.

Indépendamment du domaine public, qui rend à l'état à proportion de la probité de ceux qui le régiffent, fi l'on connoiffoit af-fez toute la force de l'adminiftration géné-rale, fur-tout quand elle fe borne aux moyens légitimes, on feroit étonné des reffour-ces qu'ont les chefs pour prévenir tous les befoins publics, fans toucher aux biens des particuliers. Comme ils font les maîtres du commerce de l'état, rien ne leur eft fi fa-cile que de le diriger d'une maniere qui pour-

voie

voie à tout, souvent sans qu'ils paroissent s'en mêler. La distribution des denrées, de l'argent & des marchandises par de justes proportions, selon les temps & les lieux, est le vrai secret des finances & la source de leur richesse, pourvu que ceux qui les administreront, sachent porter leur vue assez loin, & faire dans l'occasion une perte apparente & prochaine, pour avoir réellement des profits immenses dans un temps éloigné. Quand on voit un gouvernement payer des droits, loin d'en recevoir pour la sortie des bleds dans les années d'abondance, & pour leur introduction dans les années de disette, on a besoin d'avoir de tels faits sous les yeux, pour les croire véritables, & on les mettroit au rang des romans, s'ils se fussent passés anciennement. Supposons, que pour prévenir la disette dans les mauvaises années, on proposât d'établir des magasins publics, dans combien de pays l'entretien d'un établissement si utile ne serviroit-il pas de prétexte à de nouveaux impôts ? À Geneve, ces greniers établis & entretenus par une sage administration, sont la ressource publique dans les mauvaises années, & le principal revenu de l'état dans tout les temps. *ALIT ET DITAT.* C'est la belle & juste inscription qu'on lit sur la façade de l'édifice. Pour exposer ici le systême économique d'un bon gouvernement, j'ai souvent tourné les yeux sur celui de cette république; heureux, de trouver ainsi dans ma patrie l'exemple de la sagesse & du bonheur que je voudrois voir régner dans tous les pays.

Si l'on examine comment croissent les besoins d'un état, on trouvera que souvent cela arrive à-peu-près comme ceux des particuliers, moins par une véritable néceſſité, que par un accroiſſement de deſirs inutiles, & que ſouvent on n'augmente la dépenſe, que pour avoir un prétexte d'augmenter la recette ; de ſorte que l'état gagneroit quelquefois à ſe paſſer d'être riche, & que cette richeſſe apparente lui eſt au fond plus onéreuſe que ne ſeroit la pauvreté même. On peut eſpérer, il eſt vrai, de tenir les peuples dans une dépendance plus étroite, en leur donnant d'une main, ce qu'on leur a pris de l'autre ; & ce fut la politique dont uſa Joſeph avec les Egyptiens. Mais ce vain ſophiſme eſt d'autant plus funeſte à l'état, que l'argent ne rentre plus dans les mêmes mains dont il eſt ſorti, & qu'avec de pareilles maximes, on n'enrichit que des fainéants de la dépouille des hommes utiles.

Le goût de conquête eſt une des cauſes les plus ſenſibles & les plus dangereuſes de cette augmentation. Ce goût engendré ſouvent par un autre eſpece d'ambition que celle qu'il ſemble annoncer, n'eſt pas toujours ce qu'il pourroit être, & n'a pas tant pour véritable motif le deſir apparent d'agrandir la nation, que le deſir caché d'augmenter au dedans l'autorité des chefs à l'aide de l'augmentation des troupes, & à la faveur de la diverſion que font les objets de la guerre dans l'eſprit des citoyens.

Ce qu'il y a du moins de très-certain, c'eſt que rien n'eſt ſi foulé ni ſi miſérable que les peuples conquérants, & que leurs ſuccès même ne font qu'augmenter leur miſere. Quand l'hiſtoire ne nous l'apprendroit pas, la raiſon ſuffiroit pour nous démontrer que, plus un état eſt grand, & plus les dépenſes y deviennent proportionnellement fortes &

onéreuses ; car il faut que toutes les provinces fournissent leur contingent, aux frais de l'administration générale, & que chacune, outre cela, fasse pour la sienne particuliere la même dépense que si elle étoit indépendante. Ajoutez que toutes les fortunes se font dans un lieu & se consomment dans un autre ; ce qui détruit bientôt l'équilibre du produit & de la consommation, & appauvrit beaucoup le pays pour enrichir une seule ville.

Autre source de l'augmentation des besoins publics, qui tient à la précédente. Il peut venir un temps où les citoyens ne se regardant plus comme intéressés à la cause commune, cesseroient d'être les défenseurs de la patrie, & où le magistrat aimeroit mieux commander à des mercenaires qu'à des hommes libres, ne fût-ce qu'afin d'employer en temps & lieux les premiers pour mieux assujettir les autres. Tel fut l'état de Rome sur la fin de la république & sous les Empereurs ; car toutes les victoires des premiers Romains, de même que celles d'Alexandre, avoient été remportées par de braves citoyens, qui savoient donner au besoin leur sang pour la patrie, mais qui ne le vendoient jamais. Marius fut le premier, qui, dans la guerre contre Jugurtha, deshonora les légions Romaines, en y introduisant des affranchis vagabons & autres mercenaires. Devenus les ennemis des peuples qu'ils s'étoient chargés de rendre heureux, les tyrans établirent des troupes réglées en apparence, pour contenir l'étranger, & en effet, pour opprimer l'habitant. Pour former ces troupes, il fallut enlever à la terre des cultivateurs, dont le défaut diminua la quantité des denrées, &

dont l'entretien introduifit des impôts qui en augmenterent le prix. Ce premier défordre fit murmurer les peuples : il fallut pour les réprimer multiplier les troupes, & par conféquent la mifere ; & plus le défefpoir augmentoit, plus on fe voyoit contraint de l'augmenter encore pour en prévenir les effets. D'un autre côté, ces mercenaires qu'on pouvoit eftimer fur le prix auquel ils fe vendoient eux-mêmes, fiers de leur aviliffement, méprifant les loix dont ils étoient protégés & leurs freres dont ils mangeoient-le pain, fe crurent plus honorés d'être les fatellites de Céfar, que les défenfeurs de Rome ; & dévoués à une obéiffance aveugle, tenoient par état le poignard levé fur leurs concitoyens, prêts à tout égorger au premier fignal. Il ne feroit pas difficile de croire que ce fût-là une des principales caufes de la ruine de l'empire Romain.

L'invention de l'artillerie & des fortifications a forcé de nos jours les Souverains de l'Europe à rétablir l'ufage des troupes réglées pour garder leurs places, mais avec des motifs plus légitimes. Il eft à craindre que l'effet n'en foit également funefte. Il n'en faudra pas moins dépeupler les campagnes pour former les armées & les garnifons ; pour les entretenir, il n'en faudra pas moins fouler les peuples. Et ces dangereux établiffements s'accroiffent depuis quelque temps avec une telle rapidité dans tous nos climats, qu'on n'en peut prévoir que la dépopulation prochaine de l'Europe, & tôt ou tard la ruine des peuples qui l'habitent.

Quoi qu'il en foit, on doit voir que de telles inftitutions renverfent néceffairement le vrai fyftême économique qui tire le prin-

cipal revenu de l'état du domaine public , &
ne laisse, que la ressource fâcheuse des subsides
& impôts dont il me reste à parler.

Il faut se ressouvenir ici que le fondement
du pacte social est la propriété & la premiere
condition , que chacun soit maintenu dans
la paisible jouissance de ce qui lui appartient.
Il est vrai que par le même traité, chacun
s'oblige au moins tacitement à se cotiser
dans les besoins publics ; mais cet engagement ne pouvant nuire à la loi fondamentale,
& supposant l'évidence du besoin reconnue par les contribuales , on voit que pour
être légitime , cette cotisation doit être
volontaire , non d'une volonté particuliere ,
comme s'il étoit nécessaire d'avoir le consentement de chaque citoyen , & qu'il ne
dût fournir que ce qu'il lui plait , ce qui
seroit directement contre l'esprit de la con-
sédération ; mais d'une volonté générale à la
pluralité des voix , & sur un tarif propor-
tionnel qui ne laisse rien d'arbitraire à l'imposition.

Cette vérité , que les impôts ne peuvent
être établis légitimement que du consentement du peuple ou de ses représentants, a
été reconnue généralement de tous les philosophes & jurisconsultes qui se sont acquis
quelque réputation dans les matieres de droit
politique , sans excepter Bodin même. Si
quelques-uns établissent des maximes contraires en apparence , outre qu'il est aisé de
voir les motifs particuliers qui les y ont
portés , ils y mêlent tant de conditions &
de restrictions , qu'au fond la chose revient
exactement au même. Car que le peuple
puisse refuser , ou que les Souverains ne doivent exiger , cela est indifférent quant au

F iij

droit ; & s'il n'eſt queſtion que de la force ,
c'eſt la choſe la plus inutile, que d'examiner ce
qui eſt légitime ou non.

Les contributions qui ſe levent ſur le peuple , ſont de deux ſortes : les unes réelles ,
qui ſe perçoivent ſur les choſes, les autres
perſonnelles, qui ſe paient par tête. On donne
aux unes & aux autres le nom d'impôts ou
de ſubſides. Quand le peuple fixe la ſomme
qu'il accorde ; elle s'appelle ſubſide : quand
il accorde tout le produit d'une taxe, alors c'eſt
un impôt. On trouve dans le livre de l'Eſprit
des loix que l'impoſition par tête eſt plus
propre à la ſervitude , & la taxe réelle plus
convenable à la liberté. Cela ſeroit inconteſtable, ſi les contingents par tête étoient
égaux , car il n'y auroit rien de plus diſpro-
portionné qu'une pareille taxe ; & c'eſt ſur-
tout dans les proportions exactement obſer-
vées , que conſiſte l'eſprit de la liberté.
Mais ſi. la taxe par tête eſt exactement proportionnée aux moyens des particuliers ,
comme pourroit être celle qui porte en
France le nom de Capitation, & qui de
cette maniere eſt à la fois réelle & perſon-
nelle, elle eſt la plus équitable , & par conſéquent la plus convenable à des hommes
libres. Ces proportions paroiſſent d'abord
très-faciles à obſerver, parce qu'étant relatives à l'état que chacun tient dans le monde , les indications ſont toujours publiques ;
mais outre que l'avarice, le crédit & la
fraude ſavent éluder juſqu'à l'évidence, il
eſt rare qu'on tienne compte dans ſes calculs de tous les événements qui doivent y
entrer. 1º. On doit conſidérer le rapport
des quantités, ſelon lequel, toutes choſes
égales , celui qui a dix fois plus de bien

qu'un autre, doit payer dix fois plus que lui. 2°. Le rapport des usages, c'est-à-dire, la distinction du nécessaire & du superflu. Celui qui n'a que le simple nécessaire, ne doit rien payer du tout ; la taxe de celui qui a du superflu, peut aller au besoin, jusques à la concurrence de tout ce qui excede son nécessaire. A cela, il dira qu'eu égard à son rang, ce qui seroit superflu pour un homme inférieur, est nécessaire pour lui. Mais c'est un mensonge ; car un grand a deux jambes ainsi qu'un bouvier, & n'a qu'un ventre non plus que lui. De plus, ce prétendu nécessaire est si peu nécessaire à son rang, que s'il savoit y renoncer pour un sujet louable, il n'en seroit que trop respecté. Le peuple se prosterneroit devant un ministre qui iroit au conseil à pied pour avoir vendu ses carrosses dans un pressant besoin de l'état. Enfin la loi ne prescrit la magnificence à personne, & la bienséance n'est jamais une raison contre le droit.

Un troisieme rapport qu'on ne compte jamais, & qu'on devroit toujours compter le premier, est celui des utilités que chacun retire de la confédération sociale, qui protege fortement les immenses possessions du riche, & laisse à peine un misérable jouir de la chaumiere qu'il a construite de ses mains. Tous les avantages de la société ne sont-ils pas pour les puissants & les riches ? Tous les emplois lucratifs ne sont-ils pas remplis par eux seuls ; toutes les graces, toutes les exemptions ne leur sont-elles pas réservées, & l'autorité publique n'est-elle pas toute en leur faveur ? Qu'un homme de considération vole ses créanciers ou fasse d'autres fripponneries, n'est-il pas toujours sûr de l'impunité ? Les coups de bâton qu'il distribue, les violences qu'il commet, les meurtres mêmes & les assassinats dont il se rend coupable, ne sont-ce pas des affaires qu'on assoupit, & dont au bout de six mois il n'est plus question ? Que ce même homme soit volé : toute la police est aussi-tôt en mouvement, & malheur aux innocens qu'il soupçonne. Passe-t-il dans un lieu dangereux, voilà les escortes en campagne ; l'essieu de sa chaise vient-il à rompre, tout vole à son secours ; fait-on du bruit à sa porte, il dit un mot & tout se tait ; la foule l'incommode-t-elle, il fait un signe, & tout se range: un charretier se trouve-t-il sur son passage, ses gens sont prêts à l'assommer ; & cinquante honnêtes piétons allant à leurs affaires seroient plutôt écrasés, qu'un faquin oisif retardé dans son équipage. Tous ces égards ne lui coutent pas un sol ; ils sont le droit de l'homme riche, & non le prix de la richesse. Que le tableau du pauvre est différent ! plus l'humanité lui doit, plus la société lui refuse. Toutes les portes lui sont fermées, même quand il a droit de les faire ouvrir ; & si quelquefois il obtient justice, c'est avec plus de peine qu'un autre n'obtiendroit grace. S'il y a des corvées à faire, une milice à tirer, c'est à lui qu'on donne la préférence ; il porte outre sa charge, celle dont son voisin plus riche a le crédit de se faire exempter. Au moindre accident qui lui arrive, chacun s'éloigne de lui. Si sa pauvre charrette renverse, loin d'être aidé par personne ; je le tiens heureux s'il évite en passant les avanies des gens lestes d'un jeune Duc. En un mot, toute assistance gratuite le fuit au besoin, précisément parce qu'il n'a pas de quoi la

payer ; mais je le tiens pour un homme perdu , s'il a le malheur d'avoir l'ame honnête , une fille aimable & un puiffant voi-
fin.

Une autre attention non moins importante
à faire , c'eft que les pertes des pauvres font
beaucoup moins réparables que celles du
riche , & que la difficulté d'acquérir croit
toujours en raifon du befoin. On ne fait rien
avec rien ; cela eft vrai dans les affaires comme en phyfique , l'argent eft la femence de
l'argent ; & la premiere piftole eft quelque
fois plus difficile à gagner que le fecond
million. Il y a plus encore : c'eft que tout ce
que le pauvre paie , eft à jamais perdu pour
lui , & refte ou revient dans les mains du
riche ; & comme c'eft aux feuls hommes qui
ont part au gouvernement , ou à ceux qui
en approchent que paffe tôt ou tard le produit
des impôts , ils ont même en payant leur
contingent un intérêt fenfible à les augmenter.

Réfumons en quatre mots le pacte focial
des deux états. Vous avez befoin de moi ,
car je fuis riche & vous êtes pauvres ; faifons
donc un accord entre nous. Je permettrai
que vous ayez l'honneur de me fervir , à condition que vous me donnerez le peu qui vous
refte , pour la peine que je prendrai de vous
commander.

Si l'on combine avec foin toutes ces chofes , on trouvera que pour répartir les taxes
d'une maniere équitable & vraiment propor-
tionnelle , l'impofition n'en doit pas être
faite feulement à raifon des biens des contri-
buables , mais en raifon compofée de la dif-
térence de leur condition & du fuperflu de
leurs biens ; opération très - importante &

très-difficile que font tous les jours des mul-
titudes de commis honnêtes-gens qui favent l'arithmétique, mais dont les Platons
& les Montefquieux n'euffent ofé fe charger
qu'en tremblant, & en demandant au Ciel
des lumieres & de l'intégrité.

Un autre inconvénient de la taxe perfonnelle, c'eft de fe faire trop fentir & d'être
levée avec trop de dureté ; ce qui n'empêche
pas qu'elle ne foit fujette à beaucoup de non
valeur, parce qu'il eft plus aifé de dérober
au rôle & aux pourfuites fa tête que fes poffeffions.

De toutes les autres impofitions, le cent
fur les terres où la taille réelle, ont toujours
paffé pour les plus avantageufes. Dans les pays
où on a plus d'égard à la quantité du produit
& à la fûreté du recouvrement qu'à la moindre incommodité du peuple, on a même ofé
dire qu'il falloit charger le payfan pour exciter fa pareffe, & qu'il ne feroit rien s'il n'a-
voit rien à payer. Mais l'expérience dément
chez tous les peuples du monde cette maxime
ridicule. C'eft en Hollande, en Angleterre,
où le cultivateur paie très-peu de chofe, &
à la Chine où il ne paie rien, que la terre
eft le mieux cultivée. Au contraire, par-tout
où le laboureur fe voit chargé à propoition du
produit de fon champ, il le laiffe en friche, ou
n'en retire exactement que ce qu'il lui faut
pour vivre. Car pour qui perd le fruit de fes
peines, c'eft gagner que de ne rien faire, &
mettre le travail à l'amende, eft un moyen
fort fingulier de bannir la pareffe.

De la taxe fur les terres ou fur les bleds,
fur tout quand elle eft exceffive, réfultent
deux inconvéniens fi terribles, qu'ils doivent
dépeupler & ruiner à la longue tous les pays
où elle eft établie.

Le premier vient du défaut de circulation
des especes : car le commerce & l'induſtrie
attirent dans les capitales tout l'argent de
la campagne ; & l'impôt détruiſant la proportion qui pourroit ſe trouver encore entre
le beſoin du laboureur & le prix de ſes bleds,
l'argent vient ſans ceſſe & ne retourne jamais ; plus la Ville eſt riche, plus le pays
eſt miſérable. Le produit des tailles paſſe des
mains du Prince ou du financier dans celles
des artiſtes & des marchands ; & le cultivateur qui n'en reçoit jamais que la moindre
partie, s'épuiſe enfin en payant toujours également & recevant toujours moins. Comment voudroit-on que pût vivre un homme
qui n'auroit que des veines & point d'arteres, ou dont les arteres ne porteroient le
ſang qu'à quatre doigts du cœur. Chardin dit
qu'en Perſe les droits du Roi ſur les denrées
ſe paient auſſi en denrées. Cet uſage, qu'Héro-
dote témoigne avoir autrefois été pratiqué dans
le même pays juſques à Darius peut préve-
vir le mal dont je viens de parler : mais, à
moins qu'en Perſe les intendants, directeurs,
commis & gardes magaſins ne ſoient une
autre eſpece de gens que par-tout ailleurs,
j'ai peine à croire qu'il arrive juſques au Roi
la moindre choſe de tous ces produits, que
les bleds ne ſe gâtent pas dans tous les greniers, & que le feu ne conſume pas la plupart des magaſins.

Le ſecond inconvénient vient d'un avantage apparent qui laiſſe aggraver les maux
avant qu'on ne les apperçoive ; c'eſt que le
bled eſt une denrée que les impôts ne ren-
chériſſent point dans le pays qui l'a produit,
& dont malgré ſon abſolue néceſſité, la
quantité diminue, ſans que le prix augmen-

F vj

te; ce qui fait que beaucoup de gens meu-
rent de faim , quoique le bled continue à être
à bon marché, & que le laboureur reste seul
chargé de l'impôt qu'il n'a pu défalquer sur le
prix de la vente. Il faut bien faire attention
qu'on ne doit pas raisonner de la taille réelle
comme des droits sur toutes les marchandises
qui en font hausser le prix , & sont aussi payés
moins par les marchands , que par les ache-
teurs. Car ces droits , quelque forts qu'ils
puissent être, sont pourtant volontaires, &
ne sont payés par les marchands qu'à proportion des marchandises qu'ils achetent, & comme ils n'achetent qu'à proportion de leur débit , ils font la loi aux particuliers. Mais le laboureur , qui, soit qu'il vende ou non , est
contraint de payer, à des termes fixes pour le
terrein qu'il cultive, n'est pas le maître d'attendre qu'on mette à sa denrée le prix qu'il lui
plaît; & quand il ne la vendroit pas pour
s'entretenir, il seroit forcé de la vendre pour
payer la taille , de sorte que c'est quelquefois
l'énormité de l'imposition qui maintient la
denrée à vil prix.

Remarquez encore que les ressources du
commerce & de l'industrie, loin de rendre la
taille plus supportable par l'abondance de
l'argent , ne la rendent que plus onéreuse.
Je n'insisterois point sur une chose très-évi-
dente, savoir, que si la plus grande ou
moindre quantité d'argent dans un état, peut
lui donner plus ou moins de crédit au dehors;
elle ne change en aucune maniere la fortune
réelle des citoyens, & ne les met ni plus ni
moins à leur aise. Mais je ferai ces deux remarques importantes : l'une , qu'à moins
que l'état n'ait des denrées superflues, & que
l'abondance de l'argent ne vienne de leur

débit chez l'éranger, les villes où ce fait ce commerce, se sentent seules de cette abondance, & que le paysan ne fait qu'en devenir relativement plus pauvre. L'autre que le prix de toutes choses haussant avec la multiplication de l'argent, il faut aussi que les impôts haussent à proportion, de sorte que le laboureur se trouve plus chargé sans avoir plus de ressource.

On doit voir que la taille sur les terres est un véritable impôt sur leur produit. Cependant chacun convient que rien n'est si dangereux qu'un impôt sur le bled payé par l'acheteur. Comment ne voit-on pas que le mal est cent fois pire quand cet impôt est payé par le cultivateur même ; n'est-ce pas attaquer la subsistance de l'état jusques dans sa source ? N'est-ce pas travailler aussi directement qu'il est possible à dépeupler le pays, & par conséquent à le ruiner à la longue ? Car il n'y a point pour une nation de pire disette que celle des hommes.

Il n'appartient qu'au véritable homme d'état, d'élever ses vues dans l'assiette des impôts plus haut que l'objet des finances, de transformer des charges onéreuses en d'utiles réglements de police, & de faire douter au peuple si de tels établissements n'ont pas eu pour fin le bien de la nation plutôt que le produit des taxes.

Les droits sur l'importation des marchandises étrangeres, dont les habitants sont avides, sans que le pays en ait besoin, sur l'exportation de celle du cru du pays, dont il n'a pas de trop, & dont les étrangers ne peuvent se passer, sur les productions des arts inutiles & trop lucratifs, sur les entrées dans les villes des choses de pur agrément

& en général fur tous les objets du luxe, rempliront tout ce double objet. C'eft par de tels impôts, qui foulagent la pauvreté & chargent la richeffe, qu'il faut prévenir l'augmentation continuelle de l'inégalité des fortunes, l'afferviffement aux richeffes, une multitude d'ouvriers & de ferviteurs inutiles, la multiplication des gens oififs dans les villes, & la défertion des campagnes.

Il eft important de mettre entre le prix des chofes & les droits dont on les charge une telle proportion, que l'avidité des particuliers ne foit point trop portée à la fraude, par la grandeur des profits. Il faut encore prévenir la facilité de la contre-bande, en préférant les marchandifes les moins faciles à cacher. Enfin, il convient que l'impôt foit payé par celui qui emploie la chofe taxée, plutôt que par celui qui la vend, auquel la quantité des droits dont il fe trouveroit chargé, donneroit plus de tentation & de moyens de les frauder. C'eft l'ufage conftant de la Chine, le pays du monde où les impôts font les plus forts & les mieux payés. Le marchand ne paie rien; l'acheteur feul acquitte le droit, fans qu'il en réfulte ni murmures, ni féditions, parce que les denrées néceffaires à la vie, telle que le ris, le bled, étant abfolument franches, le peuple n'eft point foulé, & l'impôt ne tombe que fur les gens aifés. Au refte, toutes ces précautions ne doivent pas tant être dictées par la crainte de la contre-bande, que par l'attention que doit avoir le gouvernement à garantir les particuliers de la féduction des profits illégitimes, qui, après avoir fait de mauvais citoyens, ne tarderoit pas d'en faire de malhonnêtes gens.

Qu'on établisse de fortes taxes sur la livrée, sur les équipages, sur les glaces, lustres & ameublemens, sur les étoffes & la dorure, sur les cours & jardins des hôtels, sur les spectacles de toute espece, sur les professions oiseuses, comme baladins, chanteurs, histrions, & en un mot, sur cette foule d'objets de luxe, d'amusement & d'oisiveté, qui frappent tous les yeux, & qui peuvent d'autant moins se cacher, que leur seul usage est de se montrer, & qu'ils seroient inutiles s'ils n'étoient vus. Qu'on ne craigne pas que de tels produits fussent arbitraires, pour n'être fondés que sur des choses qui ne sont pas d'une absolue nécessité. C'est bien mal connoître des hommes, que de croire qu'après s'être une fois laissés séduire par le luxe, ils y puissent jamais renoncer ; ils renonceroient cent fois plutôt au nécessaire, & aimeroient encore mieux mourir de faim que de honte. L'augmentation de la dépense ne sera qu'une nouvelle raison pour la soutenir. Quand la vanité de se montrer opulent, sera son profit du prix de la chose & des frais de la taxe, tant qu'il y aura des richesses, ils voudront se distinguer des pauvres, & l'état ne sauroit se former un revenu moins onéreux, ni plus assuré que sur cette distinction.

Par la même raison, l'industrie n'auroit rien à souffrir d'un ordre économique qui enrichiroit les finances, ranimeroit l'agriculture en soulageant le laboureur, & rapprocheroit insensiblement toutes les fortunes de cette médiocrité, qui fait la véritable force d'un état. Il se pourroit, je l'avoue, que les impôts contribuassent à faire passer plus rapidement quelques modes ; mais ce ne feroit jamais que pour en fubftituer d'autres , fur lefquelles l'ouvrier gagneroit fans que le fifc eût rien à perdre. En un mot , fuppofons que l'efprit du gouvernement foit conftamment d'affeoir toutes les taxes fur le fuperflu des richeffes , il arrivera de deux chofes l'une , ou les riches renonceront à leurs dépenfes fuperflues , pour n'en faire que d'utiles, qui retourneront au profit de l'état ; alors l'affiette des impôts aura produit l'effet des meilleures loix fomptuaires ; les dépenfes de l'état auront néceffairement diminué avec celles des particuliers ; & le fifc ne fauroit moins recevoir de cette maniere , qu'il n'ait beaucoup moins encore à débourfer ; ou fi les riches ne diminuent rien de leurs profufions, le fifc aura du produit des impôts , les reffources qu'il cherchoit pour pourvoir aux befoins réels de l'état. Dans le premier cas, le fifc s'enrichit de toute la dépenfe qu'il a de moins à faire , dans le fecond , il s'enrichit encore par la dépenfe inutile des particuliers.

A joutons à tout ceci une importante diftinction en matiere de droit politique , & à laquelle les gouvernements, jaloux de faire tout par eux - mêmes , devroient donner une grande attention. J'ai dit que les taxes perfonnelles & les impôts fur les chofes d'abfolue néceffité, attaquent directement le droit de propriété ; & par conféquent les vrais fondements de la fociété politique font toujours fujets à des conféquences dangereufes , s'ils ne font établis avec l'exprès confentement du peuple ou de fes repréfentants. Il n'en eft pas de même des droits fur les chofes dont on peut s'interdire l'ufage. Car

alors le particulier n'étant point abſolument
contraint à payer , ſa contribution peut paſſer
pour volontai e ; de ſorte que le conſentement particulier de chacun des contribuans
ſupplée au conſentement général , & le ſuppoſe même en quelque maniere. Car pourquoi le peuple s'oppoſeroit-il à toute impoſition qui ne tombe que ſur quiconque veut
bien la payer ? Il me paroît certain que tout
ce qui n'eſt ni preſcrit par les loix , ni contraire aux mœurs , & que le gouvernement
peut défendre , il peut le permettre moyen-
nant un droit. Si , par exemple , le gouvernement peut interdire l'uſage des carroſſes ,
il peut , à plus forte raiſon , impoſer une taxe
ſur les carroſſes ; moyen ſage & utile d'en blâmer l'uſage ſans le faire ceſſer. Alors on peut
regarder la taxe comme une eſpece d'amende ,
dont le produit dédommage de l'abus qu'elle
punit.

Quelqu'un m'objectera peut-être que ceux
que Bodin appelle impoſteurs , c'eſt-à-dire ,
ceux qui impoſent ou imaginent les taxes ,
étant dans la claſſe des riches , n'auront garde
d'épagner les autres à leurs propres dépens , &
de ſe charger eux-mêmes pour ſoulager le pauvre : mais il faut rejetter de pareilles idées. Si
dans chaque nation , ceux à qui le Souverain
commet le gouvernement des peuples , en
étoient les ennemis par état , ce ne ſeroit pas
la peine de rechercher ce qu'ils doivent faire
pour les rendre heureux. Art. de M. Rouſſeau,
citoyen de Geneve.

EXISTENCE, *f. f.* (*t. Métaphyf.*)

CE mot opposé à celui de *NÉANT*, plus
étendu que ceux de *REALITÉ* & d'*AC-
TUALITÉ*, oppofés le premier à l'*APPA-
RENCE*, & le fecond à la *POSSIBILITÉ*,
fynonime de l'un & de l'autre, comme un
terme général l'eft des termes particuliers
qui lui font fubordonnés, (*voyez Synonime,*)
fignifie dans fa force grammaticale, l'état
d'une chofe en tant qu'elle exifte. Mais
qu'eft-ce qu'exifter ? Quelle notion les hommes ont-ils dans l'efprit lorfqu'ils pronon-
cent ce mot, & comment l'ont-ils acquife
ou formée ? La réponfe à ces queftions fera
le premier objet que nous difcuterons dans
cet article : enfuite, après avoir analyfé la
notion de l'exiftence, nous examinerons la
maniere dont nous paffons de la fimple impreffion paffive & interne, de nos fenfations
aux jugements que nous portons fur l'exiftence des objets, & nous effaierons d'établir les vrais fondements de toute certitude à
ces égards.

DE LA NOTION DE L'EXISTENCE.

JE PENSE, donc JE SUIS, difoit Defcartes.
Ce grand homme voulant élever fur des
fondements folides le nouvel édifice de fa
Philofophie, avoit bien fenti la néceffité
de fe dépouiller de toutes les notions ac-
quifes, pour appuyer déformais toutes fes

propofitions fur des principes dont l'évidence ne feroit fufceptible, ni de preuve, ni de doute ; mais il étoit bien loin de penfer que ce premier raifonnement, ce premier anneau par lequel il prétendoit faifir la chaîne entiere des connoiffances humaines, fuppofât lui-même des notions plus abftraites, & dont le développement étoit très-difficile ; celles de *Penfée* & d'*Exiftence*. Lock en nous apprenant, ou plutôt en nous démontrant le premier, que toutes les idées nous viennent des fens, & qu'il n'eft aucune notion dans l'efprit humain, à laquelle il ne foit arrivé en partant uniquement des fenfations, nous a montré le véritable point d'où les hommes font partis, & où nous devons nous replacer pour fuivre la génération de toutes leurs idées. Mon deffein n'eft cependant point ici de prendre l'homme au premier inftant de fon être, d'examiner comment fes fenfations font devenues des idées, & de difcuter fi l'expérience feule lui a appris à rapporter fes fenfations à des diftances déterminées, à les fentir les unes hors des autres, & à fe former l'idée d'étendue, comme le croit M. l'Abbé de Condillac ; ou fi, comme je le crois, les fenfations propres de la vue, du toucher, & peut-être de tous les autres fens, ne font pas néceffairement rapportées à une diftance quelconque les unes des autres, & ne préfentent pas par elles-mêmes l'idée de l'étendue. Voyez *Idée*, *Senfation*, *Vue*, *Toucher*, *Subftance fpirituelle*. Je n'ai pas befoin de ces recherches : fi l'homme à cet égard a quelque chemin à faire, il eft tout fait long-temps avant qu'il fonge à fe former la notion abftraite de l'exiftence ; & je puis bien le suppoſer arrivé à un point que les brutes ont certainement atteint, ſi nous avons droit de juger qu'elles ont une ame. Voyez *Ames des bêtes.* Il eſt au moins inconteſtable que l'homme a ſu voir avant que d'apprendre à raiſonner & à parler; & c'eſt à cette époque certaine que je commence à le conſidérer.

En le dépouillant donc de tout ce que le progrès de ſes réflexions lui a fait acquérir depuis, je le vois, dans quelque inſtant que je le prenne, ou plutôt je me ſens moi-même aſſaillir par une foule de ſenſations & d'images que chacun de mes ſens m'apporte, & dont l'aſſemblage me préſente un monde d'objets diſtincts les uns des autres, & d'un autre objet qui ſeul m'eſt préſent, par des ſenſations d'une certaine eſpece, & qui eſt le même que j'apprendrai dans la ſuite à nommer *MOI.* Mais ce monde ſenſible, de quels éléments eſt-il compoſé? De points noirs, blancs, rouges, verds, bleus, ombrés ou clairs, combinés en mille manieres, placés les uns hors des autres, rapportés à des diſtances plus ou moins grandes, & formant par leur contiguité une ſurface plus ou moins enfoncée ſur laquelle mes regards s'arrêtent; c'eſt à quoi ſe reduiſent toutes les images que je reçois par le ſens de la *Vue.* La nature opere devant moi ſur un eſpace indéterminé, préciſément comme le peintre opere ſur une toile. Les ſenſations de froid, de chaleur, de réſiſtance, que je reçois par le ſens du *Toucher,* me paroiſſent auſſi comme diſperſées çà & là dans un eſpace à trois dimenſions dont elles déterminent les différents points; & dans lequel, lorſque les points tangibles ſon con-

tigus, elles deſſinent auſſi des eſpeces d'i-
mages comme la *Vue* ; mais à leur maniere, & tranchées avec bien moins de netteté.
Le *Goût* me paroît encore une ſenſation
locale, toujours accompagnée de celles qui
ſont propres au *Toucher*, dont elle ſemble
une eſpece limitée à un organe particulier.
Quoique les ſenſations propres de l'*Ouie* &
de l'*Odorat* ne nous préſentent pas à la fois
(du moins d'une façon permanente) un
certain nombre de points contigus qui puiſſent former des figures, & nous donner une
idée d'étendue, elles ont cependant leur place dans cet eſpace dont les ſenſations de
la *Vue* & du *Toucher* nous déterminent les
dimenſions ; & nous leur aſſignons toujours
une ſituation, ſoit que nous les rapportions
à une diſtance éloignée de nos organes,
ou à ces organes mêmes. Il ne faut pas
omettre un autre ordre de ſenſations plus
pénétrantes, pour ainſi dire, qui, rapportées à l'intérieur de notre corps, en occu-
pant même quelquefois toute l'habitude,
ſembloient remplir les trois dimenſions de
l'eſpace, & porter immédiatement avec elles
l'idée de l'étendue ſolide. Je ferai de ces
ſenſations une claſſe particuliere, ſous le
nom de *Tact intérieur* ou *ſixieme ſens*, & j'y
rangerai les douleurs qu'on reſſent quelquefois dans l'intérieur des chairs dans la capa-
cité des inteſtins, & dans les os mêmes :
les nauſées, le mal-aiſe qui précede l'éva-
nouiſſement, la faim, la ſoif, l'émotion
qui accompagne toutes les paſſions, les friſ-
ſonnements, ſoit de douleur, ſoit de volup-
té ; enfin cete multitude de ſenſations con-
fuſes qui ne nous abandonnent jamais, qui
nous circonſcrivent en quelque ſorte notre

corps , qui nous le rendent toujours préfent, & que par cette raifon quelques métaphyficiens ont appellées *fens de la Coexiftence de notre Corps.* Voyez les articles *Sens* & *Toucher.* Dans cette efpece d'analyfe de toutes nos idées purement fenfibles , je n'ai point rejetté les expreffions qui fuppofent des notions réfléchies , & des connoiffances d'un ordre bien poftérieur à la fimple fenfation : il falloit bien m'en fervir. L'homme réduit aux fenfations, n'a point de langage , & il n'a pu les défigner que par les noms des organes dont elles font propres , ou des objets qui les excitent ; ce qui fuppofe tout le fyftéme de nos jugements fur l'exiftence des objets extérieurs , déjà formés. Mais je fuis fûr de n'avoir peint que la fituation de l'homme réduit aux fimples impreffions des fens , & je crois avoir fait l'énumération exacte de celle qu'il éprouve : il en réfulte que toutes les idées des objets que nous appercevons par les fens, fe réduifent, en derniere analyfe , à une foule de fenfations de *Couleur* , de *Réfiftance* , de *Son* , &c. rapportées à différentes diftances les unes des autres & répandues dans un efpace indéterminé , comme autant de points dont l'affemblage & les combinaifons forment un tableau folide (fi l'on peut employer ici ce mot dans la même acception que les Géometres ,) auquel tous nos fens à la fois fourniffent des images variées & multipliées indéfiniment.

Je fuis encore loin de la notion de l'*Exiftence* , & je ne vois jufqu'ici qu'une impreffion purement paffive , ou tout au plus le jugement naturel , par lequel plufieurs Métaphyficiens prétendent que nous tranfportons nos propres fenfations hors de nous-mêmes, pour les répandre fur les différents points de l'efpace que nous imaginons. *Voyez Senfation*, *Vue* & *Toucher*. Mais ce tableau compofé de toutes nos fenfations, cet univers idéal n'eft jamais le même deux inftants de fuite ; & la mémoire qui conferve dans le fecond inftant l'impreffion du premier, nous met à portée de comparer ces tableaux paffagers, & d'en obferver les différences (Le développement de ce phénomene n'appartient point à cet article, & je dois encore le fuppofer, parce que la mémoire n'eft pas plus le fruit de nos réflexions que la fenfation même. Voyez *Mémoire.*) Nous acquérons les idées de changement & de mouvement, (remarquez que je dis *Idée*, & non pas *Notion* ; voyez ces deux articles.) Plufieurs affemblages de ces points colorés, chauds ou froids, &c. nous paroiffent changer de diftance les uns par rapport aux autres, quoique les points eux-mêmes qui forment ces affemblages, gardent entr'eux le même arrangement ou la même coordination. Cette coordination, nous apprend à diftinguer ces affemblages des fenfations par maffes. Ces maffes de fenfations coordonnées, font ce que nous appellerons un jour *Objets* ou *Individus*. Voyez ces deux mots. Nous voyons ces individus s'approcher, fe fuir, difparoître quelquefois entiérement, ou pour reparoître encore. Parmi les objets ou grouppes de fenfations qui compofent ce tableau mouvant, il en eft un qui, quoique renfermé dans des limites très étroites en comparaifon du vafte efpace où flottent tous les autres, attire notre attention plus que tout le refte enfem-

ble. Deux chofes fur-tout le diftinguent ;
fa préfence continuelle, fans laquelle tout
difparoît, & la nature particuliere des fenfations qui nous le rendent préfent : toutes
les fenfations du *Toucher* s'y rapportent, &
circonfcrivent exactement l'efpace dans lequel il eft renfermé, le *Goût* & l'*Odorat*
lui appartient auffi ; mais ce qui attache
notre attention à cet objet d'une maniere
plus irréfiftible, c'eft le plaifir & la douleur, dont la fenfation n'eft jamais rapportée à un autre point de l'efpace. Par-là cet
objet particulier, non-feuleme t devient pour
nous le centre de tout l'un vers, & le point
d'où nous mefurons toutes les diftances ;
mais nous nous accoutumons encore à le
regarder comme notre être propre, & quoique les fenfations qui nous peignent la lune
& les étoiles, ne foient pas plus diftinguées
de nous que celles qui fe rapportent à notre corps, nous les regardons comme étrangeres, & nous bornons le fentiment du *MOI*
à ce petit efpace circonfcrit par le plaifir &
par la douleur ; mais cet affemblage de fenfations auxquelles nous bornons ainfi notre
être, n'eft dans la réalité, comme tous les
autres affemblages des fenfations, qu'un objet
particulier du grand tableau qui forme l'univers idéal.

Tous les autres objets changent à tous
les inftants, paroiffent & difparoiffent, s'approchent & s'éloignent les uns des autres,
& de ce *MOI*, qui, par fa préfence continuelle, devient le terme néceffaire auquel
nous les comparons. Nous les appercevons
hors de nous, parce que l'objet que nous
appellons *NOUS*, n'eft qu'un objet particulier, comme eux, & que nous ne pouvons
rapporter

rapporter nos senfations à différents points d'un efpace, fans voir les affemblages de ces fenfations les uns hors des autres ; mais quoiqu'apperçus hors de nous, comme leur perception eft toujours accompagnée de cel-le du *MOI*, cette perception fimultanée éta-blit entr'eux & nous une relation de pré-fence qui donne aux deux termes de cette relation, le *MOI* & l'objet extérieur, toute la réalité que la confcience affure au fentiment du *MOI*.

Cette confcience de la préfence des objets n'eft point encore la notion de l'*Exiftence*, & n'eft pas même celle de préfence ; car nous verrons dans la fuite que tous les ob-jets de la fenfation ne font pas pour cela regardés comme préfents. Ces objets dont nous obfervons les diftances & les mouve-ments autour de notre corps, nous intéref-fent par les effets que ces diftances & ces mouvements nous paroiffent produire fur lui, c'eft-à-dire, par les fenfations de plai-fir & de douleur, dont ces mouvements font accompagnés ou fuivis. La facilité que nous avons de changer à volonté la diftance de notre corps aux autres objets immobiles, par un mouvement que l'effort qui l'accom-pagne nous empêche d'attribuer à ceux-ci, nous fert à chercher les objets dont l'ap-proche nous donne du plaifir, à éviter ceux dont l'approche eft accompagnée de douleur. La préfence de ces objets devient la fource de nos defirs & de nos craintes, & le motif des mouvements de notre corps, dont nous dirigeons la marche au milieu de tous les autres corps, précifément comme un pilote conduit une barque, fur une mer femée de rochers, & couverte de barques ennemies.

Cette comparaison, que je n'emploie point à titre d'ornement, sera d'autant plus propre à rendre mon idée sensible, que la circonstance où se trouve le pilote, n'est qu'un cas particulier de la situation où se trouve l'homme dans la nature, environné pressé, traversé, choqué par tous les êtres : suivons-la. Si le pilote ne pensoit qu'à éviter les rochers qui paroissent à la surface de la mer, le naufrage de sa barque, entr'ouverte par quelque écueil caché sous les eaux, lui apprendroit sans doute à craindre d'autres dangers que ceux qu'il apperçoit ; il n'iroit pas bien loin non plus, s'il falloit qu'en partant, il vît le port où il desire arriver. Comme lui, l'homme est bientôt averti par les effets trop sensibles d'êtres qu'il avoit cessé de voir, soit en s'éloignant, soit dans le sommeil, ou seulement en fermant les yeux, que les objets ne font point anéantis pour avoir disparu, & que les limites de ses sensations ne font point les limites de l'univers. De là naît un nouvel ordre de choses, un nouveau monde intellectuel, aussi vaste que le monde sensible étoit borné. Si un objet emporté loin du spectateur par un mouvement rapide, se perd enfin dans l'éloignement, l'imagination suit son cours au delà de la portée des sens, prévoit ses effets, mesure sa vîtesse ; elle conserve le plan des situations relatives des objets que les sens ne voient plus ; elle tire des lignes de communication des objets de la sensation actuelle à ceux de la sensation passée, elle en mesure la distance, elle en détermine la situation dans l'espace ; elle parvient même à prévoir les changements qui ont dû arriver dans cette situation, par

la vîteſſe plus ou moins grande de leur
mouvement. L'expérience vérifie tous ces
calculs, & dès-là ces objets abſents entrent,
comme les préſents, dans le ſyſtême général de nos deſirs, de nos craintes, des motifs de nos actions, & l'homme, comme le
pilote, évite & cherche des objets qui échap-
pent à tous ſes ſens.

Voilà une nouvelle chaîne & de nouvelles relations, par leſquelles les êtres ſuppo-
ſés hors de nous, ſe lient encore à la conſcience du *MOI*, non plus par la ſimple
perception ſimultanée, puiſque ſouvent ils
ne ſont point apperçus du tout, mais par
la connexité qui enchaîne entr'eux les
changements de tous les êtres & nos propres ſenſations, comme cauſes & effets les
uns des autres. Comme cette nouvelle chaîne de rapports s'étend à une foule d'objets
hors de la portée des ſens, l'homme eſt forcé de ne plus confondre les êtres mêmes
avec ſes ſenſations, & il apprend à diſtinguer les uns des autres ces objets préſents,
c'eſt-à-dire, renfermés dans les limites de
la ſenſation actuelle, & liés avec la conſcience du *MOI*, par une perception ſimultanée, & les objets abſents, c'eſt-à-dire, des
êtres indiqués ſeulement par leurs effets,
ou par la mémoire des ſenſations paſſées, que
nous ne voyons pas, mais qui par un enchaînement quelconque de cauſes & d'effets,
agiſſent ſur ce que nous voyons ; que nous
verrions s'ils étoient placés dans une ſituation & à une diſtance convenable, & que
d'autres êtres ſemblables à nous, voient peut-
être dans le moment même ; c'eſt-à-dire encore, que ces êtres, ſans nous être préſents par
la voie des ſenſations, forment entr'eux,

avec ce que nous voyons, & avec nous-mêmes, une chaîne de rapports, ſoit d'actions réciproques, ſoit de diſtance ſeulement ; rapports dans leſquels le *MOI* étant toujours un des termes, la réalité de tous les autres nous eſt certifiée par la conſcience de ce *MOI*.

Eſſayons à préſent de ſuivre la notion de l'*Exiſtence* dans les progrès de ſa formation. Le premier fondement de cette notion eſt la conſcience de notre propre ſenſation, & le ſentiment du *MOI* qui réſulte de cette conſcience. La relation néceſſaire entre l'être appercevant & l'objet apperçu, conſidéré hors du *MOI*, ſuppoſe dans ces deux termes la même réalité ; il y a dans l'un & dans l'autre un fondement de cette relation, que l'homme, s'il avoit un langage, pourroit déſigner par le nom commun d'*Exiſtence* ou de *préſence* ; car ces deux notions ne ſeroient point encore diſtinguées l'une de l'autre.

L'habitude de voir reparoître les objets ſenſibles après les avoir perdus quelque temps, & de retrouver en eux les mêmes caractères & la même action ſur nous, nous a appris à connoître les êtres par d'autres rapports que par nos ſenſations, & à les en diſtinguer. Nous donnons, ſi j'oſe ainſi parler, notre aveu à l'imagination, qui nous peint ces objets de la ſenſation paſſée avec les mêmes couleurs que ceux de la ſenſation préſente, & qui leur aſſigne, comme celle-ci, un lieu dans l'eſpace dont nous nous voyons environnés ; & nous reconnoiſſons par conſéquent entre ces objets imaginés & nous, les mêmes rapports de diſtance & d'action mutuelle que nous obſervons entre les objets actuels de la sensation. Ce rapport nouveau ne se termine pas moins à la conscience du *MOI*, que celui qui est entre l'être apperçu & l'être appercevant ; il ne suppose pas moins dans ces deux termes la même réalité, & un fondement de leur relation, qui a pu être encore désigné par le nom commun d'*Existence* ; ou plutôt, l'action même de l'imagination, lorsqu'elle représente ces objets avec les mêmes rapports d'action & de distance, soit entr'eux, soit avec nous, est telle, que les objets actuellement présens aux sens, peuvent tenir lieu de ce nom général, & devenir comme un premier langage qui renferme sous le même concept la réalité des objets actuels de la sensation, & celle de tous les êtres que nous supposons répandus dans l'espace. Mais il est très-important d'observer que, ni la simple sensation des objets présents, ni la peinture que fait l'imagination des objets absens, ni le simple rapport de distance ou d'activité réciproque, communs aux uns & aux autres, ne sont précisément la chose que l'esprit voudroit désigner par le nom commun d'*Existence* ; c'est le fondement même de ces rapports, supposé commun au *MOI*, à l'objet vu & à l'objet simplement distant, sur lequel tombent véritablement & le nom d'*Existence* & notre affirmation, lorsque nous disons qu'une chose existe. Ce fondement commun n'est ni ne peut être connu immédiatement, & ne nous est indiqué que par les rapports différents qui le supposent ; nous nous en formons cependant une espece d'idée que nous tirons par voie d'abstraction du témoignage que la conscience nous rend de nous - mêmes & de notre fenfation actuelle ; c'eft-à-dire, que nous transportons en quelque forte cette confcience du *MOI* fur les objets extérieurs, par une efpece d'affimilation vague, démentie auffi tôt par la féparation de tout ce qui caractérife le *MOI*, mais qui ne. fuffit pas moins, pour devenir le fondement d'une abftraction ou d'un figne commun, & pour être l'objet de nos jugements. Voyez *Abftraction* & *Jugement*.

Le concept de l'*Exiftence* eft donc le même dans un fens, foit que l'efprit ne l'attache qu'aux objets de la fenfation, foit qu'il l'étende fur les objets que l'imagination lui préfente avec des relations de diftance & d'activité, puifqu'il eft toujours primitivement renfermé dans la confcience même du *MOI* généralifé plus ou moins. A voir la maniere dont les enfans prêtent du fentiment à tout ce qu'ils voient, & l'inclination qu'ont eue les premiers hommes à répandre l'intelligence & la vie dans toute la nature, je me perfuade que le premier pas de cette généralifation a été de prêter à tous les objets vus hors de nous, tout ce que la confcience nous rapporte de nous-mêmes, & qu'un homme, à cette premiere époque de la raifon, auroit autant de peine à reconnoître une fubftance purement matérielle, qu'un matérialifte en a aujourd'hui à croire une fubftance purement fpirituelle, ou un Cartéfien à recevoir l'attraction. Les différences que nous avons obfervées entre les animaux & les autres objets, nous ont fait retrancher de ce concept l'intelligence, & fucceffivement la fenfibilité.

Nous avons vu qu'il n'avoit été d'abord étendu qu'aux objets de la fenfation actuelle ;

& c'est à cette sensation rapportée hors de nous, qu'il étoit attaché, ensorte qu'elle en étoit comme le signe inséparable, & que l'esprit ne pensoit pas à l'en distinguer. Les relations de distance & d'activité des objets à nous, étoient cependant apperçues ; elles indiquoient aussi avec le *MOI* un rapport qui supposoit également le fondement commun auquel le concept de *l'Existence* emprunté de la conscience du *MOI*, n'étoit pas moins applicable ; mais comme ce rapport n'étoit présenté que par la sensation elle-même, on ne dut y attacher spécialement le concept de l'*Existence*, que lorsqu'on reconnut des objets absents. Au défaut du rapport de sensation, qui cessoit d'être général, le rapport de distance & d'activité généralisé par l'imagination, & transporté des objets de la sensation actuelle à d'autres objets supposés, devint le signe de l'*Existence* commun au deux ordres d'objets ; & le rapport de sensation actuelle ne fut plus que le signe de la présence, c'est-à-dire, d'un cas particulier compris sous le concept général d'*Existence*.

Je me sers de ces deux mots, pour abréger & pour désigner ces deux notions qui commencent effectivement à cette époque à être distinguées l'une de l'autre, quoiqu'elles n'aient point encore acquis toutes les limitations qui doivent les caractériser dans la suite. Les sens ont leurs illusions, & l'imagination ne connoît point de bornes : cependant, & les illusions des sens, & les plus grands écarts de l'imagination, nous présentent des objets placés dans l'espace avec les mêmes rapports de distance & d'activité, que les impressions les plus régulieres

des sens & de la mémoire. L'expérience
seule a pu apprendre à distinguer la différence de ces deux cas, & à n'attacher qu'à
l'un de ces deux ce concept de l'*Existence*. On
remarqua bientôt que parmi ces tableaux,
il y en avoit qui se représentoient dans un
certain ordre, dont les objets produisoient
constamment les mêmes effets qu'on pouvoit prévoir, hâter ou fuir, & qu'il y en
avoit d'autres absolument passagers, dont les
objets ne produisoient aucun effet perma-
nent, & ne pouvoient nous inspirer ni craintes, ni desirs, ni servir de motifs à nos dé-
marches. Dès-lors ils n'entrerent plus dans
le système général des êtres au milieu
desquels l'homme doit diriger sa marche,
& l'on ne leur attribua aucun rapport avec
la conscience permanente du *MOI*, qui sup-
posât un fondement hors de ce *MOI*. On
distingua donc dans les tableaux des sens &
de l'imagination, les objets *Existants* des objets simplement *Apparents*, & la *Réalité* de
l'*Illusion*. La liaison & l'accord des objets
apperçus avec le système général des êtres
déjà connus, devint la regle pour juger de
la réalité des premiers ; & cette regle ser-
vit aussi à distinguer la sensation de l'imagination dans les cas où la vivacité des
images & le manque de points de comparaison auroit rendu l'erreur inévitable, comme dans les songes & les délires : elle ser-
vit aussi à démêler les illusions des sens eux-
mêmes dans les miroirs, les réfractions,
&c. & ces illusions une fois constatées, on
ne s'en tint plus à séparer l'*Existence* de la
sensation ; il fallut encore séparer la sensation du concept de l'*Existence*, & même de
celui de présence, & ne la regarder plus que

comme un signe de l'une & de l'autre, qui pourroit quelquefois tromper.

Sans développer avec autant d'exactitude que l'ont fait depuis les Philosophes modernes, la différence de nos sensations & des êtres qu'elles représentent, sans savoir que les sensations ne sont que des modifications de notre ame, & sans trop s'embarrasser si les êtres existants & les sensations forment deux ordres de chose entiérement séparés l'un de l'autre, & liés seulement par une correspondance plus ou moins exacte, & relative à de certaines loix ; on adopta de cette idée tout ce qu'elle a de pratique. La seule expérience suffit pour diriger les craintes, les desirs, & les actions des hommes les moins Philosophes, relativement à l'ordre réel des choses, telle qu'elles existent hors de nous, & cela ne les empêche pas de continuer à confondre les sensations avec les objets mêmes, lorsqu'il n'y a aucun inconvénient pratiqué. Mais malgré cette confusion, c'est toujours sur le mouvement & la distance des objets, que se reglent nos craintes, nos desirs & nos propres mouvements : ainsi l'esprit dut s'accoutumer à séparer totalement la sensation de la notion d'*Existence* ; & il s'y accoutuma tellement, qu'on en vint à la séparer aussi de la notion de présence, ensorte que ce mot *Présence*, signifie non-seulement l'*Existence* d'un objet actuellement apperçu par les sens, mais qui s'étend même à tout objet renfermé dans les limites, où les sens peuvent actuellement appercevoir, & placé à leur portée, soit qu'il soit apperçu ou non.

Dans ce systême général des êtres qui nous environnent, sur lesquels nous agissons, &

G v

qui agiſſent ſur nous à leur tour, il en eſt que nous avons vus paroître & reparoître ſucceſſivement, que nous avons regardés comme partie du ſyſtême où nous ſommes placés nous-mêmes, & que nous ceſſons de voir pour jamais : il en eſt d'autres que nous n'avons jamais vus, & qui ſe montrent tout-à-coup au milieu des êtres, pour y paroître quelque tems, & diſparoître enfin ſans retour. Si cet effet n'arrivoit jamais que par un tranſport local, qui ne fît qu'éloigner l'objet pour toujours de la portée de nos ſens : ce ne ſeroit qu'une abſence durable : mais un médiocre volume d'eau, expoſé à un air chaud, diſparoît ſous nos yeux ſans mouvement apparent : les arbres & les animaux ceſſent de vivre, & il n'en reſte qu'une très-petite partie méconnoiſſable, ſous la forme d'une cendre légere. Par-là nous acquérons les notions de deſtruction, de mort, d'anéantiſſement. De nouveaux êtres, du même genre que les premiers, viennent les remplacer ; nous prévoyons la fin de ceux-ci en les voyant naître, & l'expérience nous apprendra à en attendre d'autres après eux. Ainſi nous voyons les êtres ſe ſuccéder comme nos penſées. Ce n'eſt point ici le lieu d'expliquer la génération de la notion du tems, ni de montrer comment celle de l'*exiſtence* concourt avec la ſucceſſion de nos penſées à nous la donner. Voyez *Succeſſion, temps* & *durée*. Il ſuffit de dire que lorſque nous avons ceſſé d'attribuer aux objets ce rapport avec nous, qui leur rendoit commun le témoignage que nos propres penſées nous rendent de nous-mêmes, la mémoire, en nous rappellant leur image nous rapelle en même-tems ce rapport qu'ils avoient avec nous, dans un tems où d'autres penſées qui ne font plus , nous rendoient témoignage de nous-mêmes, & nous difons que ces objets *ont été ;* la mémoire leur affigne des époques & des diftances dans la durée comme dans l'étendue. L'imagination ne peut fuivre le cours des mouvements imprimés aux corps, fans comparer la durée avec l'efpace parcouru ; elle conclura donc du mouvement paffé & du lieu préfent , des nouveaux rapports de diftance qui ne font pas encore ; elle franchira les bornes du moment où nous fommes , comme elle a franchi les limites de la fenfation actuelle. Nous fommes forcés alors de détacher la notion d'*exiftence* de tout rapport avec nous & avec la confcience de nos penfées qui n'exifte pas encore , & qui n'exiftera peut-être jamais. Nous fommes forcés de nous perdre nous-mêmes de vue, & de ne plus confidérer , pour attribuer l'exiftence aux objets que leur enchaînement avec le fyftême total des êtres , dont l'exiftence ne nous eft, à la vérité, connue que par leur rapport avec la nôtre, mais qui n'en font pas moins indépendants , & qui n'exifteront pas moins , lorfque nous ne ferons plus. Ce fyftême , par la liaifon des caufes & des effets , s'étend indéfiniment dans la durée comme dans l'efpace. Tant que nous fommes, un des termes auquel fe rapportent toutes les autres parties par une chaîne de relations actuelles , dont la confcience de nos penfées préfentes eft le témoin , les objets exiftent. Ils ont exifté , fi pour en retrouver l'enchaînement avec l'état préfent du fyftême , il faut remonter des effets à leurs caufes ; ils exifteront , s'il faut au contraire defcendre des caufes aux effets : ainfi l'exiftence eft paffée , préfente , ou future.

G vj

suivant qu'elle est rapportée par nos jugements à différents points de la durée.

Mais soit que l'existence des objets soit
passée, présente ou future, nous avons vu
qu'elle ne peut nous être confiée, si elle n'a,
ou par elle-même, ou par l'enchaînement des
causes & des effets, un rapport avec la conscience du *MOI*, ou de notre existence mo-
mentanée. Cependant quoique nous ne puis-
sions sans ce rapport assurer l'existence d'un
objet, nous ne sommes pas pour cela auto-
risés à la nier, puisque ce même enchaînement de causes & d'effets établit des rapports
de distance & d'activité entre nous & un
grand nombre d'êtres que nous ne connoissons que dans un très-petit nombre d'instants
de leur durée, ou qui même ne parviennent
jamais à notre connoissance. Cet état d'incertitude, ne nous présente que la simple
notion de possibilité, qui ne doit pas exclure
l'existence, mais qui ne la renferme pas nécessairement. Une chose possible qui existe,
est une chose actuelle; ainsi toute chose actuelle, est existante, & toute chose existante
est actuelle, quoiqu'*existence* & *actualité* ne
soient pas deux mots parfaitement syno-
nymes, parce que celui d'existence est abso-
lu, & celui d'actualité est corrélatif de possibilité.

Jusqu'ici nous avons développé la notion
d'*existence*, telle qu'elle est dans l'esprit de
la plupart des hommes, les premiers fondements, la maniere dont elle a été formée par
une suite d'abstractions de plus en plus générales & très-différentes d'avec les notions
qui lui sont relatives ou subordonnées, mais
nous ne l'avons pas encore suivie jusqu'à ce

point d'abstraction & de généralité où la philosophie l'a portée. En effet, nous avons vu comment le sentiment du *MOI*, que nous regardons comme la source de la notion d'*existence*, a été transporté par abstraction aux sensations mêmes regardées comme des objets hors de nous ; comment ce sentiment de *MOI* a été généralisé en en séparant l'intelligence & tout ce qui caractérise notre être propre ; comment ensuite une nouvelle abstraction l'a encore transporté des objets de la sensation à tous ceux dont les effets nous indiquent un rapport quelconque de distance ou d'activité avec nous-mêmes. Ce dégré d'abstraction a suffi pour l'usage ordinaire de la vie, & la philosophie seule a eu besoin de faire quelques pas de plus ; mais elle n'a eu qu'à marcher dans la même route ; car, puisque les relations de distance & d'activité ne sont point précisément la notion de l'*existence*, & n'en sont en quelque sorte que le signe nécessaire, comme nous l'avons vu, puisque cette notion n'est que le sentiment du *MOI* transporté par abstraction, non à la relation de distance, mais à l'objet même qui est le terme de cette abstraction, on a le même droit d'étendre encore cette notion à de nouveaux objets, en la resserrant par de nouvelles abstractions, & d'en séparer toute relation avec nous de distance & d'activité, comme on en avoit précédemment séparé la relation de l'être apperçu à l'être appercevant. Nous avons reconnu que ce n'étoit plus par le rapport immédiat des êtres avec nous, mais par leur raison, avec le système général dont nous faisons partie, qu'il falloit juger de leur *existence*. Il est vrai que le système est toujours lié avec nous par

la conscience de nos pensées présentes; mais il
n'est pas moins vrai que nous n'en sommes
pas parties essentielles, qu'il existoit avant
nous, qu'il existera après nous, & que, par
conséquent le rapport qu'il a avec nous n'est
point nécessaire pour qu'il existe ; & l'est
seulement pour que son *existence* nous soit
connue : par conséquent d'autres systêmes
entiérement semblables peuvent exister dans
la vaste étendue de l'espace, isolés au milieu
les uns des autres, sans aucune activité réciproque, & avec la seule relation de distance, puisqu'ils sont dans l'espace. Et qui
nous a dit qu'il ne peut pas y avoir aussi
d'autres systêmes composés d'êtres qui n'ont
pas, même entre eux, ce rapport de distance, & qui n'existent point dans l'espace ?
Nous ne les concevons point : qui nous a
donné le droit de nier tout ce que nous ne
concevons pas , & de donner nos idées
pour bornes à l'univers ? Nous-mêmes sommes-nous bien sûrs d'exister dans un lieu, &
d'avoir avec un autre être des rapports de
distance ? Sommes-nous bien sûrs que cet
ordre de sensations rapportées à des distances
idéales les unes des autres , corresponde
exactement avec l'ordre réel de la distance des
êtres existants ? Sommes-nous bien sûrs que
la sensation qui nous rend témoignage de
notre propre corps, lui fixe dans l'espace une
place mieux déterminée, que la sensation
qui nous rend témoignage de l'existence des
étoiles, & qui nécessairement détournée par
l'aberration, nous les fait toujours voir où
elles ne sont pas? *Voyez sensation* & *substance
spirituelle.* Or, si le *MOI*, dont la conscience
est l'unique source de la notion d'*existence*,
peut n'être pas lui-même dans l'espace, com-

ment cette notion renfermeroit-elle néceſ-
fairement un rapport de diſtance avec nous?
Il faut donc encore l'en ſéparer comme on en
a ſéparé le rapport d'activité & celui de ſenſation. Alors la notion d'*exiſtence* ſera auſſi
abſtraite qu'elle peut l'être, & n'aura d'autre
ſigne que le mot même d'*exiſtence* ; ce mot ne
répondra, comme on le voit, à aucune idée
ni des ſens ni de l'imagination, ſi ce n'eſt à
la conſcience du *MOI*, mais généraliſée &
ſéparée, non-ſeulement de tout ce qui caracté-
riſe le *MOI*, mais même de tous les objets
auxquels elle a pu être tranſportée par abſ-
traction. Je ſai bien que cette généraliſation
renferme une vraie contradiction ; mais toutes les abſtractions ſont dans le même cas, &
c'eſt pour cela que leur généralité n'eſt jamais
que dans les ſignes, & non dans les choſes.
Idée abſtraite.

La notion d'*exiſtence* n'étant compoſée d'aucune autre idée particuliere que de la conſcience même du *MOI*, qui eſt néceſſairement
une idée ſimple, étant d'ailleurs applicable à
tous les êtres ſans exception ; ce mot ne peut
être, à proprement parler, défini, & il ſuffit
de montrer par quels degrés la notion qu'il
déſigne a pu ſe former.

Je n'ai pas cru néceſſaire pour ce développement, de ſuivre la marche du langage & la
formation des noms qui répondent à *l'exiſtence*,
parce que je regarde cette notion comme fort
antérieure aux noms qu'on lui a donnés ;
quoique ces noms ſoient un des premiers
progrès des langues. *Voyez Langue & Verbe
ſubſtantif.*

Je ne traiterai pas non plus de pluſieurs
queſtions agitées par les ſcholaſtiques ſur
l'exiſtence connue : *ſi elle convient aux modes ;*

ſi elle n'eſt propre qu'à des individus, &c. la ſolution de ces queſtions doit dépendre de ce que l'on entend par *Exiſtence*, & il n'eſt pas difficile d'y appliquer ce que j'ai dit. *Voyez Identité*, *ſubſtance*, *mode & individu*. Je ne me ſuis que trop étendu, peut-être, ſur une analyſe beaucoup plus difficile qu'elle ne paroîtra importante ; mais j'ai cru que la ſituation de l'homme dans la nature, au milieu des autres êtres, la chaîne que ſes ſenſations établiſſent entr'eux & lui, & la maniere dont il enviſage ſes rapports avec eux, devoient être regardés comme les fondements mêmes de la philoſophie, ſur leſquels rien n'eſt à négliger. Il ne me reſte qu'à examiner quelle ſorte de preuves nous avons de l'*exiſtence* des êtres extérieurs.

DES PREUVES DE L'EXISTENCE

DES ÉTRES EXTÉRIEURS.

DANS la ſuppoſition où nous ne connoîtrions d'autres objets que ceux qui nous ſont préſents par la ſenſation, le jugement par lequel nous regarderions les objets comme placés hors de nous, & répandus dans l'eſpace à différentes diſtances, ne ſeroit point une erreur ; il ne ſeroit que le fait même de l'impreſſion que nous éprouvons, & il ne tomberoit que ſur une relation entre l'objet & nous, c'eſt-à-dire, entre deux choſes également idéales, dont la diſtance ſeroit auſſi purement idéale & du même ordre que les deux termes. Car le *MOI* auquel la diſtance de l'objet feroit alors comparé, ne feroit jamais qu'un objet particulier du tableau que nous offre l'enfemble de nos fenfations. Il ne nous feroit rendu préfent, comme tous les autres objets, que par des fenfations, dont la place feroit déterminée relativement à toutes les autres fenfations qui compofent le tableau ; & il n'en différeroit que par le fentiment de la confcience, qui ne lui affigne aucune place dans un efpace abfolu. Si nous nous trompions alors en quelque chofe, ce feroit bien plutôt en ce que nous bornons cette confcience du *MOI* à un objet particulier, quoique toutes les autres fenfations répandues autour de nous foient peut-être également des modifications de notre fubftance. Mais puifque Rome & Londres exiftent pour nous lorfque nous fommes à Paris, puifque nous jugeons les êtres comme exiftants indépendamment de nos fenfations & de notre propre exiftence, l'ordre de nos fenfations qui fe préfentent à nous les unes hors des autres, & l'ordre des êtres placés dans l'efpace à des diftances réelles les unes des autres, forment donc deux ordres de chofes, deux mondes féparés, dont un au moins (c'eft l'ordre réel) eft abfolument indépendant de l'autre. Je dis *un au moins*, car les réflexions, les réfractions de la lumiere, & tous les jeux de l'optique, les peintures de l'imagination, & fur-tout les illufions des fonges, nous prouvent fuffifamment, que toutes les impreffions des fens, c'eft-à-dire, les perceptions des couleurs, des fons, du froid, du chaud, du plaifir & de la douleur, peuvent avoir lieu, & nous repréfenter autour de nous des objets, quoique ceux-ci n'aient aucune exiftence réelle.

Il n'y auroit donc aucune contradiction à ce que le même ordre de sensation, telles que nous les éprouvons, eût lieu, qu'il existât sans aucune autre être ; & de là naît une très-grande difficulté contre la certitude des jugements que nous portons sur l'ordre réel des choses, puisque ces jugements ne sont & ne peuvent être appuyés que sur l'ordre idéal de nos sensations.

Tous les hommes qui n'ont point élevé leur notion de l'*existence*, au dessus du degré d'abstraction par lequel nous transportons cette notion des objets immédiatement sentis, aux objets qui ne sont qu'indiqués par leurs effets, & rapportés à des distances hors de la portée de nos sens, (voyez la premiere partie de cet article) confondent dans leurs jugements ces deux ordres de choses. Ils croient voir, ils croient toucher les corps ; & quant à l'idée qu'ils se forment de l'*existence* des corps invisibles, l'imagination les leur peint revêtus des mêmes qualités sensibles ; car c'est le nom qu'ils donnent à leurs propres sensations, & ils ne manquent pas d'attribuer ainsi ces qualités à tous les êtres. Ces hommes-là, quand ils voient un objet où il n'est pas, croient que des images fausses ou trompeuses ont pris la place de cet objet, & ne s'apperçoivent pas que leur jugement seul est faux.

Il faut l'avouer, la correspondance entre l'ordre des sensations & l'ordre des choses, est telle sur la plupart des objets dont nous sommes environnés, & qui font sur nous les impressions les plus vives & les plus relatives à nos besoins, que l'expérience commune de la vie ne nous fournit aucun secours contre ce faux jugement, & qu'ainsi il de-

vient en quelque forte naturel & involontaire. On ne doit pas être étonné que la
plupart des hommes ne puiffent pas imaginer qu'on a befoin de prouver l'exiftence des
corps. Les philofophes qui ont plus généralifé la notion de l'*exiftence*, ont reconnu que
leurs jugements & leurs fenfations tomboient
fur deux ordres de chofes très-différents, &
ils ont fenti la difficulté d'affurer leurs jugements fur un fondement folide. Quelques-
uns ont tranché le nœud en niant l'exiftence
de tous les objets extérieurs , & en n'ad-
mettant d'autre réalité que celle de leurs
idées : on les a appellés *Egoïftes* & *Idéaliftes.*
Voyez *Egoïfme* & *Idéalifme.* Quelques autres
fe font contentés de nier l'*exiftence* des im-
matérialiftes. Ces erreurs font trop fubtiles,
pour être fort répandues ; à peine en con-
noît-on quelques partifans, fi ce n'eft chez
les philofophes Indiens , parmi lefquels on
prétend qu'il y a une fecte d'*Egoïftes.* C'eft
le célebre Evêque de Cloyne, le docteur Ber-
keley, connu par un grand nombre d'ouvrages tous remplis d'efprits & d'idées fingulieres , qui , par les dialogues d'*Hylas* & de
Philonoüs , a dans ces derniers temps réveillé
l'attention des métaphyficiens fur ce fyftême
oublié. Voyez *Corps.* La plupart ont trouvé
plus court de le méprifer que de lui répondre , & cela étoit en effet plus aifé. On ef-
faiera dans l'article *Immatérialifme* , de réfuter fes raifonnements, & d'établir l'exiftence
de l'univers matériel : on fe bornera dans
celui-ci à montrer combien il eft néceffaire
de lui répondre, & à indiquer le feul genre
de preuves dont on puiffe fe fervir pour affurer non-feulement l'exiftence des corps ,
mais encore la réalité de tout ce qui n'eft

pas compris dans notre senſation actuelle & inſtantanée.

Quant à la néceſſité de donner des preuves de l'exiſtence des corps & de tous les êtres extérieurs, en diſant que l'expérience & le méchaniſme connu de nos ſens, prouve que la ſenſation n'eſt point l'objet qu'elle peut exciter ſans aucun objet hors de nous, & que cependant nous ne voyons véritablement que la ſenſation, l'on croiroit avoir tout dit, ſi quelques métaphyſiciens, même parmi ceux qui ont prétendu réfuter Bekeley, n'avoient encore recours à je ne ſai quelle préſence des objets par le moyen des ſenſations, & à l'inaction qui nous porte involontairement à nous fier là-deſſus à nos ſens. Mais comment la ſenſation pourroit-elle être immédiatement & par elle-même un témoignage de la préſence des corps, puiſqu'elle n'eſt point le corps, & ſur-tout puiſque l'expérience nous montre tous les jours des occaſions où cette ſenſation exiſte ſans le corps? Prenons celui des ſens auquel nous devons le plus grand nombre d'idées, la *Vue*. Je vois un corps, c'eſt-à-dire, que j'apperçois à une diſtance quelconque une image colorée de telle ou telle façon; mais qui ne ſait que cette image ne frappe mon ame, que parce qu'un faiſceau de rayons mis avec telle ou telle viteſſe eſt venu frapper ma retine, ſous tel ou tel angle? Qu'importe donc de l'objet, pourvu que l'extrêmité des rayons ait ſon effet, ſi les filets nerveux qui tranſmettent la ſenſation de la retine au *Senſorium*, ſont agités des mêmes vibrations que les rayons de lumiere leur auroient communiquées? Si l'on veut accorder au ſens du *Toucher* une confiance plus entiere qu'à celui

de la *Vue*, fur quoi fera fondée cette confiance ? Sur la proximité de l'objet & de l'organe ? Mais ne pourrai-je pas toujours appliquer ici le même raifonnement que j'ai
fait fur la *Vue* ? N'y a-t-il pas auffi depuis les
extrêmités des papilles nerveufes, répandues
fous l'épiderme, une fuite d'ébranlements
qui doit communiquer au *Senforium* ? Qui
peut nous affurer que cette fuite d'ébranlements ne peut commencer que par une impreffion faite fur l'extrêmité extérieure du
nerf, & non par une impreffion quelconque
qui commence fur le milieu ? En général,
dans la méchanique de tous nos fens, il y
a toujours une fuite de mouvements tranfmis
par une fuite de corps dans une certaine direction, depuis l'objet qu'on regarde comme
la caufe de la fenfation, jufqu'au *Senforium*,
c'eft-à-dire, jufqu'au dernier organe, au mouvement duquel la fenfation eft attachée : or,
dans cette fuite, le mouvement & la direction du point qui touche immédiatement le
Senforium, ne fuffit-il pas pour nous faire
éprouver la fenfation, & n'eft-il pas indifférent à quel point de la fuite le mouvement
ait commencé, & fuivant quelle direction il
ait été tranfmis ? N'eft-ce pas par cette raifon que, quelle que foit la courbe décrite dans
l'atmofphere par les rayons, la fenfation eft
toujours rapportée dans la direction de la
tangente de cette courbe ? Ne puis-je pas
regarder chaque filet nerveux par lequel les
ébranlements parviennent jufqu'au *Senforium*,
comme une efpece de rayon ? Chaque point
de ce rayon ne peut-il pas recevoir immédiatement un ébranlement pareil à celui
qu'il auroit reçu du point qui le précede, &
dans ce cas n'éprouverons-nous pas la fen-

fation, fans qu'elle ait été occafionnée par
l'objet auquel nous la rapportons ? Qui a pu
même nous affurer que l'ébranlement de nos
organes eft la feule caufe poffible de nos fenfations ? En connoiffons-nous la nature ? Si
par un dernier effort, on réduit la préfence
immédiate des objets de nos fenfations à
notre corps, je demanderai en premier lieu
par où notre corps nous eft rendu préfent ;
fi ce n'eft pas auffi par des fenfations rapportées à différens points de l'efpace, & pourquoi ces fenfations fuppcferoient plutôt l'exiftence d'un corps diftingué d'elle, que les
fenfations qui nous repréfentent des arbres,
des maifons, &c. & que nous rapportons
auffi à différents points de l'efpace ? Pour moi
je n'y vois d'autre différence, finon que les
fenfations rapportées à notre corps, font ac-
compagnées de fentiments plus vifs, ou de
plaifir ou de douleur ; mais je n'imagine pas
pourquoi une fenfation de douleur fuppofe-
roit plus néceffairement un corps malade,
qu'une fenfation de bleu ne fuppofe un corps
réfléchiffant des rayons de lumiere. Je demanderai en fecond lieu, fi les hommes à qui on
a coupé des membres, & qui fentent des
douleurs très-vives qu'ils rapportent à ces
membres retranchés, ont par ces douleurs
un fentiment immédiat de la préfence du
bras ou de la jambe qu'ils n'ont plus ? Je ne
m'arrêterai pas à réfuter les conféquences
qu'on voudroit tirer de l'inclination que nous
avons à croire l'exiftence des corps ; malgré
tous les raifonnements métaphyfiques, nous
avons la même inclination à répandre nos
fenfations fur la furface des objets extérieurs,
& tout le monde fait que l'habitude fuffit
pour nous rendre les jugements les plus faux

presque naturels. Voyez *Couleur*. Concluons qu'aucune sensation ne peut immédiatement & par elle-même nous assurer de l'existence d'aucun corps.

Ne pourrons-nous donc sortir de nous-mêmes de cette espece de prison, où la nature nous retient enfermés & isolés au milieu de tous les êtres ? Faudra-t-il nous réduire avec les *Idéalistes* à n'admettre d'autre réalité que notre propre sensation ? Nous connoissons un genre de preuves, auquel nous sommes accoutumés à nous fier ; nous n'en avons même pas d'autres pour nous assurer de l'esistence des objets qui ne sont pas actuellement présens à nos sens, & sur lesquels cependant nous n'avons aucune espece de doute : c'est l'induction qui se tire des effets pour remonter à la cause. Le témoignage, source de toute certitude historique, & les monuments qui confirment le témoignage, ne sont que des phénomenes qu'on explique par la supposition du fait historique. Dans la physique, l'ascension du vif argent dans les tubes par la pression de l'air, le cours des astres, le mouvement diurne de la terre, & son mouvement annuel autour du soleil, la gravitation des corps, sont autant de faits qui ne sont prouvés que par l'accord exact de la supposition qu'on en a faite avec les phénomenes observés. Or, quoique nos sensations ne soient ni ne puissent être des substances existantes hors de nous, quoique les sensations actuelles ne soient ni ne puissent être les sensations passées, elles sont des faits, & si, remontant de ces faits à leurs causes, on se trouve obligé d'admettre un systême d'êtres intelligents ou corporels, existants hors de nous, & une suite de sensations an-

térieures à la fenfation actuelle, enchaînées
à l'état antérieur du fyftême des êtres exiftants ; ces deux chofes, l'exiftence des êtres
exterieurs, & notre exiftence paffée, feront
appuyées fur le feul genre de preuves dont elle
puiffe être fufceptible : car, puifque la fenfation actuelle eft la feule chofe immédiatement
certaine, tout ce qui n'eft pas elle, ne peut
acquérir d'autre certitude que celle qui remon-
te de l'effet à fa caufe.

Or, on peut remonter d'un effet à fa caufe de deux manieres : ou le fait dont il
s'agit n'a pu être produit que par une feule caufe qu'il indique néceffairement, ou
qu'on peut démontrer la feule poffible par
la voie d'exclufion ; & alors la certitude de
la caufe eft précifément égale à celle de
l'effet. C'eft fur ce principe qu'eft fondé ce
raifonnement : quelque chofe exifte : donc
de toute éternité, il a exifté quelque chofe ;
& tel eft le vrai fondement des démonftra-
tions métaphyfiques de l'exiftence de Dieu.
Cette même forme de procéder s'emploie
auffi le plus communément dans une hy-
pothefe avouée, & d'après des loix connues de la nature : c'eft ainfi que les loix
de la chûte des graves étant données, la
vîteffe acquife d'un corps nous indique dé-
monftrativement la hauteur dont il eft tombé. L'autre maniere de remonter des effets
connus à la caufe inconnue, confifte à deviner la nature précifément comme une énig-
me, à imaginer fucceffivement une ou
plufieurs hyphothefes, à les fuivre dans leurs
conféquences, à les comparer aux circonftances du phénomene, à les effayer fur les
faits, comme on vérifie un cachet en l'ap-
pliquant fur fon empreinte. Ce font là les
fondements

fondements de l'art de déchiffrer ; ce font ceux de la critique des faits, ceux de la Phyfique. Et, puifque ni les êtres extérieurs, ni les faits paffés, n'ont avec la fenfation actuelle, aucune liaifon dont la néceffité nous foit démontrée, ce font auffi les feuls fondements poffibles de toute certitude au fujet de l'exiftence des êtres extérieurs & de notre exiftence paffée. Je n'entreprendrai point ici de développer comment ce genre de preuves croît en force depuis la vraifemblance, jufqu'à la certitude, fuivant que les degrés de correfpondance augmentent entre la caufe fuppofée & les phénomenes ; ni de prouver qu'elle peut donner à nos jugements toute l'affurance que nous defirons : cela doit être exécuté aux articles *Certitude* & *Probabilité* : à l'égard de l'application de ce genre de preuves à la certitude de la mémoire, c'eft à l'exiftence des corps ; voyez *Identité perfonnelle*, *Mémoire*, & *Immatérialifme*.

FAMILIARITÉ, *f. f.* (*Morale.*)

C'EST une liberté dans les difcours & dans les manieres, qui fuppofe entre les hommes de la confiance & de l'égalité. Comme on n'a pas dans l'enfance de raifon de fe défier de fon femblable, comme alors les diftinctions de rang & d'état, ou ne font pas, ou font imperceptibles, on n'apperçoit rien de contraint dans le commerce des enfants ; ils s'appuient fans crainte fur tout ce qui eft homme ; ils dépofent leurs fecrets dans les cœurs fenfibles de leurs compagnons : ils laiffent échapper leurs goûts, leurs efpérances, leurs caracteres. Mais leurs compagnons deviennent concurrents, & enfin rivaux : on ne court plus enfemble la même carriere ; on s'y rencontre, on s'y preffe, on s'y heurte : & bientôt on n'y marche plus qu'à couvert & avec précaution.

Mais ce font fur-tout les diftinctions de rang & d'état, plus que la concurrence dans le chemin de la fortune, ou la rivalité dans les plaifirs, qui font difparoitre dans l'âge mûr la familiarité du premier âge.

Elle refte toujours dans le peuple : il la conferve même avec fes fupérieurs, parce qu'alors, par une fotte illufion de l'amour-propre, ils croit s'égaler à eux. Le peuple ne ceffe d'être familier que par défiance, & les grands, que par la crainte de l'égalité. Ce qu'on appelle maintien, nobleffe dans les manieres, dignité, repréfentation, font des barrieres que les grands favent mettre entre eux & l'humanité, ils font ennemis de la familiarité, & quelques-uns même la craignent avec leurs égaux. Les uns, qui prétendent à une confidération qu'on ne peut accorder qu'à leur rang, & qu'on refuferoit à leur perfonne, s'élevent par leur état au deffus de tout ce qui les entoure, à proportion qu'ils prétendent plus, & qu'ils méritent moins ; d'autres qui ont cette dureté de cœur, qu'on n'a que trop fouvent quand on n'a point eu befoin des hommes, gênent les fentiments qu'ils infpirent, parce qu'ils ne pourroient les rendre. Ils aiment mieux qu'on leur manque de refpect & d'égards, parce qu'ils rendront des procédés & des attentions. Ils font à plaindre de peu fentir, mais à admirer s'ils font juftes.

Il y a dans tous les états, des hommes modestes & vertueux, qui se couvrent toujours de quelque nuage ; il semble qu'ils veuillent dérober leur vertu à la profanation des louanges ; dans l'amitié même, ils ne se montrent pas ; mais ils se laissent voir.

La familiarité est le charme le plus séduisant & le lien le plus doux de l'amitié. Elle nous fait connoître à nous-mêmes : elle développe les hommes à nos yeux ; c'est par elle que nous apprenons à traiter avec eux : elle donne de l'étendue & du ressort au caractere : elle lui assure sa forme distinctive ; elle aide un naturel aimable à sortir des entraves de la coutume, & à mépriser les détails minutieux de l'usage : elle répand, sur tout ce que nous sommes, l'énergie & les graces (voyez *Grace*,) elle accélere la marche des talens, qui s'animent & s'éclairent par les conseils libres de l'amitié : elle perfectionne la raison, parce qu'elle en exerce les forces : elle nous fait rougir : elle nous guérit des petitesses de l'amour-propre : elle nous aide à nous relever de nos fautes : elle nous les rend utiles. Hé ! comment les ames vertueuses pourroient-elles regretter de frivoles démonstrations de respect, quand on les en dédommage par l'amour & par l'estime ? Voyez *Egards*.

⁕═══════❦═══════⁕

FANATISME, *s. m.* (*Philosophie.*)

C'EST un zele aveugle & passionné, qui nait des opinions superstitieuses, & fait commettre des actions ridicules, injustes,

H ij

& cruelles, non-seulement sans honte & sans remords, mais encore avec une sorte de joie & de consolation. Le Fanatisme n'est donc que la superstition mise en action. *Voyez Superstition.*

Imaginez une immense Rotonde, un Panthéon à mille autels, & placé au milieu du dôme : figurez-vous un dévot de chaque secte éteinte ou subsistante, aux pieds de la divinité qu'il honore à sa façon, sous toutes les formes bizarres que l'imagination a pu créer ; à droite, c'est un contemplatif étendu sur une natte, qui attend le nombril en l'air, que la lumiere céleste vienne investir son ame ; à gauche, c'est une énergumene prosterné, qui frappe du front contre la terre, pour en faire sortir l'abondance : là c'est un saltinbanque qui danse sur la tombe de celui qu'il invoque : ici c'est un pénitent immobile & muet, comme la statue devant laquelle il s'humilie. L'un étale ce que la pudeur cache, parce que Dieu ne rougit pas de sa ressemblance ; l'autre voile jusqu'à son visage, comme si l'ouvrier avoit horreur de son ouvrage : un autre tourne le dos au midi, parce que c'est là le vent du démon ; un autre tend les bras vers l'Orient, où Dieu montre sa face rayonnante ; de jeunes filles en pleurs, meurtrissent leur chair encore innocente, pour appaiser le démon de la concupiscence par des moyens capables de l'irriter ; d'autres dans une posture toute opposée, sollicitent les approches de la divinité ; ici un jeune homme, pour amortir l'instrument de la virilité, y attache des anneaux de fer d'un poids proportionné à ses forces ; un autre arrête la tentation dès sa source,

par une amputation tout-à-fait iuhumaine,
& suspend à l'autel les dépouilles de son
sacrifice.

Voyez-les tous sortir du temple, & pleins
du Dieu qui les agite, répandre la frayeur
& l'illusion sur la face de la terre ; ils se
partagent le monde, & bientôt le feu s'al-
lume aux quatre extrêmités ; les peuples
écoutent, & les Rois tremblent. Cet empire que l'enthousiasme d'un seul exerce sur
la multitude qui le voit ou l'entend ; la
chaleur que les esprits rassemblés se communiquent ; tous les mouvements tumul-
tueux augmentés par le trouble de chaque
particulier, rendent en peu de temps le
vertige général.

Pouffez-les dans le désert ; la solitude en-
tretiendra le zele : ils descendront des mon-
tagnes plus redoutables qu'auparavant ; &
la crainte, le premier sentiment de l'homme, préparera la soumission des auditeurs ;
plus ils diront des choses effrayantes, plus
on les croira ; l'exemple, ajoutant sa force
à l'impression de leurs discours, opérera la
persuasion : des bacchantes & des coribantes
feront des millions d'insensés : c'est assez d'un
seul peuple enchanté à la suite de quelques
imposteurs. La séduction multipliera les prodiges ; & voilà tout le monde à jamais égaré.
L'esprit humain une fois sorti des routes
lumineuses de la nature, n'y rentre plus ; il
erre autour de la vérité, sans en rencon-
trer autre chose que des lueurs qui, se mê-
lant aux fausses clartés dont la superstition
l'environne, achevent de l'enfoncer dans
les ténebres.

La peur des êtres invincibles ayant troublé l'imagination, il se forme un mêlange

corrompu des faits de la nature avec les dog‑
mes de la religion, qui, mettant l'homme dans
une contradiction éternelle avec lui-même,
en font un monstre assorti de toutes les hor‑
reurs dont l'espece est capable : je dis la
peur, car l'amour de la divinité n'a jamais
inspiré des choses inhumaines ; le fanatisme
a donc pris naissance dans les bois, au
milieu des ombres de la nuit ; & les terreurs
paniques ont élevé les premiers temples du
Paganisme.

Plutarque dit qu'un Roi d'Egypte con‑
noissant l'inconstance de ses peuples prompts
à changer de joug, pour se les asservir sans
retour, sema la division entr'eux, & leur
fit adorer pour cela, parmi les animaux,
les especes les plus antipathiques. Chacun,
pour honorer son Dieu, fit la guerre aux
adorateurs du Dieu opposé, & les nations
se jurerent entr'elles la même haine qui
régnoit entre leurs divinités : ainsi le loup
& le mouton virent les hommes traînés en
sacrifice aux pieds de leurs autels. Mais sans
examiner si la cruauté est une des passions
primitives de l'homme, & s'il est par sa
nature un animal destructeur ; si la faim ou
la méchanceté, la force ou la crainte,
l'ont rendu l'ennemi de toutes les especes
vivantes ; si c'est la jalousie ou l'intérêt qui
a introduit l'homicide sur la terre ; si c'est
la politique ou la superstition qui a demandé
des victimes ; si l'une n'a pas pris le mas‑
que de l'autre, pour combattre la nature &
surmonter la force ; si les sacrifices sanglants
du Paganisme viennent de l'enfer, c'est-à-
dire, de la férocité des passions noires &
turbulentes, ou de l'égarement de l'imagi‑
nation, qui se perd à force de s'élever ; en‑

fin, de quelque part que vienne l'idée de satisfaire à la divinité par l'effusion du sang, il est certain que, dès qu'il a commencé de couler sur les autels, il n'a pas été possible de l'arrêter ; & qu'après l'usage de l'expiation, qui se faisoit d'abord par le lait & le vin, on en vint de l'immolation du bouc ou de la chevre, au sacrifice des enfants. Il ne fallut qu'un exemple mal-interprêté, pour autoriser les horreurs les plus révoltantes. Les nations impies, à qui l'on reprochoit le culte homicide de *Moloch*, ne répondoient-elles pas au peuple qui alloit les exterminer de la part de Dieu, à cause de ces mêmes abominations, qu'un de ses Patriarches avoit conduit son fils sur le bûcher, comme si une main invisible n'avoit pas détourné le glaive sacrilége, pour montrer que les ordres du Ciel ne sont pas toujours irrévocables.

Avant d'aller plus loin, écartons de nous toutes les fausses applications, les allusions injurieuses, & les conséquences malignes dont l'impiété pourroit s'applaudir, & qu'un zele trop prompt à s'alarmer nous attribueroit peut-être. Si quelque lecteur avoit l'injustice de confondre les abus de la vraie religion avec les principes monstrueux de la superstition, nous rejettons sur lui d'avance tout l'odieux de sa pernicieuse logique. Malheur à l'écrivain téméraire & scandaleux, qui, profanant le nom & l'usage de la liberté, peut avoir d'autres vues que celles de dire la vérité par amour pour elle, & de détromper les hommes des préjugés funestes qui les détruisent. Reprenons.

Il est affreux de voir comment cette opinion d'appaiser le Ciel par le massacre,

une fois introduite, s'est universellement
répandue dans presque toutes sortes de religions, & combien on a multiplié les
raisons de ce sacrifice, afin que personne
ne pût échapper au couteau. Tantôt ce sont
des ennemis qu'il faut immoler à *Mars* ex-
terminateur : les Scythes égorgent à leurs
autels le centieme de leurs prisonniers : & par
cet usage de la victoire, on peut juger de
la justice de la guerre : aussi chez d'autres
peuples ne la faisoit-on que pour avoir de quoi
fournir aux sacrifices ; de sorte qu'ayant
d'abord été institués, ce semble, pour en
expier les horreurs, ils servirent enfin à les
justifier.

Tantôt ce sont des hommes justes qu'un
Dieu barbare demande pour victimes : les
Getes se disputent l'honneur d'aller porter
à Zamolxis les vœux de la patrie. Celui
qu'un heureux sort destine au sacrifice, est
lancé à force de bras sur des javelots dressés ; s'il reçoit un coup mortel en tombant
sur les piques, c'est de bon augure pour le
succès de la négociation & pour le mérite
du député ; mais s'il survit à sa blessure,
c'est un méchant dont le Dieu n'a point
affaire.

Tantôt ce sont des enfants à qui les Dieux
redemandent une vie qu'ils viennent de leur
donner ; justice affamée du sang de l'innocence, dit Montagne. Tantôt c'est le sang
le plus cher : les Carthaginois immolent
leur propre fils à *Saturne*, comme si le temps
ne les dévoroit pas assez-tôt. Tantôt c'est
le sang le plus beau : cette même *Amestris*
qui avoit fait enfouir douze hommes vivants
dans la terre, pour obtenir de *Pluton*, par
cette offrande, une plus longue vie ; cette

Ameſtris ſacrifie encore à cette inſatiable divinité quatorze jeunes enfans des premieres mai-
ſons de la Perſe, parce que les ſacrificateurs
ont toujours fait entendre aux hommes qu'ils
devoient offrir à l'autel ce qu'ils avoient de
plus précieux : c'eſt ſur ce principe que chez
quelques nations on immoloit les premiers
nés, & que chez d'autres on les rachetoit par
des offrandes plus utiles au Miniſtre du ſacri-
fice : c'eſt ce qui autoriſa ſans doute en Europe la pratique de quelques ſiecles, de vouer
les enfans au célibat dès l'âge de cinq ans ,
& d'empriſonner dans le cloître les freres du
Prince héritier, comme on les égorge en
Aſie.

Tantôt c'eſt le ſang le plus pur : il n'y
a pas d'Indiens qui n'exercent l'hoſpitalité
envers tous les hommes, & qui ne ſe faſ-
ſeut un mérite de tuer tout étranger vertueux & ſavant qui paſſera chez eux , afin
que ſes vertus & ſes talents leur demeurent.
Tantôt c'eſt le ſang le plus ſacré : chez la
plupart des Idolâtres , ce ſont les Prêtres
qui font la fonction de bourreaux à l'autel,
& chez les Sibériens on tue les Prêtres pour
les envoyer prier Dieu dans l'autre monde
à l'intention du peuple ; enfin toutes les
idoles de l'Inde & de l'Amérique ſe ſont
abreuvées de ſang humain. Quel ſpectacle
pour Cortez, entrant dans le Mexique , de
voir immoler cinquante hommes à ſon heu-
reuſe arrivée ! mais quel étonnement, quand
un des peuples qu'il avoit vaincus, députa
vers lui avec ces paroles : *Seigneur, voilà
cinq eſclaves ; ſi tu es un Dieu fier , qui te
paiſſes de chair & de ſang , manges-les, &
nous t'en amenerons davantage ; ſi tu es un
Dieu débonnaire , voilà de l'encens & des*

plumes ; si tu es homme, prends les oiseaux &
les fruits que voici. C'étoit pourtant des sauvages qui donnerent cette leçon d'humanité
à des Chrétiens, ou plutôt à des barbares que
les vrais Chrétiens réprouvent.

Mais si l'ignorance ou la corruption abu-
sent des meilleures institutions, quel sera
l'abus des choses monstrueuses ? Aussi quand
on se fut apprivoisé avec ces sacrifices in-
humains, les hommes, devenus les rivaux
des Dieux, affecterent de ne les imiter que
dans leurs injustices : de là l'usage d'appaiser les mânes, comme on appaisoit les
Dieux par le sang ; en quoi l'avarice des
Prêtres du Paganisme ne servoit que trop
bien la haine des Rois. Ce ne sont plus des
Hécatombes, où le sacrificateur trouve des
dépouilles, & le peuple des aliments, mais
les plus cheres victimes qu'une barbare superstition immole à la politique. Ce même
Achille, qui avoit arraché *Iphigénie* au couteau de *Calchas*, demande le sang de *Po-*
lixene. *Achille* est Dieu par l'homicide,
comme il étoit devenu héros à force de
massacres. C'est ainsi que le fanatisme a con-
sacré la guerre, & que le fléau le plus dé-
testable est regardé comme un acte de religion : aussi les Japonois n'ont-ils parmi
leurs Saints que des guerriers, & pour re-
liques que des sabres & des cimeterres teints
de sang. C'est assez d'une injustice divinisée,
pour encourager l'émulation à faire des progrès abominables. Un conquérant signale son
entrée à Corinthe par le sacrifice de six cents
jeunes Grecs qu'il immole à l'ame de son
pere, afin que ce sang efface ses souillu-
res, comme si le crime pouvoit expier le
crime.

Mais tous ces actes d'inhumanité feroient moins de honte à l'imbécillité de l'esprit humain, qu'à la mémoire de quelques cœurs lâches & barbares, si l'on n'avoit vu les sectes & les peuples entiers se dévouer à la mort par des sacrifices volontaires.

Que les Gymnosophistes Indiens se brûlent eux-mêmes, afin que leur ame arrive toute pure au ciel ; comme ils attendent que la vieillesse ou quelque maladie violente leur ait ôté toute espérance de vivre, c'est choisir le genre de sa mort, & non en prévenir le terme : mais qu'une jeune épouse se jette dans le bûcher de son époux ; que les esclaves suivent leurs maîtres, & les courtisans leur Roi jusqu'au milieu des flammes ; que les Tartares Circassiens témoignent leur deuil à la mort d'un grand, par des meurtrissures & des incisions dans tout le corps, jusqu'à r'ouvrir les plaies pour prolonger leur deuil, voilà ce dont on ne peut attribuer la cause qu'à l'extravagance de l'imagination poussée hors des barrieres naturelles de la raison & de la vie, par une maladie inconcevable. Quand on est entêté de ses Dieux, & frappé d'une vaine terreur, jusqu'à mourir pour leur plaire, ménagera-t-on beaucoup leurs ennemis ? De là ces siecles de persécutions, qui acheverent de rendre le nom Romain odieux à toute la terre, & qui feront à jamais l'horreur du Paganisme, & de toutes les sectes qui voudroient l'imiter. Le zele d'une religion naissante irrite les sectateurs de l'ancienne ; tous les événements sinistres retombent sur les nouveaux impies, car c'est sous ce nom que les ministres de la superstition ont toujours diffamé tous leurs contradicteurs ; &

les ennemis du culte dominant y servent de victimes. On prend prétexte de la zizanie qui se mêle entre les enfants du même pere, pour éteindre toute la race des prétendus factieux ; mais admirez une légion de six mille hommes qui, plutôt que de verser le sang des innocents, se laisse décimer & hacher toute en pieces : bel exemple pour les tyrans de toutes les sectes ! L'acharnement de la résistance, & l'impuissance même de la tyrannie augmente les torrents de sang humain : on ne voit qu'échafauds dressés dans les principales villes d'un grand empire , & , si l'on en croit les annales de l'Eglise , les bûchers manquent aux victimes qui courent s'immoler ; la fureur de mourir ayant saisi tous les esprits, on se précipite du haut des toits ; en vain la religion défend de braver les Empereurs, le fanatisme cherche la palme par la désobéissance, & les hommes se poussent les uns les autres dans les supplices.

La désertion enveloppe une ville entiére dans la proscription, & tous ses habitants périssent dans les flammes ; l'obstination & la rigueur s'engendrent mutuellement , & se reproduisent tour-à-tour. Mais quel dût être l'étonnement des Païens, continuent les Historiens Ecclésiastiques , quand ils virent les Chrétiens, devenus plus nombreux par la persécution , se déclarer une guerre plus implacable que celles des *Néron* & des *Domitien*, & continuer entr'eux les hostilités de ces monstres ? Au défaut d'autres armes, ils s'attaquent d'abord par la calomnie, sans songer qu'on ne se fait point des amis de tous ceux qu'on suscite contre ses ennemis. On accuse les uns d'adorer

Caïn & *Judas*, pour s'encourager à la mé-
'chanceté ; les autres, de pétrir les azimes
avec le fang des enfants immolés : on reproche à ceux-là des impudicités infâmes ,
à ceux-ci des commerces diaboliques. *Nico-
laïtes, Carpocratiens, Montaniftes, Adamiftes,
Donatiftes, Arriens,* tout cela confondu fous
le nom de Chrétiens , donne aux Idolâtres
la plus mauvaife idée de la religion des Saints.
Ceux-ci , coupables à force de piété, renverfent un temple de la Fortune; & les Païens,
auffi fanatiques pour leurs Dieux que quelques-uns de leurs ennemis contre les Idoles,
commettent des atrocités inouies , jufqu'à
ouvrir le ventre à des vierges vivantes, pour
faire manger du bled parmi leurs entrailles
à des pourceaux ; *Jérufalem*, cette bouche-
rie des Juifs, devient auffi celle des Chrétiens, qui y font vendus par milliers à leurs
freres de l'ancien teftament. Ceux-ci ont la
cruauté de les acheter pour en faire mourir
de fang-froid quatre-vingt-dix mille ; & comme fi les Chrétiens avoient été la caufe
du maffacre des onze cents mille ames qui
périrent pour l'accompliffement des prédic-
tions ; au lieu d'attribuer ces châtiments ,
avec Jofephe leur hiftorien, à l'impiété des
zélés qui avoient répandu le fang des ennemis dans le temple , ils rejettent fur le
Chriftianifme toute la haine dont l'univers
les accable , & , ce que le fanatifme a pu
feul infpirer, ils fcient les prifonniers , man-
gent leur chair, s'habillent de leurs peaux ,
& fe font des ceintures de leurs entrailles ;
cet excès de vengeance caufe des repréfail-
les qui font confumer dix-huit cents mille
ames par le fer & par le feu. Mais vòici le
fanatifme qui , l'Alcoran d'une main & le

glaive de l'autre, marche à la conquête de
l'Afie & de l'Afrique. C'eft ici qu'on peut
demander fi *Mahomet* étoit un fanatique,
ou bien un impofteur ? Il fut d'abord un
fanatique, & puis un impofteur. Comme
on voit parmi les gens deftinés par état au
culte des autels, les jeunes plus fouvent
entoufiaftes, & les vieillards hypocrites,
parce que le fanatifme eft un égarement de
l'imagination qui domine jufqu'à un certain
âge, & l'hypocrifie une réflexion de l'intérêt,
qui agit de fang-froid & avec des longues
combinaifons. C'eft ainfi que *Jurieux*, s'il
faut en croire les hiftoriens d'un parti contraire au fien, difoit des prétendus prophetes du Vivarais, qu'ils pouvoient bien être
devenus frippons, mais qu'ils avoient été
Prophetes. La jeuneffe emportée par la précipitation du fang, faifit de la meilleure
foi toutes les idées de religion ou de morale outrées, & fe laiffe toujous aller trop
avant ; mais détrompé de jour en jour par
l'expérience, on tâche d'achéver fa route
en biaifant, parce qu'on ne peut tout-à-
fait reculer fans fe perdre. On rabat alors
de fes maximes tout ce que l'enthoufiafme
y avoit ajouté de faux ou de pernicieux ;
on modifie un peu l'auftérité de fes principes ; enfin on tire de fes illufions tout le
parti qui fe préfente, & cela s'exécute four-
dement par l'amour-propre dans les ames
les plus pures ; car remarquez que le fanatifme ne regne guere que parmi ceux qui
ont le cœur droit & l'efprit faux, trompés
dans les principes, & juftes dans lés conféquences, & que femblables aux chevaux
ombrageux, on les guériroit en les fa-
miliarifant avec les objets de leurs vaines

frayeurs. *Mahomet* une fois défabufé, il lui
en coûta moins de foutenir fon illufion par
des menfonges , que d'avouer qu'il s'étoit
égaré ; fon génie ardent lui avoit fait voir
ce qui n'étoit pas , un Archange Gabriel,
un Prophete dans lui-même ; & quand il
fe fut affez rempli de fon vertige pour le
communiquer , il ne lui fut pas difficile
d'entretenir dans les efprits un mouvement
qui avoit ceffé dans le fien. D'ailleurs comment n'eût-il pas confervé une forte de confiance obfcure en ce qui le fervoit fi bien ?
Mais ce n'eft pas affez de répondre à cette
queftion , fi l'on ne demande grace aux lecteurs pour l'avoir faite : car il eft peut-être
contre le droit des gens & contre les égards
que les nations fe doivent entr'elles , de
jetter de pareilles imputations fur les légiflateurs mêmes qui les ont féduites ; parce
que le préjugé qui leur déguife la force des
preuves d'une religion contraire, femble les
autorifer à la récrimination. Ainfi , loin
d'approuver celui qui mettroit fur la fcene
un prophete étranger , pour le jouer ou le
combattre , tandis que le fpectateur bat des
mains & applaudit à fon heureufe audace ,
le fage peut dire au grand Poëte : fi votre
but avoit été d'infulter un homme célebre , ce feroit une injure à fa nation ;
mais fi vous ne vouliez que décrier l'abus
de la religion, eft-ce un bien pour la vôtre ? A Dieu ne plaife qu'on prétende juftifier un culte auffi contraire à la dignité
de l'homme ; mais comme on parle ici pour
toutes les nations & pour tous les fiecles ,
on deviendroit fufpect au grand nombre
des lecteurs qui veulent s'accommoder au
langage d'une légere portion de la terre.

Ceux qui font perfuadés, n'ont pas befoin des preuves, & ceux qui ne le font pas, fans doute ne veulent pas l'être ; ainfi ne balancez pas à détefter le fanatifme par-tout où vous le verrez, fût-il au milieu de vous.

Parcourez tous les ravages de ces fléaux fous les étendards du croiffant, & voyez dès le commencement un Calife affurer l'Empire de l'ignorance & de la fuperftition, en brûlant tous les livres, comme inutiles, s'ils font conformes au livre de Dieu, ou comme pernicieux, s'ils lui font contraires : raifonnement trop politique pour être divin. Bientôt un autre Calife contraindra les Chrétiens à la circoncifion, tandis qu'un Empereur Chrétien force les Juifs à recevoir le baptême ; zele d'autant plus blâmable dans celui-ci, qu'il profeffoit une religion de grace & de miféricorde. Chez le peuple conquérant, la victoire eft appellée le jugement de Dieu ; & deux religions oppofées mettent au rang des notes de leur divinité, la profpérité temporelle, comme fi le Royaume de Jefus-Chrift étoit de ce monde. Des Chrétiens trop fervents ofent maudire *Mahomet* à la face des Sarrafins, & ceux-ci, par un zele auffi barbare que celui des autres pouvoit être indifcret, coupent la tête aux blafphémateurs, & rafent les Eglifes. Mais voici d'autres fureurs & d'autres fpectacles : pardon, ô religion fainte, fi je r'ouvre ici tes plaies, à la fource de tes larmes éternelles : toute l'Europe paffe en Afie par un chemin inondé du fang des Juifs qui s'égorgent de leurs propres mains, pour ne pas tomber fous le fer de leurs ennemis, cette épidémie de peuple, la moitié du monde ; habitants, rois, pontifes, fem-

mes, enfants & vieillards, tout cede au
vertige facré qui fait égorger pendant deux
fiecles des nations innombrables fur le tom-
beau d'un Dieu de paix ; c'eft alors qu'on
vit des oracles menteurs, des hermites guerriers, les Monarques dans les chaires, &
les Prélats dans les camps ; tous les états
fe répandre dans une populace infenfée, les
monts & les mers franchies, de légitimes
poffeffions abandonnées pour voler à des conquêtes qui n'étoient plus la terre promife ;
les mœurs, toujours plus faintes dans leur
climat naturel, fe corrompent fous un ciel
étranger ; des Princes, après avoir dépouillé
leurs Royaumes pour racheter un pays qui ne
leur avoit jamais appartenu, achever de les
ruiner pour leur rançon perfonnelle ; des
milliers de foldats égarés fous plufieurs chefs,
n'en reconnoître aucun, hâter leur défaite par
la défertion, & cette maladie ne finit que pour
faire place à une contagion encore plus hor-
rible.

Le même efprit de fanatifme entretenant
la fureur des conquêtes éloignées, à peine
l'Europe avoit réparé fes pertes, que la dé-
couverte d'un nouveau monde hâta la ruine
du nôtre. A ce terrible mot, *Allez & forcez*,
l'Amérique fut défolée, & fes habitants ex-
terminés ; l'Afrique & l'Europe s'épuiferent
en vain pour la repeupler ; le poifon de l'or
& du plaifir ayant énervé l'efpece, le monde
fe trouva défert, & fut menacé de le devenir tous les jours davantage, par les guerres continuelles qu'alluma fur notre conti-
nent l'ambition de s'étendre dans ces Ifles
étrangeres. Voilà pourtant où nous ont
conduits les progrés du fanatifme. Quand
le plus humain des légiflateurs envoya des

pêcheurs annoncer fa doctrine à toute la terre , comme une bonne nouvelle , penfoit-il
qu'on abuferoit un jour de fa parole pour
bouleverfer l'univers ? Il vouloit lier tous
les hommes par le même efprit de charité , & qu'ils viffent la lumiere avant de
croire à fa miffion ; mais le flambeau de
la guerre n'étoit pas celui de fon Evangile.
Il laiffoit les armes aux faux Prophetes qui
n'auroient ni la raifon ni l'exemple pour
eux. Connoiffant que l'hypocrifie endurcit
les ames , & que l'ignorance les abrutit ,
que des aveugles , conduits par des méchants,
font un fpectacle affligeant pour le Ciel ,
& tout à fait dèshonorant pour la nature
humaine ; il vouloit gagner & perfuader ,
attacher les incrédules par le fentiment ,
& retenir les libertins par la conviction.
Les nations idolâtres devroient-elles lui reprocher que , depuis deux mille ans , la
terre éprouve les plus fanglantes révolutionf
dans toutes les contrées où fa loi pure a
pénétré ? Qu'eft-ce donc, difent-elles , qui
a fait des efclaves en Amérique , & des
rebelles au Japon ? Seroit-ce la contradiction qui regne entre le dogme & la morale ? Non , mais la fureur des paffions fou-
levées par un levain de fanatifme ; peut-être
l'aheurtement à des opinions qui, n'ayant
point leurs racines dans l'efprit humain, ni
leur modele dans la nature , ne peuvent fe
foutenir que par des refforts violents, la confufion des idées. L'inévidence des principes ,
le mêlange du faux & du vrai , plus funefte qu'une ignorance abfolue , caufent cette
alternative de bien & de mal , qui fait de
l'homme un monftre compofé de tous les
autres. Eft-il bien furprenant , quand il ne

ſuivra plus le fil de la raiſon , le plus cé-
leſte de tous les dons , qu'un Roi de Perſe
immole au ſoleil ſon Dieu , ceux qu'il appelle les diſciples du Crucifié , & qu'un
Prince Chrétien aille brûler le temple du
Feu , & la ville des adorateurs du Soleil ?
Qu'on voïe pendant dix ſiecles deux Empires diviſés par un ſeul mot ; qu'un conquérant fáſſe vœu d'exterminer tous les ennemis du Prophete , comme ceux-ci ſe
vouoient depuis deux cents ans au maſſacre
des infideles , & qu'ils détruiſenr l'Empire
d'Orient aux acclamations des Occidentaux ,
qui beniront le Ciel d'avoir puni leurs freres ſchiſmatiques par la main des ennemis
communs , eſt-il poſſible que les Rois con-
damnent à mort tous les ſujets de leurs
états qui veulent retourner au paganiſme ,
parce que la nouvelle religion ne leur convient pas ; que les peuples excédés de la
tyrannie de leurs conquérants , renoncent à
cette même religion qu'ils ont reçue par force ;
que dans la réaction des ſoulévements, ils s'ou-
blient juſqu'à trépaner les prétres & raſer les
Egliſes , & qu'enfin une Egliſe détruite , on
égorge toute une nation ? Prenez garde de
vous laiſſer ſéduire à ce nom emphatique ; ouvrez les annales de toutes les religions , &
ſiégez vous-même.

Au reſte , ſi les excès de l'ambition ſe
trouvent ici confondus avec les égarements
du fanatiſme , on ſait que l'un eſt le vice
des chefs , & l'autre la maladie du peuple ;
c'eſt au lecteur clair-voyant à démêler les
nuages étrangers dans la teinture dominante. Ceux-là ne commettront pas l'injuſtice de rejetter ſur la religion des abus
qui viennent de l'ignorance des hommes.

Le Christianisme est la meilleure école d'humanité. Une loi, dit un auteur, qu'aucun parti
ne désavouera, quelle que fût sa croyance,
une loi qui ordonne à ses disciples d'aimer
tous les hommes, sans en excepter même
leurs ennemis, qui leur défend de persécuter
ceux qui les haïssent, & de haïr ceux qui les
persécutent ; cette loi ne leur permet pas de
maudire ceux qui bénissent Dieu dans une autre langue. Ce n'est pas à elle qu'on imputera
ces fleuves de sang que le fanatisme a fait
couler.

Parcourez donc la surface de la terre : &
après avoir vu d'un coup d'œil tant d'étendards déployés au nom de la religion, en
Espagne contre les Maures, en France contre
les Turcs, en Hongrie contre les Tartares,
tant d'ordres militaires, fondés pour convertir les infideles à coups d'épées, s'entr'égorger
aux pieds de l'Autel qu'ils devoient défendre ;
détournez vos regards de ce tribunal affreux
élevé sur le corps des innocents & des malheureux, pour juger les vivants, comme Dieu
jugera les morts, mais avec une balance
bien différente. Suspect, convaincu, pénitent & relaps ; qualifications odieuses qu'in-
venta la tyrannie, afin que personne ne pût
se dérober aux proscriptions : car ainsi que
dans une forêt on a soin de marquer d'a-
vance à l'écorse les arbres qu'on a résolu
de couper, de même jettoit-on des notes
d'hérésie ou de magie sur tous ceux qu'on
vouloit dépouiller & brûler. S'il est vrai
qu'après les édits sanguinaires d'Adrien, qui
fit périr un million d'hommes pour cause de
religion ; les Juifs ayant passé dans l'Ara-
bie déserte, y établirent la loi de Moïse,
par la voie de l'inquisition, les voilà dans

le cas de ce tyran qui fut brûlé dans un taureau d'airain, funeste invention de sa barbarie ;
mais ce n'est pas à des Chrétiens à les en punir, eux qui professent la loi de miséricorde,
& qui reprochent aux Juifs de n'avoir imité que
le Dieu de vengeance.

Cette fausse idée de Dieu & de la religion,
dit Tillotson, que nous ne craindrons pas de
citer encore, les dépouille l'un & l'autre de
toute leur gloire & de toute leur majesté.
Séparer de la divinité la bonté & la miséricorde, & de la religion la compassion & la
charité, c'est rendre inutiles les deux meilleures choses du monde, la Divinité & la religion. Les païens regardoient si fort la nature divine comme bonne & bienfaisante envers le genre humain, que les Dieux im-
mortels leur sembloient presque faits pour
l'utilité & l'avantage des hommes. En effet,
lorsque la religion nous pousse à faire mourir les hommes pour l'amour de Dieu, &
à les envoyer en enfer le plutôt qu'il est
possible, lorsqu'elle ne sert qu'à nous rendre enfants de la colere & de la cruauté,
ce n'est plus une religion, mais une impiété ; il vaudroit mieux qu'il n'y eût point
de révélation, & que la nature humaine
eût été abandonnée à la discrétion de ses
penchants ordinaires, qui font beaucoup
plus doux & plus humains, beaucoup plus
convenables au repos & au bonheur de la société, que de suivre les maximes d'une religion qui inspireroit une fureur si insensée,
& qui travailleroit à détruire le gouvernement
de l'état & les fondements de la prospérité du
genre humain.

Comptez maintenant les milliers d'esclaves que le fanatisme a faits, soit en Asie,

où l'incirconcifion étoit une tache d'infamie ; foit en Afrique, où le nom de Chrétien étoit un crime ; foit en Amérique, où le prétexte du baptême étouffa l'humanité ; comptez les milliers d'hommes que le monde a vu périr, ou fur les échafauds dans les fiecles de perfécution, ou dans les guerres civiles par la main de leurs citoyens, ou de leurs propres mains par des macérations exceffives ; la terre devient un lieu d'exil, de péril, & de larmes ; les habitants, ennemis d'eux-mêmes & de leurs femblables, vont partager la couche & la nourriture des ours : tremblants entre l'enfer & le Ciel qu'ils n'ofent regarder, les cavernes retentiffent des gémiffements des criminels, & du bruit des fupplices. Ici, les viandes font profcrites comme une fémence de corruption ; là, le vin eft prohibé, comme une production de fatan ; les abftinents appellent le mariage une invention des enfers ; & pour mieux garder la continence, ils fe mettent dans l'impoffibilité de la violer ; plufieurs, après avoir attenté fur eux-mêmes, rendent ce fervice à tous les étrangers qui paffent chez eux, malgré qu'ils réfiftent au nouveau figne d'alliance ; les hermitages deviennent la prifon des Rois & les palais des pauvres, tandis que les temples font la retraite des voleurs. On entend pendant la nuit des pénitents vagabonds traîner des chaînes, dont le bruit effrayant jette la confternation dans les ames fuperftitieufes ; on voit courir par bandes des gens à demi-nuds qui fe déchirent à coups de fouets : on fe voile le vifage à l'occafion d'un tremblement de terre ; on paffe des jours entiers les bras attachés à une croix, jufqu'à mourir de ces pieux excès. L'Italie,

l'Allemagne & la Pologne font inondées de
ces maniaques deftructeurs de leurs êtres ;
mais ces flagellations , auffi pernicieufes
aux mœurs qu'à la fanté , tombent enfin
par le mépris correctif, bien plus fûr que
la perfécution. En effet , il n'y pas de
doute qu'ils ne fuffent tous morts fur la
place , plutôt que de mettre bas leurs armes
de pénitence , fi l'on eût tenté de les leur
arracher par force , tant les vaines terreurs
de l'imagination dans les uns , & l'amour
de quelque indépendance dans les autres ,
rendent les armes furieufes & redoutables.
Auffi, quand vous verrez des hommes renoncer à tout pour un feul objet , craignez de
les troubler dans la poffeffion de ce qui
leur refte , parce que la violence de vos
efforts rendroit leur caufe bonne , fût-elle
injufte ; la compaffion vous attirera des ennemis , & à eux des partifans , puis des
fauteurs , enfin des difciples , dont le nombre fe multipliera à proportion de vos
rigueurs. Gardez-vous fur-tout d'en faire des
victimes ; car c'eft par la perfécution qu'on
a vu dans une religion de patience & de
foumiffion , s'élever l'abominable doctrine
du tyrannicide , appuyée fur douze raifons
en l'honneur des douze Apôtres ; & ce qu'on
aura de la peine à croire , c'eft qu'elle fut
établie pour juftifier l'attentat d'un Prince
contre fon propre fang. Après que les Souverains eurent pris le prétexte de la religion pour étendre leur domination , ils
furent obligés de fubir un joug qu'ils avoient
eux-mêmes impofé , & de fe conformer à
un droit abufif que la main dont ils l'avoient
emprunté , reclama contre eux. La puiffance qui autorifa les conquêtes fur les nations

infideles, cimenta fur ces fondements la difpofition des conquérants rebelles, & les do-
nations établirent les réferves, par des conféquences auffi pernicieufes que les principes étoient injuftes. Dès qu'il y eut des
hommes affez bons, ou plutôt affez méchants pour accepter le titre de Roi *in par-
tibus*, on ne dut plus s'étonner qu'il fe for-
mât une fecte d'affaffins, ennemis facrés de
la Royauté. Des Monarques accoutumés de
marcher à l'appel d'un feul homme, ne de-
manderent plus où, ni pourquoi, & confon-
dirent dans leurs ligues les rivaux d'un chef
ambitieux, avec les ennemis de la religion.
L'enfeigne des chefs fut auffi refpectée que
l'étendard de la Croix, parce que celle-ci étoit
fortie des temples, fa véritable place, pour
entrer dans les camps, où elle fut profa-
née. Il y a des abus accidentels qu'on ne
peut ni prévenir ni prévoir ; mais quand ils
naiffent effentiellement de la chofe, on
ne fauroit y remédier de trop bonne heure.
Dès la premiere croifade, on pouvoit s'affurer qu'il faudroit un jour en lever une
contre les croifés mêmes. L'ambition aveugle faifit le moment & le côté favorable,
fans envifager les fuites fâcheufes de ces
ufurpations, & quand elle fe trouve liée
par fa propre injuftice, il n'eft plus temps
d'invoquer des droits qu'on a violés. Auroit-
on vu dans deux vaftes Etats une pepiniere
d'enfants fortir de leurs familles, pour aller
à fix cents lieues battre les ennemis du baptême, fi le mauvais exemple de leurs parents
n'eût autorifé ce ridicule emportement ?
Auroit-on vu, fi l'on n'avoit mal écono-
mifé les tréfors fpirituels, & diftribué fans
difcernement les palmes que la religion
accorde

accordé aux martyrs, une armée de ber-
gers, de voleurs, d'hommes bannis & ex-
communiés, fous les noms de Ribauds &
de Paftoureaux, attaquer les Rois & le
Clergé, défoler le patrimoine de l'Etat &
de l'Eglife, jufqu'à ce qu'un boucher ayant
renverfé le pafteur d'un coup de coignée,
la populace fe jetta fur le troupeau, &
l'affomma comme du bétail ordinaire ? L'al-
légorie des deux glaives & des deux lumi-
naires a fait plus de ravage que l'ambition
de *Tamerlan* & de *Genghis*. Graces au Ciel,
il n'eft plus de puiffance qui fe prétende
établie fur les nations & fur les fouverains,
pour planter & pour arracher les couronnes, pour juger de tout & n'être jugée de
perfonne. Pourquoi regarder l'héréfie comme un crime inexpiable ? Eh ! n'a-t-on pas une
raifon de le pardonner dans ce monde, dès
qu'il ne fe pardonne point dans l'autre ?
Pourquoi faire mourir dans les fupplices un
ordre de guerriers qu'il fuffifoit d'éteindre ?
Voyez *Templiers*. La perfécution enfante la
révolte, & la révolte augmente la perfécution. Ce n'eft pas qu'on doive tolérer l'audace du premier infenfé qui vient troubler
l'Etat par fes vifions ou fes opinions ; mais
fi les maîtres de la morale violent la loi des
ferments & des traités envers des novateurs,
il eft indubitable que leurs fectateurs, ju-
geant de la doctrine par les œuvres, méthode affez conféquente, quoi qu'on en
dife, ne mettront pas la vérité du côté de
l'injuftice, & fe prendront d'un faint enthoufiafme pour ces prétendus martyrs de
l'erreur, alors on verra fortir de leurs
cendres des étincelles qui mettront tout un
Royaume en combuftion.

Toutes les horreurs de quinze siecles re-
nouvellées plusieurs fois dans un seul, des
peuples sans défense, égorgés aux pieds des
Autels, des Rois poignardés ou empoison-
nés, un vaste Etat réduit à sa moitié par
ses propres citoyens, la nation la plus bel-
liqueuse & la plus pacifique, divisée d'avec
elle-même, le glaive tiré entre le fils & le
pere, des usurpateurs, des tyrans, des bourreaux, des parricides & des sacrileges vio-
lant toutes les conventions divines & humaines par esprit de religion ; voilà l'histoire du fanatisme & ses exploits.

Qu'est donc le fanatisme ? C'est l'effet d'une
fausse conscience qui abuse des choses sacrées,
& qui asservit la religion aux caprices de l'i-
magination & aux déréglements des passions.

En général, il vient de ce que la plupart des législateurs ont eu des vues trop
étroites, ou de ce qu'on a passé les bornes
qu'ils se prescrivoient. Leurs loix n'étoient
faites que pour une société choisie ; étendues
par le zele à tout un peuple, & transpor-
tées par l'ambition d'un climat à l'autre,
elles devoient changer & s'accommoder aux
circonstances des lieux & des personnes.
Mais qu'est-il arrivé ? C'est que certains
esprits d'un caractere plus analogue à celui
du petit troupeau pour lequel elles avoient été
faites, les ont reçues avec la même chaleur, en sont devenus les Apôtres & même les martyrs, plutôt que de démordre
d'un seul *iota* ; les autres au contraire, moins
ardents, ou plus attachés à leurs préjugés
d'éducation, ont lutté contre le nouveau
joug, & n'ont consenti à l'embrasser qu'avec
des adoucissements ; & de là le schisme entre

les rigoristes & les mitigés qui les rend tous furieux, les uns pour la servitude, & les autres pour la liberté.

Les sources particulieres du fanatisme sont: 1°. *Dans la nature des Dogmes.* S'ils sont contraires à la raison, ils renversent le jugement, & soumettent tout à l'imagination, dont l'abus est le plus grand de tous les maux. Les Japonois, peuples des plus spirituels & des plus éclairés, se noient en l'honneur d'*Amida* leur Dieu Sauveur, parce que les absurdités dont leur religion est pleine, leur ont troublé le cerveau. Les dogmes obscurs engendrent la multiplicité des explications, & par celles-ci la division des sectes. La vérité ne fait point de fanatiques. Elle est si claire, qu'elle ne souffre guere de contradiction; si pénétrante, que les plus furieux ne peuvent rien diminuer de sa jouissance. Comme elle existe avant nous, elle se maintient sans nous & malgré nous par son évidence. Il ne suffit donc pas de dire que l'erreur a ses martyrs; car elle en a fait beaucoup plus que la vérité, puisque chaque secte & chaque école compte les siens.

2°. *Dans l'atrocité de la morale.* Des hommes pour qui la vie est un état de danger & de tourment continuel, doivent ambitionner la mort, ou comme le terme, ou comme la récompense de leurs maux : mais quels ravages ne fera pas dans la société celui qui desire la mort, s'il joint aux mofs de la souffrir, des raisons de la doner ? On peut donc appeller fanatiques, tous les esprits outrés, qui interpretent les maximes de la religion à la lettre, & qui suivent la lettre à la rigueur ; ces Docteurs

defpotiques, qui choififfent les fyftêmes les
plus révoltants ; ces Cafuiftes impitoyables
qui défefperent la nature, & qui, après vous
avoir arraché l'œil, & coupé la main, vous
difent encore d'aimer parfaitement la chofe
qui vous tyrannife.

3°. *Dans la confufion des devoirs.* Quand
des idées capricieufes font devenues des préceptes, & que de légeres omiffions font
appellées de grands crimes, l'efprit qui
fuccombe à la multiplicité de fes obligations ; ne fait plus auxquelles donner la préférence ; il viole les effentielles par refpect pour les moindres ; il fubftitue la contemplation aux bonnes œuvres, & les facrifices aux vertus fociales ; la fuperftition
prend·la place de la loi naturelle, & la peur
du facrilege conduit à l'homicide. On voit
au Japon une fecte de braves dogmatiftes
qui décident toutes les queftions, & tran-
chent toutes les difficultés à coups de fabre ;
& ces mêmes hommes qui ne font point
un fcrupule de s'égorger, épargnent très-
religieufement les infectes. Dès qu'un zele
barbare a fait un devoir du crime, eft-il
rien d'inhumain qu'on ne tente ? Ajoutez à
toute la férocité des paffions, les craintes
d'une confcience égarée·, vous étoufferez
bientôt les fentiments de la nature. Un
homme qui fe méconnoît lui-même au point
de fe traiter cruellement, & de faire con-
fifter l'efprit de pénitence dans la privation
& l'horreur de tout ce qui a été fait pour
l'homme, ne ramenera-t-il pas fon pere à
coups de bâton dans le défert qu'il avoit
quitté ? Un homme pour qui un affaffinat
eft un coup de fortune éternelle, doutera-
t-il un moment d'immoler celui qu'il appelle

l'ennemi de Dieu & de son culte ? Un Arménien, poursuivant un Gomariste sur la glace, tombe dans l'eau ; celui-ci s'arrête & lui tend la main pour le tirer du péril ; mais l'autre n'en est pas plutôt sorti, qu'il poignarde son libérateur. Que pensez vous de cela ?

4°. *Dans l'usage des peines diffamantes*, parce que la perte de la réputation entraîne bien des maux réels. Les révolutions doivent être plus fréquentes, ou les abus affreux, dans les pays où tombent ces foudres invisibles qui rendent un Prince odieux à tout son peuple. Mais heureusement il n'y a que ceux qui n'en sont pas frappés, qui les craignent ; car un Monarque n'a pas toujours la foiblesse, comme *Henri II*, Roi d'Angleterre, ou comme *Louis le Débonnaire*, de subir le châtiment des esclaves pour redevenir Roi.

5°. *Dans l'intolérance d'une religion à l'égard des autres*, ou *d'une secte entre plusieurs de la même religion*, parce que toutes les mains s'arment contre l'ennemi commun. La neutralité même n'a plus lieu avec une puissance qui veut dominer, & quiconque n'est pas pour elle, est contr'elle. Or, quel trouble n'en doit-il pas résulter ? La paix ne peut devenir générale & solide que par la destruction du parti jaloux ; car si cette branche venoit à ruiner toutes les autres, elle seroit bientôt en guerre avec elle-même ; ainsi le *qui vive* ne cessera qu'après elle. L'intolérance qui prétend mettre fin à la division, doit l'augmenter nécessairement. Il suffit qu'on ordonne à tous les hommes de n'avoir qu'une façon de penser, dès-lors chacun devient enthousiaste de ses opinions,

jufqu'à mourir pour leur défenfe. Il s'enfuivroit de l'intolérance, qu'il n'y a point de
religion faite pour tous les hommes; car l'une
n'admet point de favant ; l'autre point de
Rois; l'autre pas un riche ; celle-là rejette
les enfants ; celle-ci les femmes ; telle condamne le mariage , & telle le célibat. Le chef
d'une fecte en concluoit que la religion étoit
un je ne fais quoi compofé de l'efprit de Dieu
& de l'opinion des hommes ; il ajoutoit qu'il
falloit tolérer toutes les religions pour avoir
la paix avec tout le monde ; il périt fur un
échafaud.

   6°. *Dans la perfécution*. Elle n'aît effentiellement de l'intolérance. Si le zele a fait
quelquefois des perfécuteurs , il faut avouer
que la perfécution a fait encore plus de ze-
lateurs. A quel excès ne fe portent pas ceux-
ci , tantôt contre eux-mêmes, bravant les fupplices ; tantôt contre leurs tyrans , prenant
leurs places, & ne manquant jamais de raifons pour courir tour-à-tour au feu & au
fang ?

   Il courut dans le XIe fiecle un fléau , mi-
raculeux , felon le peuple , qu'on appella la
maladie des ardents ; c'étoit une efpece de
feu qui dévoroit les entrailles. Tel eft le
fanatifme, cette maladie de religion , qui
porte à la tête , & dont les fymptomes
font auffi différents que les caracteres qu'elle
attaque. Dans un tempérament flegmatique,
elle produit l'obftination qui fait les zélateurs ; dans un naturel bilieux, elle devient une frénéfie qui fait les ficaires , nom
particulier aux fanatiques d'un fiecle , &
qu'on peut étendre à toute l'efpece divifée
en deux claffes. La premiere ne fait que
prier & mourir ; la feconde veut régner &

massacrer ; ou peut-être est-ce la même fureur qui, dans toutes les sectes, fait tour-
à-tour des martyrs, & des persécuteurs, selon le temps. Venons maintenant au symp-
tomes de cette maladie.

Le premier & le plus ordinaire, est une
sombre mélancolie causée par de profondes
méditations. Il est difficile de rêver long-
temps à certains principes, sans en tirer les
conséquences les plus terribles. Je suis étranger sur la terre, ma patrie est au Ciel, la
béatitude est réservée aux pauvres, & l'enfer préparé pour les riches, & vous voulez
que je cultive le commerce & les arts,
que je reste sur le Trône, que je garde mes
vastes domaines ? Peut-on être Chrétien & César tout-à-la-fois ?.... Heureux ceux qui pleu-
rent & qui souffrent ; que tous mes pas
soient donc hérissés de ronces. Ajoutons peine
sur peine pour multiplier ma joie & ma
félicité.... Que répondre à ce fanatique ?...
Qu'il use très-mal des choses, parce qu'il
ne prend pas bien les paroles, & qu'il reçoit de la main gauche ce qu'on lui a donné
de la main droite. Relâchement que toutes
ces mitigations, vous dira-t-il. Quand Dieu
parle, les conseils sont des préceptes ; ainsi
je vais de ce pas m'enfoncer dans un désert
inaccessible aux hommes, & il part avec un
bâton, un sac, & une haire, sans argent &
sans provisions, pour pratiquer la loi qu'il
n'entend pas.

Au second rang sont les Visionnaires.
Quant à la force des jeûnes & des macérations, on ne se croit rempli que de l'esprit
de Dieu, qu'on ne vit plus, dit-on, que
de sa présence ; qu'on est transformé par
la contemplation en Dieu même, dans une

independance des sens tout-à-fait merveil-
leuse, qui, loin d'exclure la jouissance, sen
fait un droit acquis à la raison ; la vertu
victorieuse des passions s'en sert quelquefois
comme un Roi de ses esclaves. Tel est le
jargon mystique, dont voici à-peu-près la
cause physique. Les esprits rappellés au cerveau par la vivacité & la continuité de la
méditation, laissent les sens dans une espece de langueur & d'inaction. C'est sur-
tout au fort du sommeil que les fantomes se
précipitant tumultueusement dans le siege de
l'imagination, ce mêlange des traits informes
produit un mouvement convulsif, pareil au
choc brisé de mille rayons opposés, qui loin-
cident & se croisent ; de là viennent les éblouis-
sements & les transports extatiques, qu'on devroit traiter comme un délire, tantôt par des
bains froids, tantôt par de violentes saignées,
selon le tempérament & les autres situations
du malade.

Le troisieme symptome est la Pseudopro-
phétie, lorsqu'on est tellement entêté de
ses chimeres fantastiques, qu'on ne peut
plus les contenir en soi-même ; telles étoient
les Sibylles aiguillonnées par Apollon. Il
n'est point d'homme d'une imagination un
peu vive, qui ne sente en lui le germe de
cette exaltation méchanique ; & tel qui ne
croit pas aux Sibylles, ne voudroit pas se
hasarder à s'asseoir sur leurs trépiés, sur-tout
s'il avoit quelque intérêt à débiter des oracles, ou qu'il eût à craindre une populace
prête à le lapider au cas qu'il restât muet.
Il faut donc parler alors, & proposer des
énigmes qui feront respectées jusqu'à l'événement, comme des mysteres sur lesquels il
ne plaît pas encore à la divinité de s'expliquer.

Le quatrieme degré du fanatisme est l'im-
passibilité. Par un progrès de mouvements,
il se trouve que les vaisseaux sont tendus
d'une roideur incompréhensible ; on diroit
que l'ame est réfugiée dans la tête , ou
qu'elle est absente de tout le corps. C'est
alors que toutes les épreuves de l'eau, du
fer , & du feu ne coûtent rien ; que des
blessures toutes célestes s'impriment sans
douleur. Mais il faut se méfier de tout ce
qui se fait dans les ténebres & devant les
témoins suspects. Hé ! quel est l'incrédule
qui oseroit rire à la face d'une foule de
fanatiques ? Quel est l'homme assez maître
de ses sens pour examiner d'un œil sec des
contorsions effrayantes, & pour en pénétrer
la cause ? Ne sait-on pas qu'on n'admet au
fanatisme que des gens préparés par la superstition : toutefois comme ces Energume-
nes ne parviennent à l'état d'insensibilité, que
par les agitations les plus violentes ; il est aisé
de conclure que c'est une frénésie dont l'accès finit par la léthargie.

Si tous ces hommes aliénés que vous
avez vus dans le vaste Panthéon, étoient
transportés à leur demeure convenable , il
seroit plaisant de les entendre parler. Je suis
le Monarque de toute la terre, diroit un
Tailleur , l'Esprit-Saint me l'a dit. Non ,
diroit son voisin, je dois savoir le contraire,
car je suis son fils. Taisez - vous, que j'en-
tende la musique des globes célestes , diroit
un Docteur : ne voyez-vous pas cet esprit
qui passe par ma fenêtre , il vient me révéler
tout ce qui fut & qui sera.... J'ai reçu
l'épée de Gédéon : allons , enfans de Dieu ,
suivez-moi, je suis invulnérable..... Et moi ,
je n'ai besoin que d'un cantique pour mettre

les armées en déroute..... N'êtes-vous pas
cet Apôtre qui doit venir de la Transilva-
nie ? Nous nous promenons depuis long-
tems sur le rivage de la mer pour le recevoir....... Je suis venu, moi, pour la ré-
demption des femmes que le Messie avoit
oubliées ; & moi, je tiens école de pro-
phétie ; approchez, petits enfants..... Si ces
divers caracteres de folie, qui ne sont point
tracés d'imagination, avoient par malheur
attaqué le peuple, quels ravages n'auroient-
ils pas fait ? Des hommes étonnés (*genus
attonitum*) auroient grimpé les rochers &
percé les forêts : là, par mille bonds & des
sauts périlleux, on eût invoqué l'esprit de
révélation ; un Prophete bercé sur les ge-
noux des croyantes les plus timorées, seroit
tombé dans une épilepsie toute céleste,
l'esprit divin l'auroit saisi par la cuisse, elle
se seroit roidie comme du feu ; des frissons
tels que d'un amour violent auroient couru
par-tout son corps ; il auroit persuadé à
l'assemblée qu'elle étoit une troupe impre-
nable ; des soldats seroient venus à main
armée, & on ne leur auroit opposé que
des grimaces & des cris. Cependant ces
misérables, traînés dans les prisons, eussent
été traités en rebelles. C'est à la médecine
qu'ils faut renvoyer de pareils malades. Mais
passons aux grands remedes qui sont ceux
de la politique.

Ou le gouvernement est absolument fondé sur la religion, comme chez les Maho-
métants, alors le fanatisme se tourne principalement au dehors, & rend ce peuple
ennemi du genre-humain par un principe
de zele : ou la religion entre dans le gouvernement, comme le Christianisme, des-

cendu du ciel, pour fauver tous les peuples, alors le zele, quand il eft mal - entendu, peut quelquefois divifer les citoyens
par des guerres inteftines. L'oppofition qui
fe trouve entre les mœurs de la nation &
les dogmes de la religion, entre certains
ufages du monde & les pratiques du culte,
entre les loix civiles & les préceptes divins,
fomente ce germe de trouble. Il doit arriver alors qu'un peuple ne pouvant allier
le devoir de citoyen avec celui de croyant,
ébranle tour-à-tour l'autorité du Prince &
celle de l'Eglife. L'inutile diftinction des
deux puiffances a beau vouloir s'entremet-
tre pour fixer des limites, il faudroit être
neutre. Mais l'Empire & le Sacerdoce, au
mépris de la raifon, empiétent mutuellement
fur leurs droits; & le peuple, qui fe trouve
entre ces deux marteaux, fupporte feul tous
les coups, jufqu'à ce que mutiné par fes
Prêtres contre fes Magiftrats, il prenne le
fer en main pour la gloire de Dieu, comme on l'a vu fi fouvent en Angleterre.

Pour détourner cette fource intariffable
de défordres, il fe préfente à la vérité trois
moyens; mais quel eft le meilleur? Faut-il
rendre la Religion defpotique, ou le Monarque indépendant ou le peuple libre?

1°. On pourra dire que le Tribunal de
l'inquifition, quelque odieux qu'il dût être
à tout peuple qui conferveroit encore le
nom de quelque liberté, préviendroit le
fchifme & les querelles de religion, en ne
tolérant qu'une façon de penfer : qu'à la
vérité une chambre toujours ardente brûle-
roit d'avance les victimes de l'éternité, &
que la vie des particuliers feroit continuel-
lement en proie à des foupçons d'héréfie

ou d'impiété, mais que l'Etat feroit tranquille, & le Prince en fûreté ; qu'au lieu de ces violentes maladies qui épuifent tout-à-coup les veines du corps politique, le fang ne couleroit que goutte à goutte, & que les fujets dans un état d'infirmité habituelle, ne fe plaindroient pas des brufques fermentations qu'éprouvent les gouvernemens d'une conftitution vigoureufe.

2°. Que fi vous préfériez les périls inféparables de la liberté à l'oppreffion continuelle, feroit-il mieux de mettre votre fouverain à l'abri de toute domination étrangere, & qu'il n'y eût qu'un feul chef dans l'Etat ? Mais il n'y a point de barriere au pouvoir du fouverain..... Hé quoi ! Ne vous refte-t-il pas des loix fondamentales & des corps intermédiaires ? Il s'enfuivroit donc une réforme générale dans les corps dévoués au culte religieux. Mais, feroit-ce un malheur qu'un corps tout puiffant perdît quelque chofe, fi tant d'autres devoient y gagner ? Tandis qu'il refteroit une extrême confidération pour les richeffes, le commerce tiendroit les autres états en équilibre ; la nobleffe ne prévaudroit pas ; les Tribunaux fe rempliroient d'excellens fujets, qui ne font pas toujours tels dans l'ordre Eccléfiaftique. Au lieu de ces difcuffions théologiques qui tourmentent les efprits, fans affermir la religion, l'application fe tourneroit vers les matieres de droit public, on s'éclaireroit fur les véritables intéréts de la nation ; cette fourmilliere, qui fe jette dans les bas emplois de la Magiftrature & de l'Eglife, peupleroit les campagnes & les atteliers ; on s'occuperoit du travail des mains, beaucoup plus naturel à l'homme

que les travaux de l'efprit ; il ne faudroit qu'a-
doucir la condition du peuple, pour l'accoutumer infenfiblement à cette amélioration.

3°. Les Rois ont tant d'intérêt à arrêter
les progrès du fanatifme ! S'il leur fut quelquefois utile, ils ont eu tant de raifons de
s'en plaindre, qu'on ne peut affez demander
comment ils ofent traiter avec un ennemi
fi dangereux ? Tous ceux qui s'occupent à
le détruire, de quelque nom odieux qu'on
les appelle, font les vrais citoyens qui travaillent pour l'intérêt du Prince & la tranquillité du peuple ; l'efprit philofophique eft
le grand pacificateur des Etats , c'eft peut-
être dommage qu'on ne lui donne pas de tems
en tems un plein pouvoir. Les Sintoïftes,
fecte du naturalifme au Japon , regardent
le fang comme la plus grande de toutes
les fouillures ; cependant les Prêtres du pays
les déteftent & les décrient , parce qu'ils ne
prêchent que la raifon , la vertu , fans céré-
monies.

Un peu de tolérance & de modération ;
fur-.tout ne confondez jamais un malheur
(tel que l'incrédulité) avec un crime qui
eft toujours volontaire. Toute l'amertume
du zele devroit fe tourner contre ceux qui
croient , & n'agiffent pas ; les incrédules
refteroient dans l'oubli qu'ils méritent , &
qu'ils doivent fouhaiter. Puniffez à la bon-
ne-heure ces libertins qui ne fecouent la
religion , que parce qu'ils font révoltés
contre toute efpece de joug , qui attaquent
les mœurs & les loix en fecret & en public ; puniffez-les , parce qu'ils deshono-
rent , & la religion où ils font nés , & la
philofophie dont ils font profeffion ; pour-
fuivez-les comme les ennemis de l'ordre

& de la société ; mais plaignez ceux qui
regrettent de n'être pas perſuadés. Eh !
n'eſt-ce pas une aſſez grande perte pour eux
que celle de la foi, ſans qu'on y ajoute la
calomnie & les tribulations ? Qu'il ne ſoit
donc pas permis à la canaille d'inſulter la
maiſon d'un honnête homme à coups de
pierre, parce qu'il eſt excommunié ; qu'il
jouiſſe encore de l'eau & du feu, puiſqu'on
lui a interdit le pain des fideles : qu'on ne
prive pas ſon corps de la ſépulture, ſous
prétexte qu'il n'eſt point mort dans le ſein
des élus ; en un mot, que les tribunaux
de la juſtice puiſſent ſervir d'aſyle au défaut
des Autels......... Quel indigne ſilence, dites-
vous, va faire tomber la Religion dans le
mépris !.... Eſt-ce qu'elle ſe ſoutient ſur des
bras de chair ? Voudriez-vous la faire regarder comme un inſtrument de politique ?
N'en appellez donc plus des décrets des
hommes à l'autorité divine, & ſoumettez-vous
le premier à une puiſſance de qui vous tenez
la vôtre ; mais plutôt faites aimer la Religion, en laiſſant à chacun la liberté de la
ſuivre. Prouvez la vérité par des œuvres, &
non par un étalage de faits étrangers à la
morale, & moins conſéquents que vos exemples ; ſoyez doux & pacifiques ; voilà le triomphe aſſuré à la Religion, & le chemin coupé
au fanatiſme.

Ajouterons-nous, d'après un Auteur Anglois, que le fanatiſme eſt très-contraire
à l'autorité du Sacerdoce ? En effet, portés
dans leurs extaſes à la ſource même de la
lumiere, loin de reconnoître les loix de
l'Egliſe, les fanatiques s'érigent eux-mêmes
en légiſlateurs, & publient tout haut les
ſecrets de la divinité, au mépris des tra-

ditions & des formes reçues , comme un
favori du Prince, qui n'attend ni son rang,
ni l'expérience pour commander , & qui ,
ne pouvant être à la tête des affaires, faute
d'habileté , se plaît à renverser par son crédit les dispositions du ministere ; le fanatique , sans recevoir l'onction , se consacre
lui-même ; & n'ayant pas besoin de média-
teur pour aller à Dieu , il substitue ses visions
à la révélation , & ses grimaces aux céré-
monies.

En général, nous avons vu en Angleterre
nos enthousiastes, en fait de religion, passion-
nés pour le gouvernement républicain, tandis que les plus superstitieux étoient les partisans de la prérogative. De même, continue
le même auteur , nous voyons ailleurs deux
partis, dont l'un, esclave & tyran de la Cour,
est dévoué à l'autorité , & l'autre peu soumis,
conserve quelques étincelles de l'amour pour
la liberté.

Si la superstition subjugue & dégrade les
hommes , le fanatisme les releve : l'une &
l'autre font de mauvais politiques ; mais celui-ci fait les bons soldats. Mahomet n'eut
presque jamais qu'un croyant contre dix
infideles dans la plupart de ses combats :
avec trois cents hommes , il étoit en état
d'en vaincre dix mille , tant la confiance
en des légions célestes, & l'espérance d'une
couronne immortelle, donnoient de force à
sa petite troupe. Un Général d'armée , un
Ministre d'Etat, peuvent tirer grand parti
de ces ames de feu ; mais aussi quels dangereux instruments en de mauvaises mains !
Un enthousiaste est souvent plus redouta
ble avec ses armées invisibles, qu'un Prince
avec toute son artillerie. Que faire à des

gens qui mettent leur falut dans la mort, qui fe multiplient à mefure qu'on les moiffonne, & dont un feul fuffit pour réparer les plus nombreufes pertes ? Semblables au polipe, partagez tout le corps en mille pieces, chaque membre coupé forme un nouveau corps. Exilez ces efprits ardents au fond des provinces, ils mettront toutes les villes en feu. Il ne refteroit donc qu'à les renfermer çà & là dans les prifons, où ils fe confumeroient comme des tifons embrafés jufqu'à ce qu'ils fuffent réduits en cendres.

On ne fait guere quel parti prendre avec un corps de fanatiques; ménagez-les, ils vous foulent aux pieds ; fi vous les perfécutez ils fe foulevent. Le meilleur moyen de leur impofer filence, eft de tourner adroitement l'attention publique fur d'autres objets, mais ne forcez jamais. Il n'y a que les mépris & le ridicule qui puiffent les décréditer & les affoiblir. On dit qu'un chef de police, pour faire ceffer les preftiges du fanatifme, avoit réfolu, de concert avec un chimifte célebre, de les faire parodier à la foire par des charlatants. Le remede étoit fpécifique, fi l'on pouvoit défabufer les hommes fans de grands rifques ; mais pour peu qu'on leve le voile, il eft bientôt déchiré. Ménagez la religion & le peuple, parce qu'ils font redoutables l'un par l'autre.

Le fanatifme a fait beaucoup plus de mal au monde que l'impiété. Que prétendent les impies ? fe délivrer d'un joug ; au lieu que les fanatiques veulent étendre leurs feux fur toute la terre. Zélotipie infernale ! A-t-on vu des fectes d'incrédules s'attrouper, & marcher en armes contre la divinité ? Ce font des armes trop foibles pour prodiguer

le sang humain. Cependant il faut quelque
force pour pratiquer le bien sans motif, sans
espoir & sans intérêt. Il y a de la jalousie &
de la méchanceté à troubler des ames en possession, ni les moyens que vous avez..... On
se garde bien au reste d'adopter de semblables raisonnements, qui ont fait le tourment de tant d'hommes aussi célebres par
leurs disgraces que par leurs écrits qui les leur
ont attirées.

Mais s'il étoit permis d'emprunter un moment en faveur de l'humanité, le style enthousiaste tant de fois employé contr'elle,
voici l'unique priere qu'on opposeroit aux
fanatiques. Toi qui veux le bien de tous les
hommes, & qu'aucun ne périsse, puisque
tu ne prens aucun plaisir à la mort du méchant, délivre-nous, non pas des ravages
de la guerre & des tremblements de terre,
ce sont des maux passagers, limités, &
d'ailleurs inévitables ; mais de la fureur des
persécuteurs qui invoquent ton saint nom ;
enseigne-leur que tu hais le sang, que l'o-
deur des viandes immolées ne monte point
jusqu'à toi, & qu'elle n'a point la vertu
de dissiper la foudre dans les airs, ni de
faire descendre la rosée du ciel. Eclaire tes
zélateurs, afin qu'ils se gardent au moins
de confondre l'holocauste avec l'homicide ;
remplis-les tellement de l'amour d'eux-mêmes, qu'ils puissent oublier leur prochain,
puisque leur piété n'est qu'une vertu des-
tructive. Hé ! quel est l'homme que tu as
chargé du soin de tes vengeances, qui ne les
mérite cent fois plus que les victimes qu'il
t'immole ? Fais entendre que ce n'est ni la
raison ni la force, mais ta lumiere & ta
bonté, qui conduisent les ames dans tes
voies ; & que c'est insulter à ton pouvoir,

que d'y mêler le bras de l'homme. Quand tu voulus former l'univers, l'appellas-tu à ton secours, & s'il te plaît de m'introduire à ton banquet, n'es-tu pas infini dans tes merveilles? Mais tu ne veux pas nous sauver malgré nous. Pourquoi n'imite-t-on pas la douceur de ta grace, & prétend-on m'inviter par la crainte à t'aimer? Répands l'esprit d'humanité sur la terre, & cette bienveillance universelle, qui nous remplit de vénération pour tous les êtres avec qui nous partageons le don précieux du sentiment, & qui fait que l'or & les émeraudes fondus ensemble, ne sauroient jamais égaler devant toi le vœu du cœur tendre & compatissant, encore moins expier l'horreur de l'homicide.

Fanatisme du patriote. Il y a une sorte de fanatisme dans l'amour de la patrie, qu'on peut appeller le culte des foyers. Il tient aux mœurs, aux loix, à la religion; & c'est par-là sur-tout qu'il mérite davantage ce nom. On ne peut rien produire de grand sans ce zele outré, qui, grossissant les objets, enfle aussi les espérances, & met au jour des prodiges incroyables de valeur & de constance; tel étoit le patriotisme des Romains. Ce fut ce principe d'héroïsme qui donna à tous les siecles le spectacle unique d'un peuple conquérant & vertueux On peut regarder le vieux Brutus, Caton, les Décius pere & fils, & les trois cents Fabius dans l'histoire naturelle, & leurs actions prodigieuses, comme ces volcans inattendus, qui, désolant en partie la surface du globe, affermissent ses fondements, & causent l'admiration après l'effroi. Mais ne mettez pas au même rang les vains déclamateurs, qui s'enthousiasment indifféremment de tous les préjugés d'état, & qui préferent toujours leur pays, uniquement parce qu'ils y font nés. Il eſt fans doute beau de mourir pour fa patrie; & quelle eſt la choſe pour laquelle on ne meurt pas? Donc la nature n'a pas mis des bornes à ſes maximes..... Ecoutez les plus beaux vers, ou l'idée la plus neuve & la plus ſublime d'un de nos grands Poëtes dans ſes derniers jours. Voyez comme une mere parle à ſon époux, qui veut lui arracher ſon fils, pour le ſacrifier au fils de ſes Rois.

Va, le nom de ſujet n'eſt pas plus grand pour nous,
Que ces noms ſi ſacrés & de Pere & d'Epoux.
La nature & l'himen, voilà les loix premieres,
Les devoirs, les liens des nations entieres;
Ces loix viennent des Dieux; le reſte eſt des humains.

Cet article eſt de M. Deleire, Auteur de l'analyſe de la Philoſophie du Chancelier Bacon.

FANTAISIE, ſ. f. (Morale.)

C'Eſt une paſſion d'un moment, qui n'a ſa ſource que dans l'imagination. Elle promet à ceux qu'elle occupe, non un grand bien, mais une jouiſſance agréable: elle s'exagere moins le mérite que l'agrément de ſon objet; elle en deſire moins la poſſeſſion que l'uſage: elle eſt contre l'ennui la reſſource d'un inſtant: elle ſuſpend les paſſions ſans les détruire: elle ſe mêle aux penchants d'habitude, & ne fait qu'en diſtraire.

Quelquefois elle eſt l'effet de la paſſion-même :
c'eſt une bulle d'eau qui s'éleve ſur la ſurface d'un liquide , & qui retourne s'y confondre ; c'eſt une volonté d'enfant , & qui
nous ramene pendant ſa courte durée , à l'imbécillité du eprmier âge.

Les hommes qui ont plus d'imagination
que de bon ſens , ſont eſclaves de mille
fantaiſies ; elles naiſſent du déſœuvrement ,
dans un état où la fortune a donné plus qu'il
ne faut à la nature , où les deſirs ont été
ſatisfaits auſſi-tôt que conçus : elle tyranniſe
les hommes indécis ſur le genre d'occupation , de devoir , d'amuſement qui convient
à leur état & à leur caractere : elle tyranniſe ſur-tout les ames foibles , qui ſentent
par imagination. Il y a des fantaiſies de mode , qui pendant quelque-temps ſont les fantaiſies de tout un peuple ; j'en ai vu de ce
genre , d'extravagantes , d'inutiles , de frivoles , d'hérétiques , &c. Je vois le patriotiſ-
me & l'humanité devenir dans beaucoup de
têtes des fantaiſies aſſez vives , & qui peut-être
ſe répandroient ſans la crainte du ridicule.

La fantaiſie ſuſpend la paſſion par une volonté d'un moment , & le caprice interrompt
le caractere. Dans la fantaiſie on néglige les
objets de ſes paſſions & ſes principes , & dans
le caprice on les change. Les hommes ſenſibles
& légers ont des fantaiſies , les eſprits de travers ſont fertiles en caprices.

FÉLICITÉ, *f. f.* (*Gramm. & Moral.*)

EST l'état parmanent, du moins pour quelque-temps, d'une ame contente, & cet état est bien rare. Le bonheur vient du dehors; c'est originairement une bonne heure. Un bonheur vient, on a un bonheur; mais on ne peut dire, il m'est venu une félicité, j'ai eu une félicité; & quand on dit, cet homme jouit d'une félicité parfaite, une alors n'est pas prise numériquement, & signifie seulement qu'on croit que sa félicité est parfaite. On peut avoir un bonheur sans être heureux. Un homme a eu le bonheur d'échapper à un piege, il en est quelquefois plus malheureux; on ne peut pas dire de lui qu'il a éprouvé la félicité. Il y a encore de la différence entre un bonheur & le bonheur, différence que le mot félicité n'admet point. Un bonheur est un événement heureux; le bonheur pris indéfinitivement, signifie une suite de ces événements. Le plaisir est un sentiment agréable & passager, le bonheur, considéré comme sentiment, est une suite de plaisirs, la prospérité une suite d'heureux évéments, la félicité une jouissance intime de sa prospérité. L'auteur des synonimes dit que le bonheur est pour les riches, la félicité pour les sages, la béatitude pour les pauvres d'esprit. Mais le bonheur paroît plutôt le partage des riches qu'il ne l'est en effet, & la félicité est un état dont on parle plus qu'on ne l'éprouve. Ce mot ne se dit guere, en profe au pluriel, par la raifon que c'eft un état de l'ame, comme tranquillité, fageffe, repos; cependant la poëfie qui s'éleve au deffus de la profe, permet qu'on dife dans Polyeucte:

Ou leurs félicités doivent être infamies,
Que vos félicités, s'il fe peut, foient parfaites.

Les mots, en paffant du fubftantif au verbe, ont rarement la même fignification. Féliciter, qu'on emploie au lieu de congratuler, ne veut pas dire rendre heureux, il ne dit pas même fe réjouir avec quelqu'un de fa félicité, il veut dire fimplement faire compliment fur un fuccès, fur un événement agréable. Il a pris la place de congratuler, parce qu'il eft d'une prononciation plus douce & plus fonore. Article de Monfieur de Voltaire.

FIERTÉ, f. f. (*Morale.*)

EST une de ces expreffions qui, n'ayant d'abord été employées que dans un fens odieux, ont été enfuite détournées à un fens favorable. C'eft un blâme quand ce mot fignifie la vanité hautaine, altiere, orgueilleufe, dédaigneufe ; c'eft prefque une louange quand il fignifie la hauteur d'une ame noble. C'eft un jufte éloge dans un Général qui marche avec fierté à l'ennemi. Les écrivains ont loué la fierté de la marche de Louis XIV. Ils auroient dû fe contenter d'en remarquer la nobleffe. La fierté de l'ame fans hauteur, eft un mérite compatible avec la

modeſtie. Il n'y a que la fierté dans l'air &
dans les maximes qui choque ; elle déplaît
dans les Rois mêmes. La fierté dans l'extérieur, dans la ſociété, eſt l'expreſſion de
l'orgueil : la fierté dans l'ame eſt de la grandeur. Les nuances ſont ſi délicates, qu'eſprit
fier eſt un blâme, ame fiere une louange.
C'eſt que par eſprit fier, on entend un
homme qui penſe avantageuſement de ſoi-
même ; & par ame fiere, on entend des ſentiments élevés. La fierté annoncée par l'extérieur eſt tellement un défaut, que les petits
qui louent baſſement les grands de ce défaut, ſont obligés de l'adoucir, ou plutôt de
relever par une épithete cette noble fierté.
Elle n'eſt pás ſimplement la vanité qui conſiſte
à ſe faire valoir par les petites choſes ; elle
n'eſt pas la préſomption qui ſe croit capable
des grandes ; elle n'eſt pas le dédain qui ajoute
encore le mépris des autres à l'air de la grande
opinion de ſoi-même ; mais elle s'allie intime-
ment avec tous ces défauts. On s'eſt ſervi de
ce mot dans les romans & dans les vers, ſur-
tout dans les *Opéra*, pour exprimer la ſévérité de la pudeur. On y rencontre par-tout
vaine fierté, rigoureuſe fierté. Les Poëtes ont
eu peut-être plus de raiſon qu'ils ne penſoient.
La fierté d'une femme n'eſt pas ſimplement la
pudeur ſévere, l'amour du devoir, mais le
haut prix que ſon amour-propre met à ſa beauté. On a dit quelquefois la fierté du pinceau,
pour ſignifier des touches libres & hardies.
Article de M. de Voltaire.

GOUVERNEUR D'UN JEUNE HOMME.

(*Morale.*)

L'OBJET du Gouverneur n'est pas d'instruire son éleve dans les lettres ou dans les sciences, c'est de former son cœur par rapport aux vertus morales, & principalement à celles qui conviennent à son état & à son esprit, par rapport à la conduite de la vie, à la connoissance du monde. On ne le considérera que dans cette derniere époque. Les qualités qu'il doit avoir, les précautions qu'il faut apporter dans le choix qu'on en fait, la conduite des parents avec lui, la sienne avec son éleve ; voilà les quatre points qui seront la matiere de cet article.

A l'âge où le jeune homme est remis entre les mains d'un Gouverneur, l'éducation n'est pas une affaire d'autorité, c'est une affaire d'insinuation & de raison. Ce n'est pas que l'autorité en soit bannie, mais on ne l'y doit montrer que sobrement, & quand tous les autres moyens sont épuisés. Alors les penchants sont décidés, les volontés sont fortes, l'esprit est plus clairvoyant, l'amour-propre plus en garde, les passions commencent à paroître ; il faut donc de la part du Gouverneur plus de ressources dans l'esprit, plus d'expérience, plus d'art, plus de prudence. Si l'éducation précédente a été mauvaise, il ne faut pas se flatter de la réparer en entier : on développera les talents, on palliera les défauts, on sauvera le fond par

la

la superficie. Il seroit à souhaiter qu'on pût
faire mieux ; mais cela seul doit être regardé
comme un objet très-important, quand ses
penchants sont vicieux, c'est en détruire en
partie les effets, & ce n'est pas rendre un
petit service à l'homme en particulier, &
à l'humanité en général, que de les com-
penser par des talens ; de leur donner un
frein quel qu'il soit, & de les empêcher de
se montrer à découvert.

Beaucoup de parens ne sont pas plus attentifs à cette partie de l'éducation qu'à
toutes les autres : ils donnent un Gouverneur à leurs enfants, moins en vue de leur
être utile, que par bienséance ou par faste.
Ils préférent celui qui coûte le moins à celui qui mérite le plus ; ils bornent ses fonctions à garder le jeune homme à vue, à
l'accompagner quand il sort, & à les en dé-
barrasser quand il est dans la maison ; il est
sans autorité, puisqu'il est sans considération. Est-il étonnant que tant de Gouverneurs soient des gens moins que médiocres,
& que la plupart des éducations réussissent
mal ? On seroit trop heureux si l'on pouvoit
ramener les parens que ce reproche peut regarder, à une façon de penser plus raisonnable & plus conforme à leurs vrais intérêts.

A l'égard du pere tendre qui aime ses
enfants comme il doit les aimer, qui regarde comme le premier de ses devoirs l'éducation de ses enfants, & qui ne veut rien
négliger de ce qui peut y contribuer ; ce
digne pere est un objet intéressant pour toute
la société. Tout citoyen vertueux doit con-
courir au succès de ses vues, du moins à
l'empêcher d'être trompé : c'est pour lui que
cet article est fait. Que le Gouverneur soit

d'un âge mûr ; s'il étoit trop âgé, il feroit à craindre qu'il ne defcendît difficilement à beaucoup de minuties auxquelles il faut fe prêter avec un jeune homme, & que tous deux ne priffent de l'humeur : qu'il n'ait point de difgraces dans l'extérieur ni dans la figure ; il faudroit un mérite bien éminent pour effacer ces bagatelles, les jeunes gens y font plus fenfibles qu'on ne penfe ; ils en font humiliés, ou en font des plaifanteries.

Qu'il ait vécu dans le monde, & qu'il le connoiffe ; car s'il a paffé fa vie dans fon cabinet ou dans un coin de la fociété, reculé de la fphere où fon éleve doit vivre, il fera gauche à beaucoup d'égards ; il y aura mille chofes qu'il ne verra point dans le point de vue où il faut les voir ; il donnera à fon éleve des confeils ridicules, &, avec du mérite, il s'en fera méprifer.

Qu'il ne foit pas non plus trop homme du monde, il feroit fuperficiel ; il pourroit avoir des principes qui ne feroient pas exacts ; il fe plieroit difficilement à la contrainte que l'état exige ; il tomberoit dans l'impatience & dans le dégoût ; il fe feroit engagé légérement, & négligeroit tout par ennui.

Qu'il ait moins de bel efprit que de bon efprit ; ce qu'il lui faut, c'eft un fens droit, un difcernement jufte, un efprit fage & fans prétention. Toute prétention eft un ridicule, & n'annonce pas une tête faine. L'homme brillant dans la converfation, n'eft pas le plus propre à l'état de Gouverneur ; il n'eft pas toujours le plus aimable dans le commerce habituel & dans la fociété intime ; l'imagination qui domine en lui, faifit les objets trop vivement ; elle eft fujette à des écarts, & rend l'humeur inégale.

Qu'il ait une idée de la plupart des con-noissances que son éleve doit acquérir : quoi-qu'il ne soit pas chargé de ses études, il est à souhaiter qu'il puisse les diriger ; il faut qu'il soit en état de raisonner de tout avec lui ; il y a mille choses qu'il peut lui ap-prendre par la seule conversation. Il n'est pas nécessaire qu'il soit homme profond à tous égards, pourvu qu'il connoisse assez chaque chose, pour en bien savoir l'usage & l'appli-cation ; s'il en ignore quelques-unes, qu'il sache au moins qu'il les ignore ; s'il s'est appliqué particuliérement à quelque science, il faut prendre garde qu'il n'en soit pas pas-sionné, & qu'il n'en fasse pas plus de cas qu'elle ne mérite ; car il arriveroit, ou qu'il s'en occuperoit tout entier, & négligeroit son éleve, ou qu'il rameneroit tout à cette scien-ce, sans examiner le rang qu'elle doit avoir dans les connoissances du jeune homme.

On appuiera d'autant plus sur ces observa-tions que le jeune homme aura plus d'es-prit naturel & de lumieres acquises. Ce qui est nécessaire au Gouverneur avec tous les jeunes gens, c'est une ame ferme, des mœurs douces, une humeur égale. Avec une ame foible, il se laissera mener par son éleve, & sans le vouloir il deviendra son complai-sant ; avec un caractere dur, ou le jeune homme se révoltera contre lui, ou, sans se révolter, il le haïra, ce qui n'est pas un moindre obstacle au succès de l'éducation ; avec une humeur inégale, il sera incapable d'une conduite soutenue ; il sera tantôt foi-ble & tantôt dur, suivant la disposition de son ame ; il reprendra mal à propos & par humeur, ou avec humeur, & dès-lors il perdra tout crédit fur l'efprit de fon éleve.

Je fouhaiterois outre cela qu'il eût fait une éducation ; il y auroit acquis des lumieres auxquelles l'efprit ne fupplée point. L'homme qui a le plus d'efprit, chargé pour la premiere fois de conduire un jeune homme, s'appercevra bientôt, fi fes vûes font droites, qu'avec plus d'expérience, il eût mieux fait.

On choifit ordinairement pour Gouverneur un homme de Lettres ou un Militaire. L'homme de Lettres eft plus facile à trouver, & convient plus communément à l'état. On fent bien que je n'entends pas par homme de Lettres, ni le bel efprit proprement dit, ni le Littérateur obfcur & fans goût, ni l'homme fuperficiel, qui fe croit lettré parce qu'il parle haut & qu'il décide ; mais l'homme d'efprit, qui a cultivé les Lettres par le goût qu'elles infpirent à toute ame honnête & fenfible, & fur les mœurs duquel elles ont répandu leur douceur & leur aménité.

A l'égard du Militaire, s'il avoit vécu dans la Capitale, & qu'il eût employé fes loifirs à orner fon efprit, à perfectionner fa raifon ; s'il joignoit aux connoiffances de l'homme de Lettres quelques notions de la guerre , non en fubalterne qui ne connoît que les petits détails qui lui font perfonnels, non en raifonneur vague qui donne d'autant plus carriere à fon imagination , qu'il a moins de connoiffances réelles , mais en homme attentif qui a cherché à s'inftruire , & qui a médité fur ce qu'il a vu , il n'eft pas douteux qu'il ne fût plus propre que tout autre à faire l'éducation d'un homme de Qualité ; mais quand il n'a, comme j'en ai vu plufieurs , d'autre mérite que la décoration qui

est propre à son état, & que, prenant celui
de Gouverneur, il en croit le titre & les fonctions peu dignes de lui, j'ai peine à concevoir
pourquoi on l'a choisi. Le Gouverneur que
je viens de décrire, n'est pas un homme ordinaire. Je l'ai dépeint tel qu'il seroit à souhaiter qu'il fût, mais tel en même-temps qu'on
doit peu se flatter de le trouver. Pour le découvrir, il faut le chercher ; il faut avoir des
yeux pour le connoître ; il faut mériter de se
l'attacher.

Si vous n'êtes point à portée de faire ce
choix par vous-même, prenez-bien garde à
qui vous vous en rapporterez. Tout important qu'est pour vous cet objet, puisque
personne ne se fera scrupule de vous tromper, défiez-vous des gens du monde. La plupart sont trop légers & trop dissipés pour apporter l'attention nécessaire à une chose qui en
demande tant. Ils vous proposeront avec chaleur un homme qu'ils ne connoissent point,
ou qu'ils connoissent mal ; qui ne sera par
l'événement qu'un homme inepte, & peut-être
sans mœurs ; ou qui, s'il a quelque mérite,
n'aura pas celui qui convient à la chose. Défiez-vous sur-tout des femmes, elles sont pres-
santes, & leur imagination ne saisit rien foiblement.

Ne comptez aussi que médiocrement sur la
plupart des gens de Lettres, même de ceux qui
passent pour se connoître mieux en éducation. Si
vous n'êtes par leur ami, ils vous donneront un
homme médiocre ; mais qui sera de leur connoissance, & à qui ils aimeront mieux rendre service qu'à vous.

Examinez par vos yeux tout ce que vous
pouvez voir : & du reste, ne vous en rap-
portez qu'à des gens qui soient assez essen-

tiellement vos amis, pour ne pas vouloir
vous tromper, affez attentifs pour ne pas
fe méprendre par légéreté, & en même-
temps affez éclairés pour ne pas vous tromper par défaut de lumieres.

Il y a des qualités qui s'annoncent au dé-
hors, & dont vous pourrez juger par vous-
même : il en eft d'autres qu'on ne connoît
qu'à l'ufage : telles font celles qui confti-
tuent le caractere, & telle eft l'humeur.
Si le Gouverneur que vous avez en vue a
déjà fait une éducation, vous aurez un grand
avantage pour le connoître à cet égard ; avec
un peu d'adreffe, vous pourrez favoir des
jeunes gens qui vivoient avec fon éleve, la
maniere dont le Gouverneur fe conduifoit
avec eux, ce qu'ils en penfoient ; ils font
en cette matiere juges très-compétens.

Plus un excellent Gouverneur eft un homme rare, plus on lui doit d'égards, quand on
croit l'avoir trouvé. On lui en doit beaucoup
par rapport à l'objet qu'on fe propofe, qui
eft le fuccès de l'éducation : qu'il foit annoncé dans la maifon de la maniere la plus propre à l'y faire refpecter. Puifqu'il y vient faire
les fonctions de pere, il eft jufte que vous
faffiez rejaillir fur lui une partie du refpect
qu'on vous porte. S'il ne vous a pas paru mériter votre confiance, vous avez eu tort de
le choifir. Si vous l'en avez jugé digne, il
faut la lui donner toute entiere ; qu'il foit le
maître abfolu de fon éleve, car c'eft fur l'autorité que vous lui donnerez que le jeune
homme le jugera.

Ne contrariez fes vues, ni par une ten-
dreffe mal entendue, ni par l'opinion que
vous avez de vos lumieres. Dès qu'on eft
pere, on doit fentir qu'on eft aveugle &

qu'on est foible. Il y a mille choses essentielles qu'on ne voit point, ou qu'on voit mal ; il
y en a d'autres qui sont des bagatelles, & dont
on est trop vivement affecté. Expliquez-lui en
général vos intentions, mais ne vous mêlez
point du détail ; il doit connoître le jeune
homme beaucoup mieux que vous ; lui seul
peut voir à chaque instant ce qu'il convient de
faire. Celui-là seul peut suivre une marche uniforme, qui fait son unique objet de l'éducation. Toute inégalité dans l'éducation est un
vice essentiel.

Je ne dis pas pour cela que vous deviez
perdre de vue votre enfant dès que vous
l'avez remis entre les mains d'un Gouverneur.
Cette conduite seroit imprudente ; elle répu-
gneroit à votre tendresse, & un Gouverneur honnête-homme en seroit mal satis-
fait ; il veut être avoué, mais avec discernement. Ne raisonnez point de lui avec le jeune
homme, à moins que ce ne soit pour le faire
respecter ; raisonnez beaucoup du jeune homme avec lui. Plus ses principes vous seront
connus, moins vous serez en danger de les
contredire. S'il y a dans sa conduite quelque
chose qui ne soit pas conforme à vos idées,
demandez-lui ses raisons, deux hommes de
mérite peuvent penser différemment sur le
même objet, en l'envisageant par des faces
différentes ; mais si le Gouverneur est homme
sage & attentif, il y a à parier que c'est lui
qui a raison.

Si vous avez apporté dans le choix d'un
Gouverneur les précautions que j'ai indi-
quées, il est difficile que vous soyez trompé : si vous l'êtes, ce ne sera pas essentielle-
ment. Si le Gouverneur que vous avez pris
se trouve à quelque égard inférieur à l'idée

qu'on vous en avoit donnée ; dès que vous l'avez choiſi, il faut le traiter auſſi-bien que ſi vous le jugiez homme ſupérieur : vous le rendrez du moins ſupérieur à lui-même.

Je ne parle point de ce que vous devez faire pour lui du côté de la fortune. J'aurai peut-être occaſion d'en parler ailleurs ; & ſi votre ame eſt noble, comme je le ſuppoſe, vous le ſavez.

Le Gouverneur de ſon côté ne doit point s'engager ſans examen. Il faut qu'il connoiſſe l'état qu'il va prendre, & qu'il conſulte ſes forces. Quiconque eſt jaloux de ſa liberté, de ſes goûts, de ſes fantaiſies, ne doit pas embraſſer cet état. Il exige un renoncement total à ſoi-même, une aſſiduité continuelle, une attention non interrompue, & ce zele ardent qui dévore un honnête homme, quand il s'agit de remplir les engagements qu'il a pris.

Qu'il connoiſſe auſſi le caractere des parents, & juſqu'à quel point ils ſont capables de raiſon. Il lui ſeroit douloureux de prendre des engagements qu'on le mettroit hors d'état de remplir. Si par exemple on ne lui accordoit ni conſidération, ni autorité ; comme il ne pourroit faire aucun bien dans les fonctions qui lui ſeroient confiées, quelque avantage qu'il y trouvât d'ailleurs, je préſume qu'il ne tarderoit pas à y renoncer.

On peut réduire à trois claſſes le caractere de tous les jeunes gens. Les uns, qui ſont nés doux, & qu'une mauvaiſe éducation n'a pas gâtés, s'élevent, pour ainſi dire, tous ſeuls. On a peu de choſe à leur dire, parce que leurs inclinations ſont bonnes. Il ſuffit de leur indiquer la route pour qu'ils la ſuivent. Preſque tout le monde eſt capable de

les conduire, finon fupérieurement, au moins
d'une maniere paffable.

D'autres le font en apparence, qui ne font
rien moins que dociles : ils écoutent tant
qu'on veut ; mais ne font que leurs volontés.
Quelques-uns fentent bien que vous avez raifon ; mais la raifon leur déplait quand elle
ne vient pas d'eux. Si vous les attendez, ils
y reviendront quand ils pourront fe flatter
d'en avoir tout l'honneur. Preffez-les, ils fe
roidiront, & vous perdrez leur confiance.

Il en eft enfin qui ont l'imagination vive
& les paffions impétueufes. Quelque bien nés
qu'ils foient, vous devez vous attendre à
quelques écarts de leur part. Pour les contenir, il faut de la prudence & du fang froid,
il faut fur-tout avoir l'œil & la main jufte.
Si vous vous y prenez mal-adroitement, ils
vous échapperont ; vous les punirez, mais
vous ne les plierez pas. Les obfervations qui
fuivent font relatives fur-tout aux caracteres
des deux dernieres efpeces.

Dès que votre éleve vous fera remis, tra-
vaillez à établir votre autorité. Moins vous
devez la montrer durant le cours de l'éducation, plus il eft important de la bien établir
d'abord. Si le jeune homme eft doux, il fe
pliera de lui-même ; s'il ne l'eft pas, ou que
précédemment il ait été mal conduit, la chofe fera plus difficile ; mais avec de la prudence & de la fermeté, vous en viendrez à
bout.

Débatez avec lui par la plus grande politeffe, mais que votre politeffe foit impo-
fante. Ou n'ayez point de côtés foibles, ou
cachez-les bien, car fon premier foin fera
de les découvrir. Soyez le même tous les
jours & dans tous les moments de la journée.

K v

rien n'eſt plus capable de vous donner de l'aſcendant ſur lui. S'il vient à vous manquer, ſoit par hauteur, ſoit par indocilité, qu'il ſoit puni ſévérement, & de maniere à n'être pas tenté d'y revenir. Il eſt vraiſemblable qu'après cette premiere épreuve, il prendra ſon parti.

A l'âge où je ſuppoſe le jeune homme, il n'y a point de caracteres indomptables. Qu'on examine ceux qui paroiſſent tels, on verra qu'ils ne le ſont que par la faute des parents, ou par celle du Gouverneur.

S'il n'étoit queſtion que de contenir votre éleve durant le temps que vous vivrez enſemble, peut - être votre autorité ſeroit-elle ſuffiſante ; mais il eſt queſtion de laiſſer dans ſon cœur & dans ſon eſprit des impreſſions durables ; & vous ne pouvez y parvenir ſans avoir ſa confiance & ſon amitié. Lors donc que votre empire ſera bien établi, ſongez à vous faire aimer. En vous donnant ce conſeil, je parle autant pour votre bonheur que pour le bien de votre éleve. Si quelque choſe eſt capable d'adoucir votre état, c'eſt d'être aimé.

Ce n'eſt pas l'autorité qu'on a ſur les jeunes gens qui empêche qu'on n'en ſoit aimé ; c'eſt la maniere dont on en uſe. Quand on en uſe avec dureté ou par caprice, on ſe fait haïr ; quand on eſt foible , & qu'on ne ſait pas en uſer à propos, on ſe fait mépriſer ; quand on eſt dans le juſte milieu, ils ſentent qu'on a raiſon, & dès qu'on a leur eſtime, on n'eſt pas loin de leur cœur. Je vous dis, & je le dirai de même à quiconque aura des hommes à conduire, dès qu'ils ſont inſtruits de leurs devoirs, ne faites ni grace ni injuſtice , c'eſt un moyen ſûr de les contenir. Si votre affection remplit l'intervalle, vous leur deviendrez chers, & vous les rendrez vertueux. Marquez de l'attachement à votre éleve, il y sera sensible. Quand ses goûts seront raisonnables, quelque contraires qu'ils soient aux vôtres, prêtez-vous-y de bonne grace. Prévenez-le quand vous serez content de lui. Qu'il lise votre amitié dans votre air, dans vos discours, dans votre conduite ; mais que cette amitié soit décente, & que les témoignages qu'il en recevra paroissent tellement dépendre de votre raison, qu'ils lui soient refusés dès qu'il cessera de les mériter.

Si vous êtes obligé de le punir, paroissez le faire à regret. Qu'il sache dès le commencement de l'éducation, que s'il fait des fautes, il sera infailliblement puni, & qu'alors ce soit la loi qui ordonne, non pas vous. Vous entendez ce que c'est que les punitions dont je veux parler ; c'est la privation de votre amitié, des bontés de ses parents, de celles des personnes qu'il estime ; en un mot, de toutes les choses qu'il peut & qu'il doit desirer.

Si vous vous y êtes bien pris d'abord, & que vous l'ayez subjugué, vous ne serez guere dans le cas de le punir. Il y auroit de l'imprudence à le punir souvent : il n'est pas loin du temps où la crainte des punitions n'aura plus lieu ; il est capable de motifs plus nobles : c'est donc par d'autres liens qu'il faut le retenir.

Quelque faute qu'il ait faite, & quelque chose que vous ayez à lui dire, parlez-lui s'il le faut avec force ; ne lui parlez jamais avec impolitesse : vous n'auriez raison qu'à demi, si vous ne l'aviez pas dans la forme. Rien ne peut vous autoriser à lui donner un mauvais

exemple, & vous ne devez pas l'accoutumer à
entendre des paroles dures. S'il est vif, repre-
nez-le avec prudence : dans ses moments de
vivacité, il ne seroit pas en état de vous entendre, & vous l'exposeriez à vous manquer. Il
y a moins d'inconvénient à ne pas reprendre,
qu'à reprendre mal-à propos.

Ne soy z point minutieux ; il y a de la
petitesse d'esprit à insister sur des bagatelles, &
c'est mettre trop de différence entr'elles & les
choses graves.

Il y a des choses graves sur lesquelles vous
serez obligé de revenir souvent : tâchez de
n'en avoir pas l'air ; que vos leçons soient
indirectes, on sera moins en garde contre
elles. Il y a mille façons de les amener & de
les déguiser. Faites-lui remarquer dans les
autres les défauts qui feront en lui, il ne
manquera pas de les condamner ; ramenez-le
sur lui-même ; instruisez-le aux dépens d'autrui. Faites quelquefois l'application des
exemples que vous lui citerez ; plus souvent
laissez-la lui faire. Raisonnez quelquefois :
d'autres fois une plaisanterie suffit. Attaquez
par l'honneur & par la raison ce que l'honneur & la raison pourront détruire ; attaquez
par le ridicule ce que vous sentirez qui leur
résiste.

Abaissez sa hauteur s'il en a ; mortifiez sa
vanité, mais n'humiliez pas son amour-propre. Ce n'est pas en avilissant les hommes qu'on
les corrige ; c'est en élevant leurs ames, & en
leur montrant le dégré de perfection dont ils
font capables.

Ménagez sur-tout son amour-propre en
public. Il sera d'autant plus sensible à cette
marque d'attention, qu'il verra les autres
Gouverneurs ne l'avoir pas toujours pour

leurs éleves. A l'égard des choses louables
qu'il pourra faire, louez-le publiquement ;
faites-le valoir dans les petites choses, afin
de l'encourager à en faire de meilleures.
Si vous trouvez dans votre éleve un de ces
naturels heureux, qui n'ont besoin que de
culture, vous aurez du plaisir à la lui donner ; s'il est, au contraire, de ces esprits gau-
ches & ineptes qui ne conçoivent rien, ou
qui l'entendent de travers, de ces ames
molles & stériles, incapables de sentiment,
& qui se laissent aller indistinctement à toutes les impressions qu'on veut leur donner,
que je vous plains ! Instruisez-le à la maniere
de Socrate. Causez avec lui familierement sur
le vrai, sur le faux, sur le bien & sur le mal,
sur les vertus & sur les vices ; faites-le plus
parler que vous ne lui parlerez ; amenez-le,
par vos questions, de conséquence en conséquence à s'appercevoir lui-même de ce qu'il y
a de défectueux dans la façon de penser ; accou-
tumez le à ne point porter un jugement sans
être en état de l'appuyer par des raisons ;
fortifiez les principes qu'il a ; donnez-lui ceux
qui lui manquent.

Les premiers de tous, & les plus négli-
gés, sont ceux de la Religion. En entrant
dans le monde, un jeune homme la connoît
à peine par son catéchisme & par quelques
pratiques extérieures. Il la voit combattue de
toutes parts : il suit le torrent. Soit dans les
entretiens que vous aurez ensemble, soit
par les lectures auxquelles vous l'engagerez,
faites ensorte qu'il la connoisse par l'histoire
& par les preuves. On donne aux jeunes
gens des maîtres de toute espece, on devroit bien leur donner un maître de reli-

gion : on les mettroit en état de la défendre, au moins dans leur cœur.

L'homme du peuple eſt contenu par la crainte des loix ; l'homme d'un état moyen, l'eſt par l'opinion publique. Le grand peut éluder les loix, & n'eſt que trop porté à ſe mettre au deſſus de l'opinion publique. Quel frein le retiendra, ſi ce n'eſt la Religion ? Faites-lui-en remplir les devoirs, mais ne l'en excédez pas. Montrez-la-lui par tout ce qu'elle a de reſpectable, il n'y a que les paſſions qui puiſſent empêcher de reconnoître la grandeur & la beauté de ſa morale. Elle ſeule peut nous conſoler dans les maladies, dans les adverſités ; les grands n'en ſont pas plus exempts que le reſte des hommes.

Faites valoir à ſes yeux les moindres choſes que font pour lui ſes parents ; qu'il ſoit bien convaincu qu'il n'a qu'eux dans le monde pour amis véritables. S'ils ſont trop diſſipés pour s'occuper de lui comme ils le devroient, tâchez qu'il ne s'en apperçoive pas ; s'il s'en apperçoit, effacez l'impreſſion qu'il en peut recevoir. Quelle que ſoit leur humeur, c'eſt à lui de s'y conformer, non à eux de ſe plier à la ſienne. Dans l'enfance, les parents ne ſont pas aſſez attentifs à ſe faire craindre, & dans la jeuneſſe, leur rigueur eſt la ſource des maux qui affligent la ſociété. Si un pere, après avoir élevé ſon fils dans la plus étroite ſoumiſſion, lui laiſſoit voir ſa tendreſſe à meſure que la raiſon du jeune homme ſe développe, enchaîné par le reſpect & par l'amour, quel eſt celui qui oſeroit s'échapper ? Quel que ſoit un pere à l'extérieur, ſi les jeunes gens pouvoient lire dans ſon cœur toute la joie

qu'il éprouve quand son fils fait quelque
chose de louable , & toute la douleur dont
il est pénétré quand ce fils s'écarte du chemin de l'honneur, ils seroient plus attentifs
qu'ils ne le font à se bien conduire. Par
malheur on ne connoît l'étendue de ces
sentiments que quand on est pere. Faites
envisager à votre éleve qu'il le doit être
un jour. Cultivez à tous égards la sensibi-
lité de son ame : avec une ame sensible, on
peut avoir des foiblesses , on est rarement
vicieux. Soyez rempli d'attention pour lui ,
vous le forcerez d'en avoir pour vous ; vous
l'en rendrez capable par rapport à tout le
monde. Accoutumez-le à remplir tous les
petits devoirs qu'imposent aux ames bien
nées la tendresse ou l'amitié ; les négliger ,
c'est être incapable des sentiments qui les
inspirent ; on a beau s'en excuser sur l'oubli , cette excuse est fausse & honteuse.
L'esprit n'oublie jamais , quand le cœur est
attentif.

S'il étoit pardonnable à quelqu'un d'être
peu citoyen , ce seroit à un particulier ;
perdu dans la foule, il n'est rien dans l'état.
Il n'en est pas de même d'un homme de
Qualité ; il doit être plein d'amour pour son
Roi, puisqu'il a l'honneur de l'approcher de
plus près ; il doit s'intéresser à la gloire
& au bonheur de sa patrie , puisqu'il peut
y contribuer ; rien dans l'état ne lui doit
être indifférent , puisqu'il peut y influer sur
tout. Qu'il sache qu'on n'est grand, ni pour
avoir des ancêtres illustres , quand on ne
leur ressemble pas , ni pour occuper de
grands emplois, quand on les remplit mal,
ni pour posséder de grands domaines ,
quand on les consume en dépenses folles &

honteufes , ni pour avoir un nombreux domef-
tique , de brillants équipages, des habits fomp-
tueux , quand on fait languir à fa porte le marchand & l'ouvrier ; qu'en un mot, on n'eft
grand , & qu'on ne peut êtie heureux que par
des vertus perfonnelles , & par le bien qu'on
fait aux hommes.

Attachez-vous fur-tout à lui donner des idées
de juftice ; faites-lui remarquer mille petites
injuftices que vous lui verrez faire ; entrez
fur cela dans les moindres détails : vous ne
fauriez croire combien les gens d'un certain ordre ont de peine à concevoir cette
vertu.

Traitez-le en homme fait , fi vous voulez
qu'il le devienne. Suppofez-lui des fentiments , fi vous voulez qu'il en acquiere ;
rendez-le fier avec lui même , & qu'il s'eftime affez pour ne pas vouloir fe manquer. Que la corruption du fiecle foit un
nouvel aiguillon pour lui : plus les mœurs
font dépravées, plus on eft fûr de fe diftinguer par des mœurs contraires ; s'il n'a
point affez d'ame pour fe refpecter lui-
même , qu'il refpecte du moins les jugements du public : tout homme qui les mé-
prife , eft un homme méprifable : ce public
peut être corrompu, fes jugements ne le
font jamais.

Il n'y a qu'un cas où l'on doive fe mettre au deffus de l'opinion du vulgaire ; c'eft
lorfqu'on eft fûr de la pureté & de la grandeur de fes motifs : alors il faut ne confidérer que fa propre vertu ; la gloire qui
la fuivra fera moins prompte , mais elle
fera plus folide. Ce n'eft pas l'amour des
louanges qu'il faut infpirer aux hommes ,
ils n'y font que trop fenfibles , & rien n'eft

plus capable de les rapetisser ou de les perdre ;
c'est l'amour de la vertu ; elle seule peut donner de la consistance à leurs ames. Faisons bien,
les louanges viendront si elles peuvent.

Ne négligez pas les vertus d'un ordre inférieur, mais qui font le charme de la société,
& qui y sont d'un usage continuel : si vous l'en
avez rendu capable, vous l'aurez rendu poli,
car la politesse, considérée dans son principe,
n'est que l'expression des vertus sociales, indépendamment de cette politesse primitive, qui
annonce la modestie, la douceur, la complai-
sance, l'affabilité, même l'estime & l'amitié ; il
en est une autre qui paroit plus superficielle,
mais qui n'est pas moins importante, c'est celle
qui dépend de la connoissance des usages & du
sentiment des convenances ; c'est celle-là qui
doit distinguer votre éleve ; mais il n'en saisira
les finesses qu'autant qu'il aura le desir de
plaire.

Desirer de plaire est un moyen pour y réussir ; ce mérite n'est pas le premier de tous, mais
c'est l'unique qui ne soit jamais infructueux. Il
fait supposer les qualités qu'on n'a pas ; il met
dans tout leur jour celles qu'on peut avoir,
il leur donne des partisans ; il désarme l'envie.
C'est par les grands talents qu'on se rend capable des grandes places, c'est par les petits talents
qu'on y parvient.

Cultivez son esprit, son extérieur & ses
manieres dans l'air qui lui est propre ; il peut
se trouver en lui telle singularité qui d'abord
vous aura déplu, & qui, dans la suite, polie
par l'usage du monde, deviendra dans sa maniere d'être, un trait distinctif qui le rendra
plus agréable.

Quand il aime les lettres, c'est un goût
digne de lui ; c'est même un goût nécessaire.

Perſonne n'oſe avouer qu'il ne les aime pas, tout le monde prétend s'y connoître, tout le monde en veut raiſonner ; mais il n'eſt donné qu'à ceux qui les aiment d'en raiſonner ſenſément : elles élevent l'ame, elles étendent les idées, elles ornent l'imagination, elles adouciſſent les mœurs, elles mettent le dernier ſceau à la politeſſe de l'eſprit. En général tous les goûts honnêtes que vous pourrez placer dans ſon ame, ſeront autant de reſſources contre les paſſions & l'ennui ; mais faites-les lui concevoir de la maniere dont elles lui conviennent, & ſauvez-le des préventions & du ridicule.

La ſource de tous les ridicules eſt de placer ſa gloire, ou dans de petites choſes, ou dans des qualités que la nature nous refuſe, ou dans un mérite qui n'eſt pas celui de notre état. Quiconque ne voudra ſe diſtinguer que par l'honneur, la probité, la bienſéance, les talents, les vertus de ſon état ou de ſon rang, celui-là eſt inacceſſible au ridicule ; il ne négligera pas le mérite de plaire, mais il ne l'eſtimera pas plus qu'il ne vaut. Il le cherchera dans les qualités qui ſont en lui ; non dans celles qui lui ſont étrangeres : il ſe prêtera à toutes les bagatelles qu'exige la frivolité du monde, ſans en être profondément occupé ; il eſtimera les lettres, les ſciences, les arts, parce que le beau en tout genre eſt digne d'occuper ſon ame : peut-être les cultivera-t-il, mais en ſecret, dans ſes moments de loiſir & pour amuſement ; il aimera & ſervira de tout ſon pouvoir les ſavants, les gens de lettres, les artiſtes, ſans être leur enthouſiaſte, leur courtiſan ni leur rival.

Le temps qu'il paſſe avec vous doit lui donner une expérience anticipée ; ne négligez rien

dé ce qui peut la lui procurer. Ouvrez devant
ses yeux le livre du monde : apprenez-lui la
maniere d'y lire ; tout ce qui peut y frapper ses
yeux ou ses oreilles doit servir à son instruc-
tion. Faites éclorre ses idées, s'il en a ; s'il
n'en a point, donnez-lui-en. L'étude de l'histoire lui aura montré en grand le tableau des
passions humaines : il y aura parcouru les diverses révolutions qu'elles ont produites sur la
terre ; on lui aura fait remarquer cet amas de
contradictions qui forme le caractere de l'homme ; ce mêlange de grandeur & de petitesse,
de courage & de foiblesse, de lumiere &
d'ignorance, de sagesse & de folie dont il est
capable : il y aura vu d'un côté le vice presque toujours triomphant, mais intérieurement
rongé d'inquiétudes & de remords, éblouir les
yeux du vulgaire par des succés passagers,
puis être plongé pour jamais dans l'opprobre
& dans l'ignominie : d'un autre côté, la vertu
souvent persécutée, quelquefois obscurcie,
mais toujours contente d'elle-même, reprendre avec le temps son ascendant sur les hommes, & durant toute la suite des siecles, recevoir l'hommage de l'univers, assise sur les
débris des Empires.

En lui montrant plus en détail la fragilité
de notre espece, ne la lui peignez pas trop en
noir ; faites-la-lui plus foible que méchante,
entraînée vers le mal, mais capable du bien.
Il faut qu'il ne soit pas la dupe des hommes,
mais il ne faut pas qu'il les haïsse ni qu'il les
méprise. Qu'il voie leur misere avec assez de
supériorité pour n'en être ni surpris ni blessé.
Qu'il connoisse sur-tout l'homme de sa nation
& de son siecle, c'est avec lui qu'il doit vivre,
c'est de lui qu'il doit se défier, c'est lui dont il
doit prendre les manieres & ne pas imiter les

mœurs. Qu'il foit au fait de fes bonnes qualités, de fes vices dominants, de fes opinions,
de fes travers, de fes ridicules : que pour s'en
faire un tableau plus détaillé, il le parcoure
un peu dans les divers états ; qu'il faififfe les
nuances qui les difféerencient ; qu'il évalue tout
au poids de la raifon, qu'il apprenne à juger
les hommes, non par leurs difcours, mais par
leurs actions ; qu'il fache que celui qui flatte
eft l'ennemi le plus vil & le plus dangereux ;
que les honnêtes gens font peu flatteurs, qu'on
n'obtient leur amitié qu'après avoir mérité leur
eftime, mais qu'ils font les feuls fur lefquels on
puiffe compter.

Par défaut d'expérience, il préfumera beaucoup de fes lumieres : par un effet de la vivacité de l'âge, il aura des fantaifies peu raifon-
nables ; permettez-lui quelquefois de les fuivre, quand vous ferez fûr que l'effet démen-
tira fon attente : les hommes ne s'inftruifent
qu'à leurs dépens. Ce ne fera qu'à force de fe
tromper qu'il fe croira capable d'erreur.

Veillez fur fes mœurs, mais fongez que c'eft
un homme du monde que vous élevez, qui va
fe trouver livré à lui-même au milieu des paffions & des vices ; que pour s'en garantir,
il faut qu'il les connoiffe. Voyez à quel point
il eft inftruit, & réglez vos confeils fur ce
qu'il fait : ne lui parlez point en maître,
raifonnez avec votre ami. Quelque confiance
qu'il ait en vous, il ne vous dira pas tout ;
mais je vous fuppofe affez de pénétration
pour deviner ce qu'il ne vous aura pas dit,
& pour lui parler en conféquence : alors les
inftructions que vous lui donnerez feront d'autant plus d'impreffion fur lui, qu'il vous foup-
çonnera moins d'avoir vu le befoin qu'il
en a.

Voyez tout, mais ayez quelquefois l'air de ne pas voir. Dans d'autres cas, & lorſque le jeune homme s'y attendra le moins, faites-lui connoître que rien ne vous échappe; faites-lui remarquer dans le petit nombre d'exemples qui viendront à ſa connoiſſance, l'eſtime & les avantages qui ſuivent la ſageſſe & la bonne conduite; & dans mille exemples frappants, qui, malheureuſement, ne vous manqueront jamais, les dangers du vice, & le mépris qui l'accompagne.

Prenez garde qu'il ne lui tombe entre les mains de mauvais livres : craignez ſur-tout qu'il ne les liſe en ſecret; il vaudroit beaucoup mieux qu'il les lût devant vous : ſi vous lui en ſurprenez dans le commencement de l'éducation, ôtez-les-lui. Si cela arrive vers la fin, ſoyez plus circonſpect : n'allez pas vous compromettre par un zele inconſidéré, qui aigriroit le jeune homme, & que vous ne pourriez pas ſoutenir : vous connoiſſez ſon caractere & les circonſtances; réglez-vous ſur cela; n'employez que les motifs que vous ſentirez efficaces : attaquez l'ouvrage du côté du ſtyle, du raiſonnement & du goût : parlez-en comme d'une lecture indigne d'un honnête homme, d'un homme poli. Il y a peu de jeunes gens avec qui cette méthode ne réuſſiſſe.

Les nœuds de l'autorité doivent ſe relâcher à meſure que l'éducation s'avance. Si l'on veut qu'un jeune homme uſe bien de ſa liberté, il faut, autant qu'on le peut, lui rendre inſenſible le paſſage de la ſubordination à l'indépendance. Le jour qu'il jouira de ſa liberté, quelque bien né qu'il ſoit, quelque attachement qu'il ait pour vous, il ſera charmé de vous quitter; mais ſi vous vous êtes bien conduit, ſon ivreſſe ne ſera

pas longue ; l'eſtime & l'amitié vous le rame-
neront : alors l'autorité que vous aurez ſur lui
ſera d'autant plus puiſſante, qu'elle ſera de ſon
choix ; vos conſeils lui ſeront d'autant plus
utiles qu'il vous les aura demandés : vous ne
l'empêcherez pas de tomber dans quelques
écarts, mais ils ſeront moins grands, &
vous l'aiderez à en revenir. On ôte aux jeunes
gens leurs Gouverneurs lorſqu'ils en ont le
beſoin ; c'eſt un mal ſans remede : mais
peut-être le Gouverneur ne peut-il jamais leur
être plus utile que quand, dépouillé de ce titre, on l'a mis à portée de vivre avec eux fa-
miliérement & comme leur ami. Les détails
ſur la matiere qu'on vient de traiter ſeroient
infinis : on s'eſt borné ici à des vues très-gé-
nérales. Quelques-unes ne ſont applicables
qu'à l'homme de qualité ; la plupart peuvent
convenir à tous les états : ſi elles ſont juſtes,
c'eſt à la prudence du Gouverneur qui les jugera telles, à en faire l'application, & à les
modifier convenablement à l'âge, au caractere,
au tempérament de ſon éleve. Cet article eſt
de M. le Febre.

H O M M E. (*Politique.*)

IL n'y a de véritables richesses que l'homme & la terre. L'homme ne vaut rien sans la terre, & la terre ne vaut rien sans l'homme.

L'homme vaut par le nombre ; plus une société est nombreuse, plus elle est puissante pendant la paix, plus elle est redoutable dans le temps de la guerre. Un Souverain s'occupera donc sérieusement de la multiplication de ses sujets ; plus il aura de commerçants, d'ouvriers, de soldats, plus il sera puissant.

Ses Etats sont dans une situation déplorable, s'il arrive que, parmi les hommes qu'il gouverne, il y en ait un qui craigne de faire des enfants, & qui quitte la vie sans regret. Mais ce n'est pas assez que d'avoir des hommes, il faut les avoir industrieux & robustes.

On aura des hommes robustes s'ils ont de bonnes mœurs, & si l'aisance leur est facile à acquérir & à conserver. On aura des hommes industrieux, s'ils sont libres. L'administration est la plus mauvaise qu'il soit possible d'imaginer, si, faute de liberté de commerce, l'abondance devient quelquefois pour une Province un fléau aussi redoutable que la disette. Voyez les articles *Gouvernement, Loix, Impôts, Population, Liberté*, &c.

Ce sont les enfants qui font des hommes. Il faut donc veiller à la conservation des enfants par une attention spéciale sur les peres, fur les meres & fur les nourrices.

Cinq mille enfants expofés tous les ans à
Paris, peuvent devenir une pepiniere de foldats, de matelots & d'agriculteurs; il faut diminuer les ouvriers du luxe & les domeftiques. Il y a des circonftances où le luxe n'emploie pas les hommes avec affez de profit;
il n'y en a aucune où la domefticité ne les
emploie avec perte; il faudroit affeoir fur les
domeftiques un impôt à la décharge des agriculteurs.

Si les agriculteurs, qui font les hommes
de l'Etat qui fatiguent le plus, font les moins
bien nourris, il faut qu'ils fe dégoûtent de
leur état, ou qu'ils y périffent. Dire que
l'aifance les en feroit fortir, c'eft être un
ignorant & un homme atroce. On ne fe
preffe d'entrer dans une condition que par
l'efpoir d'une vie douce. C'eft la jouiffance
d'une vie douce qui y retient & qui y appelle,

Un emploi des hommes, n'eft bon que quand
le profit va au delà des frais du falaire. La
richeffe d'une nation eft le produit de la
fomme de fes travaux au delà des frais du
falaire.

Plus le produit net eft grand & également
partagé, meilleure eft l'adminiftration. Un
produit net également partagé, peut être
préférable à un plus grand produit net,
dont le partage feroit très-inégal, & qui di-
viferoit le peuple en deux claffes, dont l'une
régorgeroit de richeffes, & l'autre expireroit
dans la mifere.

Tant qu'il y a des friches dans un Etat, un
homme ne peut être employé en manufacture
fans perte.

A ces principes clairs & fimples, nous
en

en pourrions ajouter un grand nombre d'autres, que le Souverain trouvera de lui-même,
s'il a le courage & la bonne volonté néceffaire pour les mettre en pratique. M. D. S.
Lambert.

HUMEUR, *f. f.* (*Morale.*)

ON donne ce nom aux différents états de
l'ame qui paroiffent plus l'effet du tempérament, que de la raifon & de la fituation.

On dit des hommes qu'ils agiffent par
humeur, quand les motifs de leurs actions ne
naiffent pas de la nature des chofes : on donne
le nom d'humeur à un chagrin momentané ,
dont la caufe morale eft inconnue. Quand les
nerfs & le phyfique ne s'en mêlent pas, ce
chagrin a fa fource dans un amour propre,
délicat, trop humilié du mauvais fuccès d'une
prétention déçue ou du fentiment d'une faute
commife. L'humeur eft quelquefois le chagrin
de l'ennui. Courir chez un malheureux pour
le foulager ou pour le confoler, fe livrer à
une occupation utile, faire une action qui
doive plaire à l'ami qu'on eftime, s'avouer à
foi-même la faute qu'on a faite ; voilà les meilleurs remedes qu'on a trouvés jufqu'à préfent
contre l'humeur. M. D. S. Lambert.

HYPOCRITE, *f. f.* (*Morale*).

C'EST un homme qui fe montre avec un caractere qui n'eft pas le fien. Les diftinctions flatteufes & l'eftime du public qu'obtient une forte de mérite, la néceffité de paroître, la difficulté d'être, la force des penchants, la foibleffe de l'amour de l'ordre, & la crainte de paroître les bleffer, mille autres chofes, forcent les hommes à fe montrer différents de ce qu'ils font. Tout a fes hypocrites : la vertu, le vice, le plaifir, la douleur, &c.

Mais lé nom d'hypocrite eft donné plus particuliérement à ces hommes conftamment faux & pervers, qui, fans vertu & fans religion, prétendent faire refpecter en eux les plus grandes vertus & l'amour de leur Réligion ; ils font zélés pour fe difpenfer d'être honnêtes : héros ou faints pour fe difpenfer d'être bons ; des fanges du vice, ils élevent une voix refpectée, pour accufer le mérite ou de crime ou d'impiété. Le Ciel eft dans leurs yeux, l'enfer eft dans leur cœur. M. de S. Lambert.

Jacques, (S.) Geog. *Voyez* S. Jago.

JACTANCE. *f. f.* (*Morale.*)

C'EST la langue de la vérité qui dit d'elle le bien qu'elle penfe. Ce mot a vieilli & n'entre plus dans le ftyle noble, parce qu'il eft moins du bon ton de fe louer foi-

même, que de dire du mal des autres. La
Jactance est quelquefois utile au mérite médiocre, elle seroit funeste au mérite supé-
rieur ; je ne hais point trop la Jactance,
son but est de s'élever & non de rabaisser. M.
de S. Lambert.

INDULGENCE, *s. f.* (*Morale.*)

C'EST une disposition à supporter les défauts des hommes, & pardonner leurs
fautes ; c'est le caractere de la vertu éclai-
rée. Dans la jeunesse, dans les premiers
moments de l'enthousiasme, pour l'ordre &
le beau moral, on jette un regard dédaigneux
sur les hommes qui semblent fermer les
yeux à la vérité, & s'écartent quelquefois
des routes de l'honnêteté ; mais les connoissances augmentent avec l'âge, l'esprit plus
étendu voit un ordre plus général, il voit
dans la nature des êtres, leur existence,
& la nécessité de leurs fautes ; alors on aspire
à réformer ses semblables comme soi-même,
avec la douce chaleur d'un intérêt tendre
qui corrige ou console, soutient & pardonne.

L'envie plus contrariée par le mérite,
qu'offensée des défauts, voit le mal à côté
du bien, & le censure dans l'homme qu'on
estime.

L'orgueil, pour avoir le droit de condamner tous les hommes, les juge d'après les idées
d'une perfection à laquelle aucun ne peut atteindre.

La vertu toujours juste, plaint le méchant

qui fe dévore lui-même, & jufques dans les févérités on la trouve confolante. M. de S. Lambert.

INQUIÉTUDE, *f. f.* (*Gramm. &c. Morale.*)

C'ᴇꜱᴛ une agitation de l'ame qui a plu-fieurs caufes. L'inquiétude, quand elle eft devenue habituelle, fe trouve ordinaire-ment dans les hommes, dont les devoirs, l'état, la fortune contrarient l'inftinct, les goûts, les talents. Ils fentent fréquemment les befoins de faire autre chofe que ce qu'ils font. Dans l'amour, dans l'ambition, dans l'amitié, l'inquiétude eft prefque toujours l'ef-fet du mécontentement de foi-même, du dou-te de foi-même, & du prix extrême qu'on attache à la poffeffion de fa maîtreffe, d'une place, de fon ami. Il y a un autre genre d'inquiétude, qui n'eft qu'un effet de l'ennui, du befoin, des paffions, du dégoût. Il y a l'inquiétude des remords. Voyez *Remords.* M. de S. Lambert.

INGÉNUITÉ, *f. f.* (*Gramm.*)

L'ɪɴɢᴇɴᴜɪᴛᴇ eft dans l'ame ; la naïveté, dans le ton. L'ingénuité eft la qualité d'un ame innocente qui fe montre telle qu'elle eft, parce qu'il n'y a rien en elle qui l'oblige à fe cacher ; l'innocence pro-duit l'ingénuité, & l'ingénuité la franchife. On eft tenté de fuppofer toutes les ver-tus dans les perfonnes ingénues. Que leur commerce est agréable ! Si elles ont parlé, on sent qu'elles devoient dire ce qu'elles on dit. Leur ame vient se peindre sur leurs levres, dans leurs yeux, & dans leurs expressions. On leur découvre son cœur avec d'autant plus de liberté, qu'on voit le leur tout entier. Ont-elles fait une faute, elles l'avouent d'une maniere qui feroit presque regretter qu'elles ne l'eussent pas commise ; elles paroissent innocentes jusques dans leurs erreurs ; & les cœurs doubles paroissent coupables, lors même qu'ils sont innocents. Il est impossible de se fâcher long-temps contre les personnes ingénues ; elles désarment. Voyez *Agnès* dans l'*Ecole des Femmes*, leur vérité donne de l'intérêt & de la grace aux choses les plus indifférentes. *Le petit Chat est mort* ; qu'est ce que cela ? Ce n'est rien ; mais ce rien est de caractere, & il plaît.

L'ingénuité a peu pensé, elle n'est pas assez instruite ; la naïveté oublie pour un moment ce qu'elle a pensé, le sentiment l'emporte. L'ingénuité avoue, révele, manque au secret, à la prudence : la naïveté exprime & peint ; elle manque quelquefois au ton donné, aux égards ; les réflexions peuvent être naïves, & elles le font quand on s'apperçoit aisément qu'elles partent du caractere. L'ingénuité semble exclure la réfléxion ; elle n'est point d'habitude, sans un peu de bêtise, la naïveté sans beaucoup de sentiment ; on aime l'ingénuité dans l'enfance, parce qu'elle fait espérer de la candeur ; on l'excuse dans la jeunesse, dans l'âge mûr on la méprise. L'*Agnès* de Moliere est ingénue, l'*Iphygénie* de Racine est naïve & ingénue. Toutes les passions peuvent être naïves, même l'ambition ; elle l'est quelquefois dans l'*Agrippine* de Racine : les passions de l'homme qui pense, sont rarement ingénues. M. de S. Lambert.

* * *

INTÉREST, *f. m.* (*Œcon. Polit.*)

L'INTÉRÊT est une somme fixée par la loi, que l'emprunteur s'engage à payer au prêteur. Je dis une somme fixée par la loi, c'est ce qui distingue l'intérêt de l'Usure.

L'argent n'est pas seulement une représentation des denrées ; il est & doit être marchandise, & il a sa valeur réelle ; ce qui constitue son prix, c'est la proportion de sa masse avec la quantité des denrées dont il est la représentation, avec les besoins de l'état & l'argent des pays voisins. Lorsqu'il y a beaucoup d'argent, il doit avoir moins de prix, être moins cher, & par conséquent aliéné à un intérêt plus modique.

Si un état n'avoit ni voisins à craindre, ni denrées à prendre de l'étranger, il y seroit égal d'avoir peu ou beaucoup d'argent ; mais les besoins des particuliers & de l'état demandent que l'on cherche à entretenir chez soi une masse d'argent proportionnée à ses besoins & à celle des autres nations.

L'argent coule de trois sources dans les pays qui n'ont pas de mines ; l'agriculture, l'industrie & le commerce. L'agriculture est la première de ses sources ; elle nourrit l'industrie ; toutes deux produisent le commerce, qui s'unit avec elles pour apportrer & faire circuler l'argent. Mais l'argent peut être destructeur de l'agriculture, de l'industrie & du commerce, quand son produit n'est pas proportionné avec le produit des fonds de terre, les profits du commerce & de l'industrie.

Si par exemple, la rente de l'argent est de cinq pour cent, au denier vingt, & que le produit des terres ne soit que de deux, les particuliers trouvent de l'avantage à préférer les fonds d'argent aux fonds de terre, & l'agriculture est négligée. Si le chef des manufactures ni tire par son travail, le négociant par son commerce, que cinq pour cent de leurs fonds, ils aimeroient mieux, sans travail & sans risques, recevoir ce cinq pour cent d'un débiteur. Pour faire valoir les terres & les manufactures, pour faire des entreprises de commerce, il faut souvent faire des emprunts : si l'argent est à un trop haut prix, il y a peu de profit à espérer pour l'agriculture, le commerçant & les chefs des manufactures.

S'ils ont emprunté à cinq pour cent ou au denier vingt, ils seront obligés pour se dédommager de vendre plus cher que ceux des pays où on emprunte à trois : de là, moins de débit chez l'étranger, moins de moyens de soutenir la concurrence.

L'argent par lui-même ne produit rien ; c'est le produit du commerce, de l'industrie, des terres, qui paie l'argent qu'on emprunte : ainsi les rentes de l'argent font une charge établie sur les terres, le commerce & l'industrie.

Une des premieres opérations du Grand Sully, fut de réduire au denier seize, l'inté-

L iv

rêt de l'argent qui étoit au denier douze:
» Nous avons, dit Henri le Grand dans
» son Edit, reconnu au doigt & à l'œil,
» que les rentes constituées à prix d'argent
» au dernier douze, ont été cause de la rui-
» ne de plusieurs bonnes & anciennes fa-
» milles, qui ont été accablées d'intérêts, &
» ont souffert la vente de leurs biens..... Elles
» ont empêché le trafic & commerce de la
» marchandise qui, auparavant, avoit plus de
» vogue dans notre Royaume qu'en aucun
» autre de l'Europe, & fait négliger l'agricul-
» ture & les manufactures ; aimant mieux,
» plusieurs de nos sujets, sous la facilité
» d'un gain à la fin trompeur, vivre de leurs
» rentes en oisiveté parmi les villes, qu'em-
» ployer leur industrie avec quelque peine aux
» arts, ou à cultiver & approprier leurs hé-
» ritages......

On sentit dans les dernieres années du Regne
d'Henry IV, & les premieres du Regne de
Louis XIII, le bien qu'avoit fait la réduction
des rentes. Le Cardinal de Richelieu obtint
de son maître un Edit pour les réduire au denier dix-huit.

» A présent que ce Royaume est si florissant
» & abondant, dit Louis XIII, la réduction
» ci-devant faite ne produit plus l'effet pour le-
» quel elle avoit été ordonnée, d'autant trou-
» vent tant de profit & de facilité au revenu
» desdites constitutions, qu'ils négligent celui
» du commerce & de l'Agriculture, dont le
» rétablissement toutefois est si nécessaire pour
» la puissance & subsistance de cette Monar-
» chie »......

Il entra bientôt dans le plan du Grand
Colbert, de faire baisser l'intérêt de l'argent dont la masse étoit augmentée, & le

réduifit au denier vingt, où il eft encore. Louis XIV donne dans fon Edit les mêmes motifs de réduction qu'avoient donnés Henri IV & Louis XIII; il y a de plus ces mots remarquables : » La valeur de l'argent étant » fort diminuée par la quantité qui en vient » journellement des Indes, il faut, pour » mettre quelque proportion entre l'argent » & les chofes qui tombent dans le com- » merce, &c.

On voit que les principes établis au commencement de cet article ont été ceux de ces grands Adminiftrateurs dont la France bénit encore la mémoire. On fait combien l'Agriculture fleurit fous le miniftere de Sully, & à quel point étoient parvenues nos manufactures fous celui de Colbert. Le commerce prit fous lui un nouvel éclat, & l'agriculture auroit eu le même fort, fi la guerre n'avoit pas obligé le miniftere d'établir de nouveaux impôts, ou feulement s'il avoit plus été le maître de la maniere d'établir les impôts, & de leur efpece. Voyez *Impôts.* Il eft permis d'examiner d'après ces principes & ces faits, fi le moment d'une réduction nouvelle n'eft pas arrivé. Il eft connu qu'il y a en France à peu près le tiers d'argent de plus que fous le miniftere de Colbert.

Les Anglois, Hollandois, Hambourgeois ont baiffé chez eux l'intérêt de l'argent, & chez ces nations commerçantes il eft généralement à trois pour cent, & quelquefois au deffous.

Jamais il n'y eut en France plus d'hommes vivants de rentes en argent, & de là bornés à reçevoir, à jouir, & inutiles à la fociété.

L v

Il faut faire baisser le prix de l'argent, pour avoir un plus grand nombre de commerçants ; qu'ils se contentent d'un moindre profit, pour que nos marchandises se vendent à un moindre prix à l'étranger, enfin pour soutenir la concurrence avec les nations dont je viens de parler.

Il faut baisser le prix de l'argent pour délivrer l'Agriculture, l'Industrie, le Commerce de ce fardeau énorme de rentes qui se prennent sur leur produit ; il faut baisser le prix de l'argent, pour soulager le gouvernement qui fera dans la suite les entreprises à meilleur compte, & paiera une moindre somme pour les rentes dont il est chargé.

Avant la derniere guerre l'argent de particulier à particulier commençoit à se prendre à quatre pour cent, & il seroit tombé à un prix plus bas sans les causes que je vais dire.

Premiere raison qui maintient l'intérêt de l'argent à cinq pour cent.

Il y a en France environ cinquante à soixante mille charges vénales, dans le militaire, la robe ou la finance ; elles passent sans cesse d'un citoyen à l'autre. Dans les pays où cette vénalité n'est pas introduite, l'argent s'emploie à l'amélioration des terres ; aux entreprises du commerce. Parmi nous il est mort pour l'un & pour l'autre, il forme une masse qui n'entre point dans la circulation du détail , & reste en réserve pour ce grand nombre de citoyens nécessités à faire de gros emprunts , parce qu'il faut acheter des charges.

Deuxieme raison qui maintient l'intérêt de l'argent à cinq pour cent.

Les entreprises pour l'équipement, l'entretien des hôpitaux , des vivres, des flottes & des armées, ont été faites avec un profit très-grand pour les entrepreneurs, mais sur-tout les profits de la finance sont énormes ; les particuliers ont trouvé à placer leur argent à un intérêt si haut, qu'en comparaison, l'intérêt de cinq pour cent a paru peu de chose. Plus il y a d'argent à placer à un intérêt excessif, & moins il y en a à prêter à l'intérêt ordinaire.

Troisieme raison qui maintient l'intérêt de l'argent à cinq pour cent.

Les profits de la finance ont accumulé l'argent dans les coffres d'un petit nombre de particuliers : bientôt eux seuls ont eu de l'argent à prêter, & ils l'ont vendu cher à l'Etat. Il en est de l'argent comme des autres marchandises ; le défaut de concurrence en augmente le prix. Les compagnies qui vendent seules certaines étoffes, certaines denrées, les vendent nécessairement trop cher.

Quatrieme raison qui maintient l'intérêt de l'argent à cinq pour cent.

Les fortunes énormes ont amené le luxe dans ceux qui les possedent ; l'imitation l'a répandu dans les classes moins opulentes, qui, pour le soutenir, sont forcées à de fréquents emprunts.

Cinquieme raison qui maintient l'intérêt de l'argent à cinq pour cent.

L'état est chargé de dettes dont il paie souvent une rente usuraire.

De quelque nécessité qu'il soit en France de faire baisser le prix de l'intérêt de l'argent, si l'autorité faisoit tout-à-coup cette réduction, & sans avoir fait cesser une partie des causes qui ont fixé l'intérêt à cinq pour cent, il y auroit peut-être deux inconvéniens à craindre, la diminution du crédit, l'inexécution de la loi. Cette loi, dans un état chargé de dettes comme l'eſt aujourd'hui la France, paroîtroit peut-être dans ce moment une reſſource d'un gouvernement épuiſé & hors d'état de ſatisfaire à ces charges.

En jettant de l'inquiétude dans les eſprits, elle feroit baiſſer tous les fonds publics.

Cette loi pourroit n'être pas exécutée, dans la néceſſité où ſe trouve le militaire & une partie de la nation, de faire des emprunts ; l'argent ne ſe prêteroit plus par contrat, & les billets frauduleux qui n'aſſureroient pas leurs fonds autant que les contrats, ſeroient un prétexte de rendre la rente uſuraire. On peut dans la ſuite éviter ces inconvéniens.

1°. En ſupprimant & rembourſant une multitude prodigieuſe de charges inutiles & onéreuſes à l'Etat.

2°. En rembourſant, ſans les ſupprimer, les charges inutiles.

3°. En diminuant, prodigieuſement, les profits de la finance, & en ſaiſant circuler l'argent dans un plus grand nombre de mains.

Alors le luxe de tous les états tombera de lui-même ; alors les emprunts feront plus rares, moins conſidérables & plus faciles ; alors on pourra ſans inconvénient mettre l'intérêt au même dégré qu'il eſt chez nos voiſins.

Peut-être dès ce moment, ſans altérer le crédit, ſans jetter les citoyens dans la néceſſité d'enfreindre ou d'éluder la loi, pourroit-on mettre l'argent à quatre pour cent.

On pourroit faire précéder cette opération par quelque opération qui aſſureroit le crédit, comme ſeroit une légere diminùtion des tailles, ou la suppreſſion d'un de ces impôts qui ſont plus onéreux au peuple, que fertiles en argent.

D'ailleurs, la loi étant générale pour le particulier comme pour le Prince, elle pourroit être cenſée faite, non à cauſe de l'épuiſement du gouvernement, mais pour le bien du commerce & de l'agriculture, & par-là elle s'aſſureroit le crédit, loin de le rabaiſſer.

Il eſt certain & démontré que les avantages de cette opération ſeroient infinis pour la nation dont ils ranimeroient l'agriculture, le commerce & l'induſtrie. Il eſt certain qu'il ſoulageroit beaucoup le gouvernement qui paieroit en rentes une moindre ſomme, & cette réduction de l'intérêt de l'argent lui donneroit le droit de diminuer peu après les gages d'une multitude de charges inutiles, & de charges néceſſaires, mais dont les gages ſont trop forts ; cette ſeconde opération empêcheroit que ces charges ne fuſſent autant recherchées qu'elles le ſont, & par-là feroit encore un bien à la nation. M. de S. Lambert.

INTOLÉRANT, ſ. m. (*Morale.*)

L'INTOLÉRANT ou le perſécuteur, eſt celui qui oublie qu'un homme eſt ſon ſemblable, & qui le traite comme une bête cruelle, parce qu'il a une opinion différente de la ſienne. La religion ſert de prétexte à cette injuſte tyrannie, dont l'effet eſt de ne pouvoir ſouffrir une façon de penſer différente à la ſienne, tandis que ſa véritable fource vient de l'aveuglement , de la préfomption & de la méchanceté du cœur humain. Elle eft fi grande, cette méchanceté, que tout homme de lettres , qui cherche ici le repos, doit fans ceffe prier Dieu de lui faire trouver grace auprès des intolérants : ceux de cet ordre ne font pas d'ordinaire les plus habiles , & les plus zélés ne font pas toujours les plus gens de bien ; mais les Gouverneurs des Etats doivent tenir pour bons fujets tous les habitants pacifiques. Un feul eft notre Docteur , favoir, JESUS-CHRIST, & nous fommes tous freres, dit l'Ecriture. (D. J.) L'intolérant doit être regardé dans tous les lieux du monde comme un homme qui facrifie l'efprit & les préceptes de fa religion à fon orgueil ; c'eft le téméraire qui croit que l'Arche doit être foutenue par fes mains ; c'eft prefque toujours un homme fans religion, & à qui il eft plus facile d'avoir du zèle que des mœurs. *Voyez Intolérance & Tolérance.* M. Diderot.

TOLÉRANCE,

(Ordre Encyclop. Théolog. Morale. Politiq.)

LA Tolérance eft en général la vertu de tout être foible , deftiné à vivre avec des êtres qui lui reffemblent, l'homme fi grand par fon intelligence , eft en même-temps fi borné par fes erreurs & par fes paffions , qu'on ne fauroit trop lui infpirer pour les autres, cette tolérance & le fupport dont il a tant befoin pour lui-même ,

& sans lesquels on ne verroit sur la terre que
troubles & dissentions. C'est en effet pour les
avoir proscrites, ces douces & conciliantes
vertus, que tant de siecles ont fait plus ou
moins l'opprobre & le malheur des hommes,
& n'espérons pas que sans elles, nous réta-
blissions jamais parmi nous le repos & la
prospérité.

On peut compter sans doute plusieurs
sources de nos miséricordes; nous ne sommes
que trop féconds en ce genre; mais comme c'est sur-tout en matiere de sentiment
& de religion, que les préjugés destruc-
teurs triomphent avec plus d'empire &
des droits plus spécieux, c'est aussi à les
combattre que cet article est destiné. Nous
établirons d'abord sur les principes les plus
évidents la justice & la nécessité de la
Tolérance; & nous tracerons d'après ces
principes les devoirs des Princes & des
Souverains. Quel triste emploi cependant, que
d'avoir à prouver aux hommes des vérités si
claires, si intéressantes, qu'il faut pour les
méconnoître, avoir dépouillé sa nature! Mais
s'il en est jusques dans ce siecle qui ferment
leurs yeux à l'évidence, & leur cœur à l'humanité, tentons encore une fois d'arracher au
fanatique son poignard, & au superstitieux
son bandeau.

J'entre en matiere par une réflexion très-
simple, & cependant bien favorable à la
tolérance; c'est que la raison humaine
n'ayant pas une mesure précise & déterminée,
ce qui est évident pour l'un, est souvent
obscur pour l'autre; l'évidence n'étant,
comme on sait, qu'une qualité relative,
qui peut venir, ou du jour sous lequel nous
voyons les objets, ou du rapport qu'il y

a entr'eux & nos organes, ou de telle
autre caufe, enforte que tel dégré de lumiere fuffifant pour vaincre l'un, eft infuffi-
fant pour un autre dont l'efprit eft moins
vif ou différemment affecté. D'où il fuit que
nul n'a droit de donner fa raifon pour regle, ni de prétendre affervir perfonne à
fes opinions. Autant vaudroit en effet exiger
que je regarde avec vos yeux, que de vouloir que je juge fur votre jugement; il eft
donc clair que nous avons tous notre maniere de voir & de fentir, qui ne dépend
que bien peu de nous. L'éducation, les préjugés, nous environnent, & mille caufes
fecretes influent fur nos jugements & les
modifient à l'infini. Le monde moral eft encore plus varié que le phyfique, & les efprits fe reffemblent moins que les corps.
Nous avons, il eft vrai, des principes communs fur lefquels on s'accorde affez; mais
ces premiers principes font en très-petit
nombre, les conféquences qui en découlent
deviennent toujours moins claires à mefure
qu'elles s'en éloignent; comme ces eaux qui
fe troublent en s'éloignant de leur fource.
Dès-lors les fentiments fe partagent, & font
d'autant plus arbitraires, que chacun y met
du fien, & trouve des réfultats plus particuliers. La déroute n'eft pas d'abord fi fenfible; mais bientôt, plus on marche, plus
on s'égare, plus on fe divife; mille chemins conduifent à l'erreur, un feul mene
à la vérité: heureux qui fait le reconnoître;
chacun s'en flatte pour fon parti, fans
pouvoir le perfuader aux autres; mais fi
dans ce conflit d'opinions, il eft impoffible de terminer nos différens: & de nous
accorder fur tant de points délicats, fachons

du moins nous rapprocher & nous unir par
les principes univerfels de la tolérance, &
de l'humanité ; puifque nos fentiments nous
partagent, & que nous ne pouvons être
unanimes. Qu'y a-t-il de plus naturel que
de nous fupporter mutuellement, & de nous
dire à nous-mêmes avec autant de vérité que
de juftice : pourquoi celui qui fe trompe,
cefferoit-il de m'être cher ? L'erreur ne fut-
elle pas toujours le trifte appanage de l'humanité ? Combien de fois j'ai cru voir le
vrai où dans la fuite j'ai reconnu le faux ?
Combien j'en ai condamné, dont j'ai depuis adopté les idées ! Ah ! fans doute, je
n'ai que trop acquis de droit de me défier
de moi-même, & je me garderai de haïr
mon frere, parce qu'il penfe autrement que
moi.

Qui peut donc voir, fans douleur & fans
indignation, que la raifon même qui devroit nous porter à l'indulgence & à l'humanité, l'infuffifance de nos lumieres & la
diverfité de nos opinions, foit précifément
celle qui nous divife avec plus de fureur ?
Nous devenons les accufateurs & les juges
de nos femblables ; nous les citons avec
arrogance à notre propre tribunal, & nous
exerçons fur leurs fentiments l'inquifition la
plus odieufe ; & comme fi nous étions
infaillibles, l'erreur ne peut trouver grace
à nos yeux. Cependant quoi de plus pardonnable, lorfqu'elle eft involontaire ; &
qu'elle s'offre à nous fous les apparences
de la vérité ? Les hommages que nous lui
rendons, n'eft-ce pas à la vérité même que
nous voulons les adreffer ? Un Prince n'eft-
il pas honoré de tous les honneurs que
nous faifons à celui que nous prenons pour

lui-même ? Notre méprise peut-elle affoiblir notre mérite à ſes yeux, puiſqu'il voit en nous le même deſſein, la même droiture que dans ceux qui, mieux inſtruits, s'adreſ-ſent à ſa perſonne ? Je ne vois point de raiſonnement plus fort contre l'intolérance. On n'adopte point l'erreur comme erreur ; on peut quelquefois y perſévérer à deſſein par des motifs intéreſſés, & c'eſt alors qu'on eſt coupable. Mais je ne conçois pas ce qu'on peut reprocher à celui qui ſe trom-pe de bonne-foi ; qui prend le faux pour vrai, ſans qu'on puiſſe l'accuſer de malice ou de négligence ; qui ſe laiſſe éblouir par un ſophiſme, & ne ſent pas la force du raiſonnement qui le combat. S'il manque de diſcernement, de pénétration, ce n'eſt pas ce dont il s'agit : on n'eſt pas coupa-ble pour être borné, & les erreurs de l'eſ-prit ne peuvent nous être imputées qu'au-tant que notre cœur y a part. Ce qui fait l'eſſence du crime, c'eſt l'intention directe d'agir contre ſes lumieres, de faire ce qu'on ſait être mal, de céder à des paſſions in-juſtes, & de troubler à deſſein les loix de l'ordre qui nous ſont connues En un mot, toute la moralité de nos actions eſt dans la conſcience, dans le motif qui nous fait agir. Mais, dites-vous, cette vérité eſt d'une telle évidence, qu'on ne peut s'y ſouſtraire ſans s'aveugler volontairement, ſans être coupable d'opiniâtreté ou de mauvaiſe foi. Eh, qui êtes-vous pour prononcer à cet égard, & pour condamner vos freres ? Pé-nétrez-vous dans le fond de leur ame ? Ses replis ſont-ils ouverts à vos yeux ? Parta-gez-vous avec l'Eternel l'attribut incommu-nicable de ſcrutateur des cœurs ? Quel ſujet

demande plus d'examen, de prudence &
de modération, que celui que vous décidez
avec tant de légéreté & d'assurance ? Est-
il donc si facile de marquer avec précision
les bornes de la vérité, de distinguer avec
justesse le point souvent invisible où elle finit,
& où l'erreur commence, de déterminer
ce que tout homme doit admettre & concevoir, ce qu'il ne peut rejetter sans crime?
Qui peut connoître, encore une fois, la
nature intime des esprits, & toutes les
modifications dont ils sont susceptibles?
Nous le voyons tous les jours : il n'est
point de vérités si claires qui n'éprouvent
des contradictions ; il n'est point de systême
auquel on ne puisse opposer des objections,
souvent aussi fortes que les raisons qui le
défendent. Ce qui est simple & évident
pour l'un, paroît faux & incompréhensible à l'autre : ce qui ne vient pas seulement de leurs divers degrés de lumiere,
mais encore de la différence même des esprits ; car on observe dans les plus grands
génies, la même variété d'opinions, & plus
grande assurément entr'eux, que dans le
vulgaire.

Mais, sans nous arrêter à ces généralités,
entrons dans quelque détail ; & comme la
vérité s'établit mieux quelquefois par son
contraire que directement, si nous montrons
en peu de mots l'inutilité, l'injustice & les
suites funestes de l'intolérance, nous aurons
prouvé la justice & la nécessité de la vertu qui
lui est opposée.

De tous les moyens qu'on emploie pour
arriver à quelque but, la violence est assurément le plus inutile, & le moins propre
à remplir celui qu'on se propose : en effet,

pour atteindre à un but, quel qu'il soit, il faut au moins s'affurer de la nature & de la convenance des moyens que l'on a choifis ; rien n'eft plus fenfible. Toute caufe doit avoir en foi un rapport néceffaire avec l'effet qu'on en attend, enforte qu'on puiffe voir cet effet dans fa caufe, & le fuccès dans les moyens. Ainfi pour agir fur des corps, pour les mouvoir, les diriger, on emploiera des forces phyfiques, mais pour agir fur des efprits, pour les fléchir, les déterminer, il en faudra d'un autre genre, des raifonnements par exemple, des preuves, des motifs ; ce n'eft point avec des fyllogifmes que vous tenterez d'abattre un rempart, ou de ruiner une forterefffe ; ce n'eft point avec le fer & le feu que vous détruirez des erreurs, ou redrefferez de faux jugements. Quel eft donc le but des perfécuteurs ? De convertir ceux qu'ils tourmentent, de changer leurs idées & leurs fentiments, pour leur en infpirer de contraires ; en un mot, de leur donner une autre confcience, un autre entendement. Mais quel rapport y a-t-il entre des tortures & des opinions ? Ce qui me paroît clair, évident, me paroîtra-t-il faux dans les fouffrances ? Une propofition que je vois comme abfurde & contradictoire, fera-t-elle claire pour moi fur un échafaud ? Eft-ce, encore une fois, avec le fer & le feu que la vérité perce & fe communique ? Des preuves, des raifonnements peuvent me convaincre & me perfuader : montrez-moi donc ainfi le faux de mes opinions, & j'y renoncerai naturellement & fans effort ; mais vos tourments ne feront jamais ce que vos raifons n'ont pu faire.

Pour rendre ce raisonnement plus sensible,
qu'on nous permette d'introduire un de ces
infortunés qui, prêt à mourir pour la foi,
parle ainsi à ses persécuteurs : ô mes freres,
qu'exigez-vous de moi ? Comment puis-je
vous satisfaire ? Est-il en mon pouvoir de
renoncer à mes sentiments, à mes opinions,
pour m'affecter des vôtres, de changer, de
refondre l'entendement que Dieu m'a donné,
de voir par d'autres yeux que les miens,
& d'être un autre que moi ? Quand ma
bouche exprimeroit cet aveu que vous
desirez, dépendroit-il de moi que mon cœur
fût d'accord avec elle, & ce parjure forcé,
de quel prix seroit-il à vos yeux ? Vous-
mêmes qui me persécutez, pourrez-vous jamais vous résoudre à renier votre croyance,
ne feriez-vous pas aussi votre gloire de cette
constance qui vous irrite, & qui vous arme
contre moi-même, jusqu'à vouloir me rendre
coupable d'une lâcheté qui vous feroit horreur ?

Par quel étrange aveuglement renversez-
vous pour moi seul toutes les loix divines
& humaines ? Vous tourmentez les autres
coupables pour tirer d'eux la vérité, & vous
me tourmentez pour m'arracher des mensonges ! Vous voulez que je vous dise ce que
je ne suis pas, & vous ne voulez pas que
je dise ce que je suis. Si la douleur me
faisoit nier les sentiments que je professe,
vous approuveriez mon désaveu, quelque
suspect qu'il vous dût être ; vous punissez
ma sincérité, vous récompenseriez mon
apostasie : vous me jugez indigne de vous,
parce que je suis de bonne foi ; n'est-ce
donc qu'en cessant de l'être que je puis
mériter ma grace ? Disciples d'un maître qui

ne prêche que la vérité, croyez-vous augmenter fa gloire, en lui donnant pour adorateurs
des hypocrites & des parjures ! Si c'eft le
menfonge que j'embraffe & que je défends,
il a pour moi toutes les apparences de la
vérité : Dieu qui connoît mon cœur, voit bien
qu'il n'eft point complice des égarements de
mon efprit, & que dans mes intentions, c'eft
la vérité que j'honore comme en combattant
contr'elle.

Eh ! quel autre intérêt, quel autre moti
pourroit m'animer ? Si je m'expofe à tout
fouffrir, à perdre tout ce que j'ai de plus
cher pour fuivre des fentiments dont l'erreur m'eft connue, je ne fuis qu'un infenfé, un furieux, plus digne de votre pitié
que de votre haine ; mais fi je m'expofe à
tout fouffrir, fi je brave les tourments &
la mort pour conferver ce qui m'eft plus
précieux que la vie, les droits de ma confcience & de ma liberté, que voyez-vous
dans ma perfévérance qui mérite votre indignation ? Mes fentiments, dites-vous, font
les plus dangereux, les plus condamnables ;
mais, n'avez-vous que le fer & le feu pour
m'en convaincre & me ramener ? Quel
étrange moyen de perfuafion que des bûchers & des échafauds ! La vérité-même
feroit méconnue fous cet afpect. Hélas ! ce
n'eft pas ainfi qu'elle exerce fur nous fon
empire. Elle a des armes plus victorieufes ;
mais celles que vous employez ne prouvent que votre impuiffance : s'il eft vrai que
mon fort vous touche, que vous déploriez
mes erreurs, pourquoi précipiter ma ruine,
que j'aurois prévenue peut-être ? Pourquoi
me ravir un temps que Dieu m'accorde
pour m'éclairer ? Prétendez-vous lui plaire

en empiétant fur fes droits, en prévenant fa juftice, & penfez-vous honorer un Dieu de paix & de charité, en lui offrant vos freres en holocaufte, & en élevant des trophées de leurs cadavres ? Telles feroient en fubftance les expreffions que la douleur & le fentiment arracheroient à cet infortuné, fi les flammes qui l'environnent lui permettoient d'achever.

Quoi qu'il en foit, plus on approfondit le fyftême des intolérants, & plus on en fent la foibleffe & l'injuftice : du moins auroient-ils un prétexte, fi des hommages forcés, qu'à l'inftant le cœur défavoue, pouvoient plaire au Créateur ? Mais fi la feule intention fait le prix du facrifice, & fi le culte intérieur eft fur-tout celui qu'il demande, de quel œil cet être infini doit-il voir des téméraires qui ofent attenter à fes droits, & profaner fon plus bel ouvrage, tyrannifant des cœurs dont il eft jaloux ? Il n'eft aucun Roi fur la terre qui daignât accepter un encens que la main feule offriroit, & l'on ne rougit pas d'exiger pour Dieu cet indigne encens ? car enfin tels font les fuccès fi vantés des perfécuteurs, de faire des hypocrites ou des martyrs, des lâches ou des héros ; l'ame foible & pufillanime qui s'effarouche à l'afpect des tourments, abjure en frémiffant fa croyance, & détefte l'auteur de fon crime : l'ame généreufe au contraire, qui fait contempler d'un œil fec le fupplice qu'on lui prépare, demeure ferme & inaltérable, regarde avec pitié les perfécuteurs, & vole au trépas comme au triomphe. L'expérience n'eft que trop pour nous ; quand le fanatifme a fait couler des flots de fang fur la terre, n'a-

t-on pas vu des martyrs fans nombre s'in-
digner & fe roidir contre les obftacles ?
Et à l'égard des converfions forcées , ne
les vit-on pas auffi-tôt difparoître avec le
péril , l'effet ceffer avec la caufe , & celui
qui céda pour un temps , revoler vers les
fiens dès qu'il en eut le pouvoir ; pleurer
avec eux fa foibleffe , & reprendre avec tranf-
port fa liberté naturelle ? Non , je ne conçois
point de plus horribles blafphêmes , que de
fe dire autorifé de Dieu en fuivant de tels
principes.

Il eft donc vrai que la violence eft bien
plus propre à confirmer dans leur religion ,
qu'à en détacher ceux qu'on perfécute , &
à réveiller , comme on prétend , leur confcience endormie. Ce n'eft point , difoit un
politique , en rempliffant l'ame de ce grand
objet , en l'approchant du moment où il
lui doit être d'une plus grande importance ,
qu'on parvient à l'en détacher ; les loix pé-
nales , en fait de religion , infpirent auffi
de la crainte ; entre ces deux craintes différentes les ames deviennent atroces. Nous
ne voulons point , dites-vous , engager un
homme à trahir fa confcience , mais feulement
l'animer par la crainte ou par l'efpoir à fecouer fes préjugés , & diftinguer la vérité
de l'erreur qu'il profeffe. Eh ! qui pourroit ,
je vous prie , fe livrer , dans les moments
critiques , à la méditation , à l'examen que
vous propofez ? L'état le plus paifible , l'attention la plus foutenue , la liberté la plus
entiere , fuffifent à peine pour cet examen ;
& vous voulez qu'une ame environnée des
horreurs du trépas , & fans ceffe obfédée
par les plus affreufes images, foit plus coupable de reconnoître & de faifir dans des
temps

temps plus tranquilles cette vérité qu'elle auroit méconnue. Quelle absurdité ! quelle contradiction ! Non, non, tel sera toujours le succès de ces violences, d'affermir, comme nous l'avons dit, dans leurs sentiments, ceux qui en sont les objets, par les malheurs mêmes qu'ils leur attirent ; de les prévenir au contraire contre les sentiments de leurs ennemis, par la maniere même dont ils les présentent, de leur inspirer pour leur religion la même horreur que pour leur personne.

Qu'ils ne s'en prennent donc qu'à eux-mêmes, qui trahissent indignement la vérité, s'ils en jouissent ; qui la confondent avec l'imposture en lui donnant ses armes, & en la montrant sous ses étendards. Cela seul ne suffiroit-il pas pour donner des préjugés contre elle, & la faire méconnoître à ceux qui l'auroient peut-être embrassée ? Non, quoi qu'ils en disent, la vérité n'a besoin que d'elle-même pour se soutenir, & pour captiver les esprits & les cœurs ; elle brille de son propre éclat, & ne combat qu'avec ses armes ; c'est dans son sein qu'elle puise & ses traits & sa lumiere ; elle rougiroit d'un secours étranger qui ne pourroit qu'obscurcir ou partager sa gloire. Sa contrainte à elle, est dans sa propre excellence ; elle ravit, elle entraîne, elle subjugue par sa beauté ; son triomphe, c'est de paroître ; sa force, d'être ce qu'elle est. Foible au contraire & impuissante par elle-même, l'erreur feroit peu de progrès sans la violence & la contrainte ; aussi fuit-elle avec soin tout examen, tout éclaircissement qui ne pourroit que nuire à sa cause ; c'est au milieu des ténebres, de la superstition & de l'ignorance qu'elle aime à porter ses coups

& à répandre ses dogmes impurs ; c'est alors qu'au mépris des droits de la conscience & de la raison , elle exerce impunément le despotisme de l'intolérance , & gouverne ses propres sujets avec un sceptre de fer. Si le sage ose élever sa voix , la crainte l'étouffe bientôt ; & malheur à l'audacieux qui confesse la vérité au milieu de ses ennemis. Cessez donc, persécuteurs, cessez encore une fois, de défendre cette vérité avec les armes de l'imposture ; d'enlever au Christianisme la gloire de ses fondateurs ; de calomnier l'Evangile , & de confondre le fils de Marie avec l'enfant d'Ismaël ; car enfin de quel droit en appelleriez-vous au premier, & aux moyens dont il s'est servi pour rétablir sa doctrine , si vous suivez les traces de l'autre ? Vos principes mêmes ne sont-ils pas votre condamnation ? JESUS, votre modele , n'a jamais employé que la douceur & la persuasion ; Mahomet a séduit les uns, & forcé les autres au silence ; JESUS en a appellé à ses œuvres ; Mahomet à son épée. Jésus dit : voyez & croyez ; Mahomet : meurs ou crois. Duquel vous montrez-vous les disciples ? Oui , je ne saurois trop l'affirmer, la vérité differe autant de l'erreur dans ses moyens que dans son essence ; la douceur, la persuasion, la liberté, voilà ses divins caracteres ; qu'elle paroisse donc ainsi à mes yeux, & soudain mon cœur se sentira entraîné vers elle ; mais là où régnent la violence & la tyrannie, ce n'est point elle , c'est son fantôme que je vois. Eh ! pensez-vous en effet que dans la tolérance universelle que nous voudrions établir , nous ayons plus d'égard aux progrès de l'erreur qu'à ceux de la vérité ? Si tous

les hommes, adoptant nos principes, s'accordoient un mutuel support, se défioient de
leurs préjugés les plus chers, & regardoient
la vérité comme un bien commun, dont
il seroit aussi injuste de vouloir priver les
autres que de s'en croire en possession ex-
clusivement à eux : si tous les hommes,
dis-je, cessant d'abonder en leurs sens, se ré-
pondoient des extrêmités de la terre, pour
se communiquer en paix leurs sentiments,
leurs opinions, & les peser sans partialité
dans la balance du doute & de la raison,
croit-on que dans ce silence unanime des
passions & des préjugés, on ne vît pas au
contraire la vérité reprendre ses droits,
étendre insensiblement son empire, & les
ténebres de l'erreur s'écouler & fuir devant
elle, comme ces ombres légeres à l'approche du flambeau du jour ?

Je ne prétends pas cependant que l'erreur
ne fît alors aucun progrès, ni que l'infi-
dele abjurât aisément des mensonges rendus
respectables à force de prévention & d'antiquité ; je soutiens seulement que les progrès de la vérité en seroient bien plus ra-
pides, puisqu'avec son ascendant naturel,
elle auroit moins d'obstacles à vaincre pour
pénétrer dans les cœurs. Mais rien, quoi
qu'on en dise, ne lui est plus opposé que
le systême de l'intolérance qui tourmente
& dégrade l'homme en asservissant ses opinions au sol qui les nourrit, en compri-
mant dans un cercle étroit de préjugés
son active intelligence, en lui interdisant
le doute & l'examen comme un crime, &
en l'accablant d'anathêmes, s'il ose raisonner un instant, & penser autrement que
nous. Quel moyen plus sûr pourroit-on choi-

sir pour éternifer les erreurs & pour enchaîner la vérité ?

Mais fans preffer davantage le fystême des
intolérants, jettons un coup d'œil rapide
fur les conféquences qui en découlent, &
jugeons de la caufe par les effets. On ne peut
faire un plus grand mal aux hommes que
de confondre tous les principes qui les gou-
vernent ; de renverfer les barrieres qui fépa-
rent le jufte & l'injufte, le vice & la vertu ; de brifer tous les nœuds de la fociété ;
d'armer le Prince contre fes fujets, les fujets contre leur Prince ; les peres, les époux, les amis,
les freres, les uns contre les autres ; d'al-
lumer au feu des autels le flambeau des
furies ; en un mot, de rendre l'homme odieux
& barbare à l'homme, & d'etouffer dans
les cœurs tout fentiment de juftice & d'humanité. Tels font cependant les réfultats
inévitables des principes que nous combattons. Les crimes les plus atroces, les parjures, les calomnies, les trahifons, les parricides ; tout eft juftifié par la caufe, tout
eft fanctifié par le motif : l'intérêt de l'Eglife, la néceffité d'étendre fon regne, & de
profcrire à tout prix ceux qui lui réfiftent,
autorife & confacre tout : étrange renverfe-
ment d'idées, abus incompréhenfible de tout
ce qu'il y a de plus augufte & de plus faint ?
La religion donnée aux hommes pour les
unir & les rendre meilleurs, devient le pre-
texte même de leurs égarements les plus affreux ; tous les attentats commis fous ce
voile font déformais légitimes ; le comble de
la fcélérateffe devient le comble de la vertu ; on fait des faints & des héros de ceux
que les juges du monde puniroient du dernier fupplice ; on renouvelle pour le Dieu

des Chrétiens le culte abominable de *Satur-ne* & de *Moloch* ; l'audace & le fanatifme triomphent , & la terre voit avec horreur des monftres déifiés. Qu'on ne nous accu-fe point de tremper notre pinceau dans le fiel ; nous ne pourrions que trop nous jufti-fier de ce reproche , & nous friffonnons des preuves que nous avons en main. Gardons-nous cependant de nous en prévaloir ; il vaut mieux laiffer dans l'oubli ces triftes monu-ments de notre honte & de nos crimes , & nous épargner à nous - mêmes un tableau trop humiliant pour l'humanité ; toujours eft-il certain qu'avec l'intolérance vous ouvrez une fource intariffable de maux. Dès-lors cha-que parti s'arrogera les mêmes droits , chaque fecte emploiera la violence & la contrainte ; les plus foibles opprimés dans un lieu devien-dront oppreffeurs dans l'autre ; les vain-queurs auront toujours droit, les vaincus fe-ront les feuls hérétiques , & ne pourront fe plaindre que de leur foibleffe ; il ne faudra qu'une puiffante armée pour établir fes fen-timents , & confondre fes adverfaires ; le deftin de la vérité fuivra celui des combats , & les plus féroces mortels feront auffi les meilleurs croyants. On ne verra donc de toute part que des bûchers , des échafauds , des profcriptions , des fupplices ; Calviniftes , Romains , Luthériens , Juifs & Grecs, tous fe dévorer comme des bêtes féroces ; les lieux où régne l'Evangile feront marqués par le carnage & la défolation ; des Inqui-fiteurs feront nos maîtres ; la Croix de Jefus deviendra l'étendard du crime , & fes difci-ples s'enivreront du fang de leurs freres. La plume tombe à ces horreurs. Cependant elles découlent directèment de l'intolérance ; car

je ne crois pas qu'on m'oppose l'objection
fi fouvent foudroyée, que la véritable Eglife
étant feule en droit d'employer la violence & la contrainte, les Hérétiques ne pourroient fans crime agir pour l'erreur, comme el!e agit pour la vérité. Un fophifme
fi puérile porte avec lui fa réfutation. Qui
ne voit en effet qu'il eft abfurde de fuppofer la queftion même, & de prétendre
que ceux que nous appellons hérétiques fe
reconnoiffent pour tels, fe laiffent tranquil-
lement égorger, & s'abftiennent de répré-
failles. Concluons que l'intolérance univerfellement établie armeroit tous les hommes les uns contre les autres, & feroit
naître fans fin les guerres avec les opinions;
car en fuppofant que les infideles ne fuffent point perfécuteurs par des principes de
religion, ils le feroient du moins par politique & par intérêt, les Chrétiens ne pouvant tolérer ceux qui n'adoptent pas leurs
idées, on verroit avec raifon tous les peuples fe liguer contr'eux, & conjurer la
ruine de ces ennemis du genre-humain,
qui, fous le voile de la religion, ne verroient rien d'illégitime pour le tourmen-
ter & pour l'affervir. En effet, je le demande, qu'aurions-nous à reprocher à un
Prince de l'Afie ou du nouveau monde qui
feroit pendre le premier Miffionnaire que
nous lui enverrions pour les convertir?
Le devoir le plus effentiel d'un Souverain
n'eft-ce pas d'affermir la paix & la tranquillité dans fes états, & d'en profcrire
avec foin ces hommes dangereux, qui, couvrant d'abord leur foibleffe d'une hypocrite douceur, ne cherchent, dès qu'ils en
ont le pouvoir, qu'à répandre des dogmes

barbares & féditieux ? Que les Chrétiens ne s'en prennent donc qu'à eux-mêmes, fi les autres peuples, inftruits de leurs maximes, ne veulent point les fouffrir, s'ils ne voient en eux que les affaffins de l'Amérique, ou les perturbateurs des Indes, & fi leur fainte Religion, deftinée à s'étendre & à fructifier fur la terre, en eft, avec raifon, bannie par leurs excès & par leurs fureurs. Au refte, il nous paroît inutile d'oppofer aux intolérants les principes de l'Evangile, qui ne fait qu'étendre & développer ceux de l'équité naturelle, de leur rappeller les leçons & l'exemple de leur augufte Maître, qui ne refpira jamais que douceur & charité, & de retracer à leurs yeux la conduite de ces premiers Chrétiens, qui ne favoient que bénir & prier pour leurs perfécuteurs. Nous ne produirons point ces raifonnements dont les anciens Peres de l'Eglife fe fervoient avec tant de force contre les *Néron* & les *Dioclétien*, mais qui, depuis *Conftantin le Grand*, font devenus ridicules, & fi faciles à retorquer. On fent que dans un article nous ne pouvons qu'effleurer une matiere auffi abondante ; ainfi, après avoir rappellé les principes qui nous ont paru les plus généraux & les plus lumineux, il nous refte, pour remplir notre objet, à tracer les devoirs des Souverains, relativement aux fectes qui partagent la fociété.

INCEDO PER IGNES.

Dans une matiere auffi délicate, je ne marcherai point fans autorité ; & dans l'expofition de quelques principes généraux, on verra fans peine les conféquences qui en découlent.

1°. Donc on ne réduira jamais la queftion de fon véritable point, fi l'on diftingue d'abord l'Etat de l'Etat de l'Eglife, & le Prêtre du Magiftrat. L'Etat ou la République a pour but la confervation de fes membres, l'affurance de leur liberté, de leur vie, de leur tranquillité, de leurs poffeffions & de leurs privileges : l'Eglife, au contraire, eft une fociété, dont le but eft la perfection de l'homme, & le falut de fon ame. Le Souverain regarde fur-tout la vie préfente ; l'Eglife regarde fur-tout & directement la vie à venir. Maintenir la paix dans la fociété contre tous ceux qui voudroient y porter atteinte, c'eft le devoir & le droit du Souverain ; mais fon droit expire où règne celui de la confcience : ces deux jurifdictions doivent toujours être féparées ; elles ne peuvent empiéter l'une fur l'autre, qu'il n'en réfulte des maux infinis.

2°. En effet, le falut des ames n'eft confié aux Magiftrats, ni par la loi révélée, ni par la loi naturelle, ni par le droit politique. Dieu n'a jamais commandé que les peuples fléchiffent leur confcience au gré de leurs Monarques, & nul homme ne peut s'engager de bonne foi à croire & à penfer comme fon Prince l'exige. Nous l'avons déjà dit : rien n'eft plus digne de l'homme que les fentiments : nous pouvons extérieurement & de bouche acquiefcer aux opinions d'un autre ; mais il nous eft auffi impoffible d'y acquiefcer intérieurement & contre nos lumieres, que de ceffer d'être ce que nous fommes. Quels feroient d'ailleurs les droits du Magiftrat ? La force & l'autorité ? Mais la Religion fe perfuade & ne fe commande pas ; c'eft une vérité fi fimple, que les apôtres mêmes de l'intolérance n'ofent la défavouer, lorfque la paffion ou le préjugé féroce ceffe d'offufquer leur raifon. Enfin, fi dans la Religion la force pouvoit avoir lieu ; fi même (qu'on nous permette cette abfurde fuppofition) elle pouvoit perſuader, il faudroit, pour être ſauvé, naître ſous un Prince orthodoxe ; le mérite du vrai Chrétien ſeroit un haſard de naiſſance. Il y a plus ; il faudroit varier ſa coyance, pour la conformer à celle des Princes qui ſe ſuccedent, être Catholique ſous Marie, & Proteſtant ſous Eliſabeth : quand on abandonne une fois les principes, on ne voit plus où arrêter le mal.

3°. Expliquons-nous donc librement, & empruntons le langage de l'Auteur du Contrat ſocial. Voici comme il s'explique ſur ce point. Le droit que le pacte ſocial donne au Souverain ſur les ſujets, ne paſſe point les bornes de l'utilité publique ; les ſujets ne doivent donc compte aux Souverains de leurs opinions, qu'autant que ces opinions importent à la communauté. Or, il importe bien à l'Etat que chaque citoyen ait une religion qui lui faſſe aimer ſes devoirs ; mais les dogmes de cette religion n'intéreſſent l'Etat, ni ſes membres, qu'autant qu'ils ſe rapportent à la ſociété. Il y a une profeſſion de foi purement civile, dont il appartient au Souverain de fixer les articles, non pas préciſément comme dogmes de religion, mais comme ſentiments de ſociabilité, ſans leſquels il eſt impoſſible d'être bon citoyen, ni ſujet fidele, ſans pouvoir obliger perſonne à les croire. Il peut bannir de l'État quiconque ne les croit pas, non comme impie, mais comme inſociable, comme incapable d'aimer ſincérement les loix de la juſtice, & d'immoler au beſoin ſa vie à ſon devoir.

4°. On peut tirer de ces paroles ces conſéquences légitimes. La premiere, c'eſt que les Souverains ne doivent point tolérer les dogmes qui ſont oppoſés à la ſociété civile. Ils n'ont point, il eſt vrai, d'inſpection ſur les conſciences ; mais ils doivent réprimer ces diſcours té-

méraires, qui pourroient porter dans le cœur
la licence & le dégoût des devoirs. Les athées
en particulier, qui enlevent aux puissances le
seul frein qui les retienne, & aux foibles leur
unique espoir, qui énervent toutes les loix humaines, en leur ôtant la force qu'elles tirent
d'une fonction divine, qui ne laissent entre le
juste & l'injuste qu'une distinction politique
& frivole, qui ne voient l'opprobre du crime
que dans la peine du criminel ; les athées,
dis-je, ne doivent pas reclamer la tolérance en
leur faveur ; qu'on les instruise d'abord, qu'on
les exhorte avec bonté ; s'ils persistent, qu'on
les réprime ; enfin, rompez avec eux, bannis-
sez-les de la société , eux-mêmes en ont brisé
les liens.

5°. Les Souverains doivent s'opposer avec
vigueur aux entreprises de ceux qui couvrant
leur avidité du prétexte de la Religion, voudroient attenter aux biens, ou des particuliers,
ou des Princes mêmes.

6°. Sur-tout qu'ils proscrivent avec soin ces
sociétés dangereuses qui, soumettant leurs membres à une double autorité, forment un état
dans l'état, rompent l'opinion politique, relâ-
chent, dissolvent les liens de la patrie pour
concentrer dans leurs corps leurs affections &
leurs intérêts , & sont aussi disposés à sacrifier
la société générale à leur société particuliere.
En un mot, que l'état soit un, que le Prêtre soit
avant tout citoyen, qu'il soit soumis, comme
tout autre , à la puissance du Souverain, aux
loix de sa patrie ; que son autorité, purement
spirituelle, se borne à instruire , à exhorter , à
prêcher la vertu ; qu'il apprenne de son divin
Maitre que son regne n'est pas de ce monde :
car tout est perdu si vous laissez un instant dans
la même main le glaive & l'encensoir.

REGLE GÉNÉRALE. *Respecter inviolablement les droits de la conscience dans tout ce qui ne trouble point la société.* Les erreurs spéculatives sont indifférentes à l'Etat. La diversité des opinions régnera toujours parmi des êtres aussi imparfaits que l'homme. La vérité produit des hérésies, comme le soleil des impuretés & des taches. N'allez donc pas aggraver un mal inévitable, en employant le fer & le feu pour le déraciner. Punissez les crimes, ayez pitié de l'erreur, & ne donnez jamais à la vérité d'autres armes que la douceur, l'exemple & la persuasion. En fait de changement de croyance, les invitations sont plus fortes que les peines. Celles-ci n'ont jamais eu d'effet que comme destruction.

7°. A ces principes, on nous objectera les inconvéniens qui résultent de la multiplicité des religions, & les avantages de l'uniformité de croyance dans un Etat. Nous répondrons d'abord, avec l'Auteur de l'Esprit des Loix, que ces idées d'uniformité frappent infailliblement les hommes vulgaires, parce qu'ils y trouvent un genre de perfection qu'il est impossible de n'y pas découvrir, le même poids dans la police, les mêmes mesures dans le commerce, les mêmes loix dans l'Etat, la même religion dans toutes ses parties ; mais cela est-il toujours à propos & sans exécution ? Le mal de changer est-il toujours moins grand que le mal de souffrir ? & la grandeur du génie ne consisteroit-elle pas mieux à savoir dans quel cas il faut de l'uniformité, & dans quel cas il faut des différences ? En effet, pourquoi prétendre à une perfection incompatible avec notre nature ? La diversité des sentimens subsistera toujours parmi les hommes ; l'histoire de l'esprit humain en est une preuve continuelle ; & le projet le plus chimérique feroit celui de ramener les hommes à l'uniformité d'opinion. Cependant, dites-vous, l'intérêt politique exige qu'on établiffe cette uniformité ; qu'on profcrive avec foin tout fentiment contraire aux fentiments reçus dans l'Etat ; c'eft-à-dire, qu'il faut borner l'homme à n'être plus qu'un automate ; à l'inftruire des opinions établies dans le lieu de fa naiffance, fans jamais ofer les examiner, ni les approfondir ; à refpecter fervilement les préjugés les plus barbares, tels que ceux que nous combattons. Mais que de maux, que de divifions n'entraine pas dans un Etat la multiplicité des Religions ! L'objection fe tourne en preuve contre vous, puifque l'intolérance eft elle-même la fource de ces malheurs ; car fi les partis différents s'accordoient un mutuel fupport, & ne cherchoient à fe combattre que par l'exemple, la régularité des mœurs, l'amour des loix & de la patrie ; fi c'étoit là l'unique preuve que chaque fecte fit valoir en faveur de fa croyance, l'harmonie & a paix régneroient bientôt dans l'Etat, malgré la variété d'opinions, comme les diffonances dans la mufique ne nuifent point à l'accord total.

On infifte, & l'on dit que le changement de Religion entraine fouvent des révolutions dans le Gouvernement & dans l'Etat : à cela je réponds encore que l'intolérance eft feule chargée de ce qu'il y a d'odieux dans cette imputation ; car fi les novateurs étoient tolérés, ou n'étoient combattus qu'avec les armes de l'Evangile, l'Etat ne fouffriroit point de cette fermentation des efprits. Mais les défenfeurs de la Religion dominante s'élevent avec fureur contre les fectaires, arment contr'eux les puiffances, arrachent des édits fanglants, foufflent dans tous les cœurs la difcorde & le fanatifme, & rejettent fans pudeur fur leurs victimes les défordres qu'eux feuls ont produit. A l'égard de ceux qui, fur le prétexte de Religion, ne cherchent qu'à troubler la fociété, qu'à fomenter des féditions, à fecouer le joug des loix, ré-primez-les avec févérité; nous ne fommes point leurs apologiftes : mais ne confondez point avec les coupables ceux qui ne vous de-mandent que la liberté de penfer, de profef-fer la croyance qu'ils jugent la meilleure, & qui vivent d'ailleurs en fideles fujets de l'Etat.

Mais, direz-vous encore, le Prince eft le défenfeur de la foi; il doit la mainte-nir dans toute fa pureté, & s'oppofer avec vigueur à tous ceux qui lui portent atteinte, fi les raifonnements, les exhortations ne fuffi-fent pas. Ce n'eft pas en vain qu'il porte l'épée; c'eft pour punir celui qui fait mal, pour forcer les rebelles à rentrer dans le fein de l'Eglife. Que veux-tu donc, barbare? égor-ger ton frere pour le fauver? Mais Dieu t'a-t-il chargé de cet indigne emploi? A-t-il remis en-tre tes mains le foin de fa vengeance? D'où fais-tu qu'il veuille être honoré comme les dé-mons? Va, malheureux, ce Dieu de paix dé-favoue tes affreux facrifices, ils ne font dignes que de toi.

Nous n'entreprendrons point de fixer ici les bornes de la tolérance, de diftinguer le fupport charitable que la raifon & l'humani-nité reclament en faveur des errants, d'avec cette coupable indifférence, qui nous fait voir fous le même afpect toutes les opi-nions des hommes. Nous prêchons la tolé-rance pratique, & non point la fpéculative;

& l'on sent assez la différence qu'il y a entre tolérer une religion & l'approuver. Nous renvoyons les lecteurs, curieux d'approfondir ce sujet, au commentaire philosophique de Bayle, dans lequel, selon nous, ce beau génie s'est surpassé. Cet article est de M. Romilly le fils.

Fin du Tome septième.

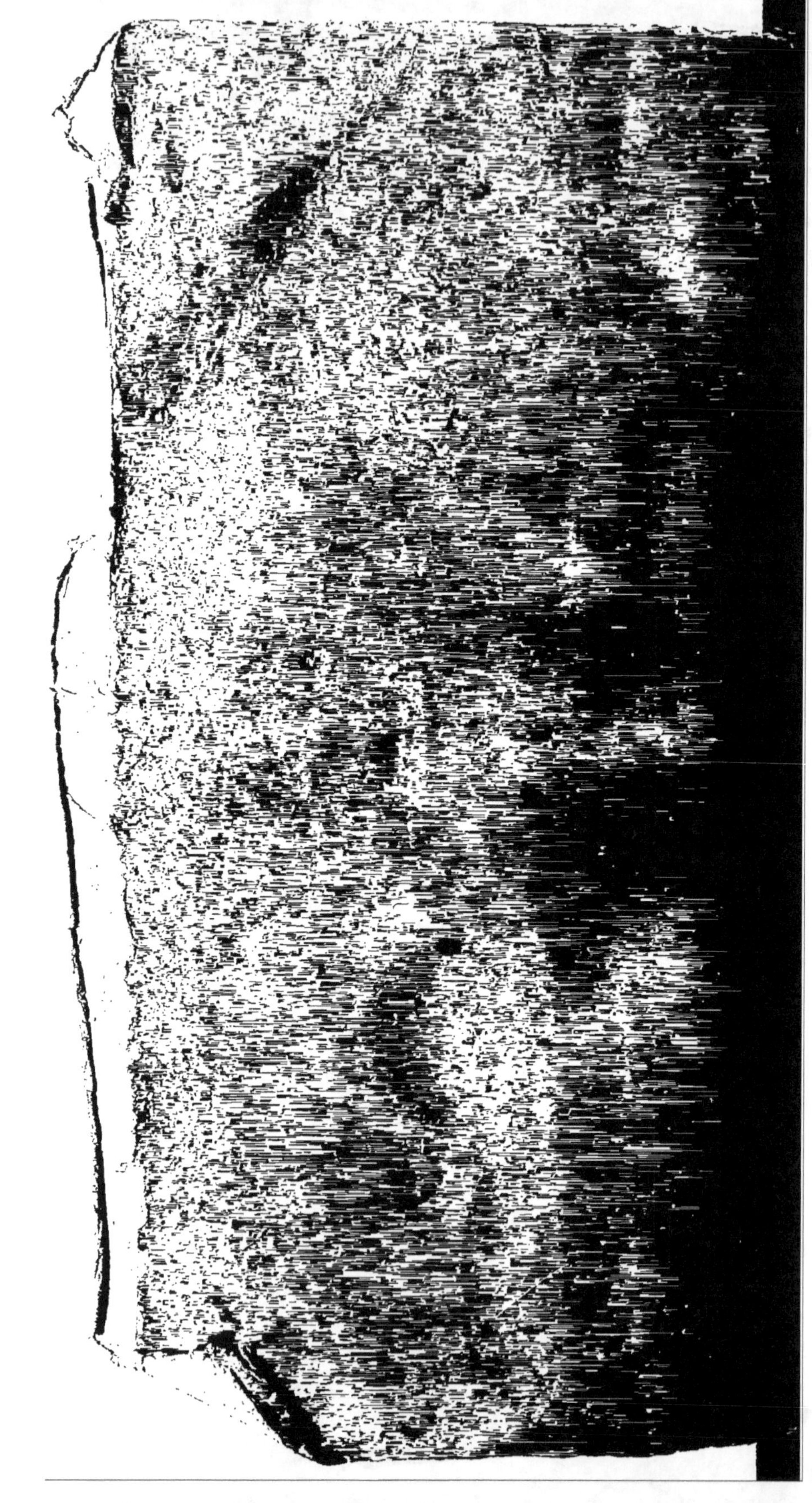